Wilhelm Hauff
Märchen

Wilhelm Hauff

MÄRCHEN

Mit einer Einleitung von

Karl-Heinz Ebnet

Die Reihe erscheint bei SWAN Buch-Vertrieb GmbH, Kehl
Editorische Betreuung: Karl-Heinz Ebnet, München
Gestaltung: Schöllhammer & Sauter, München
Satz: WTD Wissenschaftlicher Text-Dienst/pinkuin, Berlin
Umschlagbild: Unter Verwendung einer Illustration
von Theodor Hosemann (Ausschnitt)

DIE DEUTSCHEN KLASSIKER

© 1994 SWAN Buch-Vertrieb GmbH, Kehl
Gesamtherstellung: Brodard et Taupin, La Flèche
Printed in France
ISBN: 3-89507-029-7

Band Nr. 29

Märchen

Wilhelm Hauff

Zu Lebzeiten war Wilhelm Hauff vor allem als Romanautor bekannt. Daß er auch Märchen schrieb, von denen manche heute der Weltliteratur zugerechnet werden, wurde kaum wahrgenommen.

Nach den Kunstmärchen des Rokoko und der Aufklärung und den psychologisch und kunsttheoretisch motivierten Märchen der Romantik fand diese Literaturform um 1820 – an der Schwelle zum Realismus – in der Öffentlichkeit wenig Resonanz. In der Einleitung zum ersten *Märchenalmanach auf das Jahr 1826 für Söhne und Töchter gebildeter Stände* stellte Hauff in allegorischer Form die Schwierigkeiten dar, auf die Märchen beim damaligen Lesepublikum stießen.

»Märchen«, die älteste Tochter der Königin »Phantasie«, beklagt sich bei ihrer Mutter, daß sie von den Menschen zurückgewiesen werde. Als Schuldige wird bald »Mode«, die *böse Muhme* ausgemacht, die »Phantasie« und »Märchen« bei den Menschen verleumdet hat. Doch die Mutter spricht ihrer Tochter gut zu: *Wenn die Alten, von der Mode betört, dich geringschätzen, so wende dich an die Kleinen, wahrlich, sie sind meine Lieblinge* ... Und damit »Märchen« der Zugang zu den Kindern und auch Erwachsenen erleichtert werde, streift die Mutter »Märchen« das Gewand eines Almanachs über.

Hauff verband damit die aus der Mode geratene Literaturgattung Märchen mit der sehr modischen Publikationsform des Almanach – im Wissen, daß er zuallererst das Interesse der Erwachsenen als Käufer der den Kindern zugedachten Lektüre gewinnen müsse.

Ähnlich wie die »Märchen aus Tausendundeiner Nacht« sind in allen drei Sammlungen die Märchen in eine novellistische Rahmenerzählung eingebettet. Im ersten *Märchenalmanach*, der *Karawane*, wird die Rahmenhandlung durch eine Schar von Kaufleuten gebildet, die in einer Karawane die Wüste durchqueren, wo sie von Räubern bedroht und auf geheimnisvolle Weise gerettet werden. Die Rahmenhandlung des zweiten *Märchenalmanachs*, *Der Scheich von Alexandria*, spielt im Palast eines morgenländischen Fürsten, wo sich schließlich eine alte Prophezeiung erfüllt.

Die einzelnen Märchen sind dabei von sehr disparater Natur; Abenteuergeschichten wie die *Errettung Fatmes* stehen neben blutrünstigen Schauer- und Kriminalgeschichten wie das *Gespensterschiff* oder die *Geschichte der abgehauenen Hand*, daneben finden sich Zaubermärchen wie *Kalif Storch* oder lehrreiche Parabeln wie das *Märchen vom falschen Prinzen*. Die Schauplätze liegen im Orient oder im Abendland. Kernstücke der jeweiligen Zyklen aber sind zweifelsohne *Die Geschichte von dem kleinen Muck* und *Zwerg Nase*.

Beide Helden sind Außenseiter der menschlichen Gesellschaft, Muck durch die angeborene Zwergengröße, Nase durch die Mißgestalt, in die er von der bösen Fee verwandelt wurde. Beide geraten mit dem Wunderbaren in Berührung, weisen allerdings nach manchen Abenteuern die ihnen verliehenen magischen Gaben zurück, da diese eher Fluch als Segen bringen.

Trotz aller humoristischen, kauzigen Kapriolen und phantastischen Elemente, die die Geschichten bergen, beinhalten sie Handlungselemente, die zu dem heiteren Grundton in größtem Gegensatz stehen. Nirgends wird dies deutlicher als in *Zwerg Nase*, wo Hauff, wie Ottmar Hinz schreibt, »ein ungeschminktes Bild menschlicher Aggressivität und Brutalität« entwirft. »Ohne jedes Mitleid, voll roher Schadenfreude und höhnischer Verachtung weiden sich Passanten, Nachbarn, Hofbediente an Zwerg Nases äußerem Makel; wo er auch hinkommt, schlägt ihm *wieherndes Gelächter* entgegen. Die eigene Mutter beschimpft ihn als *häßliche Mißgeburt*, der Vater ... prügelt seinen Sohn eigenhändig aus dem Laden.« Als letzter erst erkennt Zwerg Nase selbst seine Mißbildung, derentwegen er von der menschlichen Gesellschaft geächtet wird. *Daher kam es, daß der unglückliche Zwerg den ganzen Tag ohne Speise und Trank blieb, und abends die Treppen einer Kirche, so hart und kalt sie waren, zum Nachtlager wählen mußte.*

Die soziale Anklage, die hier zum Ausdruck kommt, ist eindeutig. »Dieser Zwerg ist nicht mehr bloß der kleine verwunschene Jakob«, schreibt dazu Egon Schwarz, »sondern der Vertreter aller, die aus irgendeinem Grund von der Norm abweichen und für die eine brutalisierte Gesellschaft keine oder nur eine erniedrigende Verwendung hat.«

Die wenigsten Geschichten sind Hauffs eigener Phantasie entsprungen. Immer hat er auf fremde Quellen zurückgegriffen und die Vorlagen im eigenen Sinne schöpferisch ausgestaltet und weiterentwickelt. So weit ging dieser Prozeß der Nach- und Neuschöpfung, daß Gustav Schwab zu dem Schluß kommt, *Hauff's eigentliches Dichtertalent* zeige sich nirgends *so rein und von fremdartigem und zufälligem so ungetrübt*, nirgends sei er *der Poesie mit denjenigen Mitteln, die ihm dazu verliehen waren, so auf die rechte Spur gekommen, wie in diesen Mährchen, deren ursprünglicher Stoff zwar größtenteils nicht ihm selbst angehört, die jedoch mit so freiem Phantasiespiele behandelt und dabei doch so schön abgerundet sind, daß sie auch in dieser Beziehung unter seinen Werken obenan stehen.*

Bereits in Schwabs Charakterisierung von 1830 klingt an, was für die Person Wilhelm Hauffs nach wie vor in Anspruch genommen wird: Gern wird er dem Typus des romantischen Dichterjünglings zugerechnet, er gilt als frühvollendetes Genie, dem es in seinem allzu kurzen Leben nicht bestimmt war, sein literarisches Talent zu entwickeln. Seine immense Produktion, leichthin und mühelos verfaßt, weckte schon zu Lebzeiten polemische Kritiken; vorgeworfen wurde ihm, dem schnellen Erfolg im literarischen Tagesgeschäft, dem Modegeschmack der Zeit mehr zu huldigen als der ernsthaften Bedeutsamkeit, für die »hohe« Literatur gemeinhin einzustehen hat.

Dennoch – oder gerade deswegen – sind seine Erzählungen, vor allem die Märchen, bis heute lebendig geblieben und zeugen von einer schier unerschöpflichen Fabulier-, Plauder- und Erzählkunst.

Wilhelm Hauff wurde am 29. November 1802 in Stuttgart geboren. Der Vater August Hauff war Jurist in württembergischen Regierurgsdiensten. 1800 wurde er unter dem Verdacht, Mitglied eines revolutionären Geheimbundes zu sein, festgenommen und im Staatsgefängnis auf dem Hohen Asperg inhaftiert. Die Verdachtsmomente erwiesen sich zwar als unbegründet, er wurde freigesprochen, rehabilitiert und wieder in Dienst genommen, allerdings hinterließ die Haft bei dem sensiblen Mann ihre Spuren. Bereits 1809, im Alter von 37 Jahren, starb er – für den jungen Wilhelm Hauff und dessen Drang nach Unabhängigkeit und Freiheit ein einschneidendes Erlebnis.

Nach dem Tod des Vaters zog die Mutter Wilhelmine, eine, so scheint es, begabte, unvergleichliche Erzählerin, mit den vier Kindern – neben Wilhelm gab es noch den älteren Bruder Hermann und die jüngeren Schwestern Marie und Sophie – nach Tübingen, wo sie zunächst im Haus des Großvaters, des Obertribunalrats Elsässer, wohnten. Wilhelm war ein besessener Leser und die umfangreiche Bibliothek des Großvaters bot vielfältige Lektüre; wahllos verschlang er, was ihm in die Hände fiel: Räuber-, Ritter- und Historienromane, aber auch Goethe, Schiller, Jean Paul, Wieland und Lessing.

Da wegen der begrenzten finanziellen Mittel der Mutter das Studium an der Universität dem als zuverlässiger geltenden Bruder vorbehalten war, blieb für Wilhelm Hauff nur die »schwäbische Regel«, die theologische Laufbahn, für die der Staat bezahlte. Nach der Lateinschule in Tübingen kam Hauff im September 1817 auf die Klosterschule in Blaubeuren, im Oktober 1820 trat er ins evangelische Stift in Tübingen ein, wo er das Theologie- und Philosophiestudium aufnahm.

Nur im ersten Jahr allerdings lebte Hauff im Stift, später wurde ihm der Status des »Stadtstudenten« zugestanden; er wohnte »in einem stillen Stübchen« bei der Mutter. Hauff genoß das freie, ungebundene Studentenleben. Einen großen Teil seiner Freizeit widmete er der »Compagnie«, einer kleinen burschenschaftlichen Bewegung, deren zwangloser, nicht reglementierter Umgang Hauff sehr zustatten kam und aus der langjährige Freundschaften hervorgingen.

Nur kurze Zeit war er offizielles Mitglied der Burschenschaft »Germania«. Burschenschaftliche Vereinigungen waren nach den Karlsbader Beschlüssen im Deutschen Bund verboten, im relativ liberalen Württemberg wurde ihr Treiben jedoch toleriert. Erst 1824 verstärkte sich der Druck vor allem durch Preußen und Österreich, was zum Verbot der studentischen Korporationen und zur Verschärfung der Pressezensur in Württemberg führte.

Hauff legte zu dieser Zeit die Abschlußprüfung an der Universität ab. Obwohl er sich 1825 einer zweiten theologischen Dienstprüfung unterzog und sogar promovierte, zeigte er keinerlei Ambitionen auf ein Pfarramt. Die Alternative dazu stellte, wie für so viele andere auch, eine Hofmeisterstelle dar. Hauff fand sie in der Familie des württembergischen Kriegsratspräsidenten von Hügel in Stuttgart.

Die Erziehung der beiden Söhne des Ministers ließen Hauff genügend Zeit für seine schriftstellerischen Projekte. Nach den Gedichten und Liedern seiner Studentenzeit drängte er nun mit Macht ins literarische Geschäft.

Im April 1825 stellte er das Manuskript für den ersten *Märchenalmanach* fertig, im August erschienen die *Mitteilungen aus den Memoiren des Satan,* die sofort für Aufsehen sorgten. Übertroffen wurden sie darin durch das dritte Buch, das in diesem Jahr aus Hauffs Feder auf den Markt kam: *Der Mann im Mond oder der Zug des Herzens ist des Schicksals Stimme.* Als Autor wurde jedoch H. Clauren genannt, ein preußischer Modeautor – mit bürgerlichem Namen hieß er Carl Heun –, der für seine seichten Liebesromane, die reißenden Absatz fanden, Rekordhonorare verlangen konnte.

Hauff reizte es, Clauren mit dessen eigenen Mitteln zu persiflieren: *Aus denselben Stoffen, sprach ich zu mir, mußt du einen Teig kneten, mußt ihn würzen mit derselben Würze, nur reichlicher überall, nur noch pikanter; an diesem Backwerk sollen sie mir kauen, und wenn es ihnen auch dann nicht widersteht ... so sind sie nicht mehr zu kurieren, oder - es war nichts an ihnen verloren.*

In nur sechs Wochen schrieb er den satirischen Gesellschaftsroman nieder. Doch das Publikum war nicht zu kurieren; es feierte den Roman als neues Meisterwerk des Bestseller-Schreibers, was sich dieser nicht gefallen lassen konnte. Es kam zur Anklage gegen Hauffs Verlag, der »wegen rechtswidriger Täuschung des Publicums durch Angabe eines falschen Verfassers« zu 50 Talern Geldbuße verurteilt wurde. Der literarische Skandal, den sich Hauff nicht ganz uneigennützig gewünscht hatte, war da. Das Buch verkaufte sich nicht zuletzt wegen den publizistischen Querelen glänzend, Hauff selbst, der während des Prozesses als wahrer Autor aufgedeckt wurde, war mit einem Male bekannt.

Von verschiedenen Zeitschriften und Almanachen erhielt er Anfragen nach Beiträgen, und Hauff setzte seine literarische Parforce-Produktion fort. In der ersten Hälfte des Jahres 1826 entstanden die Erzählungen *Othello* und *Die Sängerin*, daneben sein historischer, den Werken Walter Scotts nachempfundener Roman *Lichtenstein*, und eine Fortsetzung der *Memoiren des Satans*.

Im April schied er aus der Hofmeisterstelle bei der Familie von Hügel aus und begab sich auf die »große Tour«, eine Bildungsreise durch Frankreich, Flandern und Nord- und Mitteldeutschland. Während seines sechswöchigen Parisaufenthaltes schrieb er am zweiten *Märchenalmanach* (im Dezember 1826 erschienen) und an der *Controvers-Predigt über H. Clauren*, eine scharfsinnige Analyse und Abrechnung mit dem Trivialroman (im Oktober 1826 erschienen). Über Bremen – wo er sich unglücklich in Josephe Stolberg verliebte –, Berlin, Leipzig und Dresden kehrte er nach Württemberg zurück. Noch Ende 1826 stellte er die Novelle *Die Bettlerin vom Pont des Arts* und den dritten *Märchenalmanach* (*Das Wirtshaus im Spessart*) fertig.

Mit dem 1. Januar 1827 übernahm er als Redakteur das »Morgenblatt für gebildete Stände« des Stuttgarter Verlegers Cotta. Das gesicherte Einkommen, über das er nun verfügte, erlaubte die Heirat mit seiner Cousine Luise Hauff, die er bereits während seiner Tübinger Zeit kennengelernt hatte und mit der er seit Ostern 1824 verlobt war.

Neben der Arbeit für Cotta, die nicht ohne Schwierigkeiten und Kompetenzstreitigkeiten verlief, entstanden 1827 *Phantasien im Bremer Rathskeller* (erschienen im September 1827) und die Novellen *Die letzten Ritter von Marienburg, Jud Süß* und *Das Bild des Kaisers.*

Im August unternahm er eine Reise nach Tirol, um Material für einen geplanten Andreas-Hofer-Roman zu sammeln. Kränkelnd kam er von der Gewalttour zurück, er fühlte sich *mißmuthig, abgeschlagen* und hatte *Eckel vor allem.* Anfang November besserte sich sein Gesundheitszustand etwas, aber bald folgte ein schwerer Rückfall. Der Hofarzt Dr. Zeller diagnostizierte ein »Schleimfieber« und »Nervenfieber«.

Die Geburt seiner Tochter Wilhelmine am 10. November erlebte er noch. Am 18. November 1827 starb Wilhelm Hauff im Alter von 25 Jahren. Er liegt auf dem Hoppenlau-Friedhof in Stuttgart begraben.

MÄRCHEN ALS ALMANACH

In einem schönen fernen Reiche, von welchem die Sage lebt, daß die Sonne in seinen ewig grünen Gärten niemals untergehe, herrschte von Anfang an bis heute die Königin Phantasie. Mit vollen Händen spendete diese seit vielen Jahrhunderten die Fülle des Segens über die Ihrigen und war geliebt, verehrt von allen, die sie kannten. Das Herz der Königin war aber zu groß, als daß sie mit ihren Wohltaten bei ihrem Lande stehengeblieben wäre; sie selbst im königlichen Schmuck ihrer ewigen Jugend und Schönheit stieg herab auf die Erde, denn sie hatte gehört, daß dort Menschen wohnen, die ihr Leben in traurigem Ernst, unter Mühe und Arbeit hinbringen. Diesen hatte sie die schönsten Gaben aus ihrem Reiche mitgebracht, und seit die schöne Königin durch die Fluren der Erde gegangen war, waren die Menschen fröhlich bei der Arbeit, heiter in ihrem Ernst.

Auch ihre Kinder, nicht minder schön und lieblich als die königliche Mutter, sandte sie aus, um die Menschen zu beglücken. Einst kam Märchen, die älteste Tochter der Königin, von der Erde zurück. Die Mutter bemerkte, daß Märchen traurig sei, ja hie und da wollte es ihr dünken, als ob sie verweinte Augen hätte. »Was hast du, liebes Märchen?« sprach die Königin zu ihr. »Du bist seit deiner Reise so traurig und niedergeschlagen; willst du deiner Mutter nicht anvertrauen, was dir fehlt?«

»Ach, liebe Mutter«, antwortete Märchen, »ich hätte gewiß nicht so lange geschwiegen, wenn ich nicht wüßte, daß mein Kummer auch der deinige ist.«

»Sprich immer, meine Tochter«, bat die schöne Königin. »Der Gram ist ein Stein, der den einzelnen niederdrückt; aber zwei tragen ihn leicht aus dem Wege.«

»Du willst es«, antwortete Märchen; »so höre: Du weißt, wie gerne ich mit den Menschen umgehe, wie ich mich freudig auch zu dem Ärmsten vor seine Hütte setze, um nach der Arbeit ein Stündchen zu verplaudern; sie boten mir auch sonst gleich freundlich die Hand zum Gruß, wenn ich kam, und sahen mir lächelnd und zufrieden nach, wenn ich weiterging; aber in diesen Tagen ist es gar nicht mehr so!«

»Armes Märchen!« sprach die Königin und streichelte ihr die Wange, die von einer Träne feucht war. »Aber du bildest dir vielleicht alles nur ein?«

»Glaube mir, ich fühle es nur zu gut«, entgegnete Märchen: »sie lieben mich nicht mehr. Überall, wo ich hinkomme, begegnen mir kalte Blicke; nirgends bin ich mehr gern gesehen; selbst die Kinder, die mich doch immer so lieb hatten, lachen über mich und wenden mir altklug den Rücken zu.«

Die Königin stützte die Stirne in die Hand und schwieg sinnend. »Und woher soll es denn«, fragte sie, »kommen, Märchen, daß sich die Leute da unten so geändert haben?«

»Sieh, die Menschen haben kluge Wächter aufgestellt, die alles, was aus deinem Reich kommt, o Königin Phantasie, mit scharfem Blicke mustern und prüfen. Wenn nun einer kommt, der nicht nach ihrem Sinne ist, so erheben sie ein großes Geschrei, schlagen ihn tot oder verleumden ihn doch so sehr bei den Menschen, die ihnen aufs Wort glauben, daß man gar keine Liebe, kein Fünkchen Zutrauen mehr findet. Ach, wie gut haben es meine Brüder, die Träume; fröhlich und leicht hüpfen sie auf die Erde hinab, fragen nichts nach jenen klugen Männern, besuchen die schlummernden Menschen und weben und malen ihnen, was das Herz beglückt und das Auge erfreut!«

»Deine Brüder sind Leichtfüße«, sagte die Königin, »und du, mein Liebling, hast keine Ursache, sie zu beneiden. Jene Grenzwächter kenne ich übrigens wohl; die Menschen haben so unrecht nicht, sie aufzustellen; es kam so mancher windige Geselle und tat, als ob er geradewegs aus meinem Reiche käme, und doch hatte er höchstens von einem Berge zu uns herübergeschaut.«

»Aber warum lassen sie dies mich, deine eigene Tochter, entgelten?« weinte Märchen. »Ach, wenn du wüßtest, wie sie es mit mir gemacht haben; sie schalten mich eine alte Jungfer und drohten, mich das nächste Mal gar nicht mehr hereinzulassen.«

»Wie? Meine Tochter nicht mehr einzulassen?« rief die Königin, und Zorn erhöhte die Röte ihrer Wangen. »Aber ich sehe schon, woher dies kommt: die böse Muhme hat uns verleumdet!«

»Die Mode? Nicht möglich!« rief Märchen. »Sie tat ja sonst immer so freundlich.«

»Oh, ich kenne sie, die Falsche«, antwortete die Königin. »Aber versuche es ihr zum Trotze wieder, meine Tochter; wer Gutes tun will, darf nicht rasten!«

»Ach, Mutter, wenn sie mich dann ganz zurückweisen oder wenn sie mich verleumden, daß mich die Menschen nicht ansehen oder einsam und verachtet in einer Ecke stehenlassen?«

»Wenn die Alten, von der Mode betört, dich geringschätzen, so wende dich an die Kleinen; wahrlich, sie sind meine Lieblinge, ihnen sende ich meine lieblichsten Bilder durch deine Brüder, die Träume, ja ich bin schon oft selbst zu ihnen hinabgeschwebt, habe sie geherzt und geküßt und schöne Spiele mit ihnen gespielt. Sie kennen mich auch wohl; sie wissen zwar meinen Namen nicht, aber ich habe schon oft bemerkt, wie sie nachts zu meinen Sternen hinauflächeln und morgens, wenn meine glänzenden Lämmer am Himmel ziehen, vor Freuden die Hände zusammenschlagen. Auch wenn sie größer werden, lieben sie mich noch; ich helfe dann den lieblichen Mädchen bunte Kränze flechten, und die wilden Knaben werden stiller, wenn ich auf hoher Felsenspitze mich zu ihnen setze, aus der Nebelwelt der fernen blauen Berge hohe Burgen und glänzende Paläste auftauchen lasse und aus den rötlichen Wolken des Abends kühne Reiterscharen und wunderliche Wallfahrtszüge bilde.«

»O die guten Kinder!« rief Märchen bewegt aus. »Ja, es sei! Mit ihnen will ich es noch einmal versuchen.«

»Ja, du gute Tochter«, sprach die Königin, »gehe zu ihnen. Aber ich will dich auch ein wenig ordentlich ankleiden, daß du den Kleinen gefällst und die Großen dich nicht zurückstoßen – siehe, das Gewand eines Almanachs will ich dir geben.«

»Eines Almanachs, Mutter? Ach – ich schäme mich, so vor den Leuten zu prangen.«

Die Königin winkte, und die Dienerinnen brachten das zierliche Gewand eines Almanachs. Es war von glänzenden Farben, und schöne Figuren waren eingewoben. Die Zofen flochten dem schönen Mädchen das lange Haar; sie banden ihr goldene Sandalen unter die Füße und hingen ihr dann das Gewand um.

Das bescheidene Märchen wagte nicht, aufzublikken; die Mutter aber betrachtete sie mit Wohlgefallen und schloß sie in ihre Arme. »Gehe hin«, sprach sie zu der Kleinen; »mein Segen sei mit dir. Und wenn sie dich verachten und höhnen, so kehre zurück zu mir; vielleicht daß spätere Geschlechter, getreuer der Natur, ihr Herz dir wieder zuwenden.«

Also sprach die Königin Phantasie. Märchen aber stieg herab auf die Erde. Mit pochendem Herzen nahte sie dem Ort, wo die klugen Wächter hausten; sie senkte das Köpfchen zur Erde, sie zog das schöne Gewand enger um sich her, und mit zagendem Schritte nahte sie dem Tor.

»Halt!« rief eine tiefe, rauhe Stimme. »Wache heraus! Da kommt ein neuer Almanach!«

Märchen zitterte, als sie dies hörte; viele ältliche Männer von finsterem Aussehen stürzten hervor; sie hatten spitzige Federn in der Faust und hielten sie dem Märchen entgegen. Einer aus der Schar schritt auf sie zu und packte sie mit rauher Hand am Kinn: »Nur auch den Kopf aufgerichtet, Herr Almanach«, schrie er, »daß man Ihm in den Augen ansieht, ob Er was Rechtes ist oder nicht!«

Errötend richtete Märchen das Köpfchen in die Höhe und schlug das dunkle Auge auf.

»Das Märchen!« riefen die Wächter und lachten aus vollem Hals. »Das Märchen! Haben wunder gemeint, was da käme! Wie kommst du nur in diesen Rock?«

»Die Mutter hat ihn mir angezogen«, antwortete Märchen.

»So? Sie will dich bei uns einschwärzen? Nichts da! Hebe dich weg! Mach, daß du fortkommst!« riefen die Wächter untereinander und erhoben die scharfen Federn.

»Aber ich will ja nur zu den Kindern«, bat Märchen; »dies könnt ihr mir ja doch erlauben?«

»Läuft nicht schon genug solches Gesindel im Land umher?« rief einer der Wächter. »Sie schwatzen nur unseren Kindern dummes Zeug vor.«

»Laßt uns sehen, was sie diesmal weiß«, sprach ein anderer.

»Nun ja«, riefen sie, »sag an, was du weißt; aber beeile dich, denn wir haben nicht viel Zeit für dich!«

Märchen streckte die Hand aus und beschrieb mit dem Zeigefinger viele Zeichen in die Luft. Da sah man bunte Gestalten vorüberziehen: Karawanen, schöne Rosse, geschmückte Reiter, viele Zelte im Sand der Wüste; Vögel und Schiffe auf stürmischen Meeren; stille Wälder und volkreiche Plätze und Straßen; Schlachten und friedliche Nomaden – sie alle schwebten in belebten Bildern, in buntem Gewimmel vorüber.

Märchen hatte in dem Eifer, mit welchem sie die Bilder aufsteigen ließ, nicht bemerkt, wie die Wächter des Tores nach und nach eingeschlafen waren. Eben wollte sie neue Zeichen beschreiben, als ein freundlicher Mann auf sie zutrat und ihre Hand ergriff.

»Sieh her, gutes Märchen«, sagte er, indem er auf die Schlafenden zeigte, »für diese sind deine bunten Sachen nichts; schlüpfe schnell durch das Tor, sie ahnen dann nicht, daß du im Lande bist, und du kannst friedlich und unbemerkt deine Straße ziehen. Ich will dich zu meinen Kindern führen; in meinem Hause geb' ich dir ein stilles, freundliches Plätzchen, dort kannst du wohnen und für dich leben. Wenn dann meine Söhne und Töchter gut gelernt haben, dürfen sie mit ihren Gespielen zu dir kommen und dir zuhören. Willst du so?«

»Oh, wie gerne folge ich dir zu deinen lieben Kleinen; wie will ich mich befleißigen, ihnen zuweilen ein heiteres Stündchen zu machen!«

Der gute Mann nickte ihr freundlich zu und half ihr über die Füße der schlafenden Wächter hinübersteigen. Lächelnd sah sich Märchen um, als sie hinüber war, und schlüpfte dann schnell in das Tor.

DIE KARAWANE

Es zog einmal eine große Karawane durch die Wüste. Auf der ungeheuren Ebene, wo man nichts als Sand und Himmel sieht, hörte man schon in weiter Ferne die Glocken der Kamele und die silbernen Röllchen der Pferde; eine dichte Staubwolke, die ihr vorherging, verkündete ihre Nähe, und wenn ein Luftzug die Wolke teilte, blendeten funkelnde Waffen und helleuchtende Gewänder das Auge.

So stellte sich die Karawane einem Manne dar, welcher von der Seite her auf sie zuritt. Er ritt ein schönes arabisches Pferd, mit einer Tigerdecke behängt; an dem hochroten Riemenwerk hingen silberne Glöckchen, und auf dem Kopf des Pferdes wehte ein schöner Reiherbusch. Der Reiter sah stattlich aus, und sein Anzug entsprach der Pracht seines Rosses: ein weißer Turban, reich mit Gold bestickt, bedeckte das Haupt; der Rock und die weiten Beinkleider waren von brennendem Rot; ein gekrümmtes Schwert mit reichem Griff hatte er an seiner Seite. Er hatte den Turban tief ins Gesicht gedrückt; dies und die schwarzen Augen, die unter buschigen Brauen hervorblitzten, sowie der lange Bart, der unter der gebogenen Nase herabhing, gaben ihm ein wildes, kühnes Aussehen.

Als der Reiter ungefähr auf fünfzig Schritte dem Vortrab der Karawane nahe war, spornte er sein Pferd an und war in wenigen Augenblicken an der Spitze des Zuges angelangt. Es war ein so ungewöhnliches Ereignis, einen einzelnen Reiter durch die Wüste ziehen zu sehen, daß die Wächter des Zuges, einen Überfall befürchtend, ihm ihre Lanzen entgegenstreckten.

»Was wollt ihr?« rief der Reiter, als er sich so kriegerisch empfangen sah. »Glaubt ihr, ein einzelner Mann werde eure Karawane angreifen?«

Beschämt schwangen die Wächter ihre Lanzen wieder auf; ihr Anführer aber ritt an den Fremden heran und fragte nach seinem Begehr.

»Wer ist der Herr der Karawane?« fragte der Reiter.

»Sie gehört nicht einem Herrn«, antwortete der Gefragte, »sondern es sind mehrere Kaufleute, die von Mekka in ihre Heimat ziehen und die wir durch die Wüste geleiten, weil oft allerlei Gesindel die Reisenden beunruhigt.«

»So führt mich zu den Kaufleuten«, begehrte der Fremde.

»Das kann jetzt nicht geschehen«, antwortete der Führer, »weil wir ohne Aufenthalt weiterziehen müssen und die Kaufleute wenigstens eine Viertelstunde weiter hinten sind. Wollt Ihr aber mit mir weiterreiten, bis wir lagern, um Mittagsruhe zu halten, so werde ich Eurem Wunsche willfahren.«

Der Fremde sagte hierauf nichts; er zog eine lange Pfeife, die er am Sattel festgebunden hatte, hervor und fing an, in großen Zügen zu rauchen, indem er neben dem Anführer des Vortrabs weiterritt. Dieser wußte nicht, was er aus dem Fremden machen sollte; er wagte es nicht, ihn geradezu nach seinem Namen zu fragen, und so kunstvoll er auch ein Gespräch anzuknüpfen suchte – der Fremde hatte auf das: »Ihr raucht da einen guten Tabak«, oder: »Euer Rapp’ hat einen braven Schritt«, immer nur mit einem kurzen »Ja, ja!« geantwortet.

Endlich waren sie auf dem Platz angekommen, wo man Mittagsruhe halten wollte. Der Anführer hatte

seine Leute als Wachen ausgestellt; er selbst hielt mit
dem Fremden, um die Karawane herankommen zu
lassen. Dreißig Kamele, schwer beladen, zogen vorüber, von bewaffneten Führern geleitet. Nach diesen
kamen auf schönen Pferden die fünf Kaufleute, denen die Karawane gehörte. Es waren meistens Männer von vorgerücktem Alter, ernst und gesetzt ausse-
hend; nur einer schien viel jünger als die übrigen wie
auch froher und lebhafter. Eine große Anzahl Kamele und Packpferde schloß den Zug.

Man hatte Zelte aufgeschlagen und die Kamele
und Pferde rings umher gestellt. In der Mitte war ein
großes Zelt von blauem Seidenzeug. Dorthin führte
der Anführer der Wache den Fremden. Als sie durch
den Vorhang des Zeltes getreten waren, sahen sie die
fünf Kaufleute auf goldgewirkten Polstern sitzen;
schwarze Sklaven reichten ihnen Speisen und Getränke.

»Wen bringt Ihr uns da?« rief der junge Kaufmann dem Führer zu.

Ehe noch der Führer antworten konnte, sprach
der Fremde: »Ich heiße Selim Baruch und bin aus
Bagdad; ich wurde auf einer Reise nach Mekka von
einer Räuberhorde gefangen und habe mich vor drei
Tagen heimlich aus der Gefangenschaft befreit. Der
große Prophet ließ mich die Glocken eurer Karawane
in weiter Ferne hören, und so kam ich bei euch an.
Erlaubt mir, daß ich in eurer Gesellschaft reise; ihr
werdet euren Schutz keinem Unwürdigen schenken,
und so ihr nach Bagdad kommt, werde ich eure Güte
reichlich belohnen, denn ich bin der Neffe des Groß-
wesirs.«

Der älteste der Kaufleute nahm das Wort: »Selim
Baruch«, sprach er, »sei willkommen in unserem

Schatten. Es macht uns Freude, dir beizustehen; vor allem aber setz dich und iß und trink mit uns.«

Selim Baruch setzte sich zu den Kaufleuten und aß und trank mit ihnen. Nach dem Essen räumten die Sklaven die Geschirre hinweg und brachten lange Pfeifen und türkischen Sorbett. Die Kaufleute saßen lange schweigend, indem sie die bläulichen Rauchwolken vor sich hinbliesen und zusahen, wie sie sich ringelten und verzogen und endlich in die Luft verschwebten.

Der junge Kaufmann brach endlich das Stillschweigen. »So sitzen wir seit drei Tagen«, sprach er, »zu Pferd und am Tisch, ohne uns durch etwas die Zeit zu vertreiben. Ich verspüre gewaltige Langeweile, denn ich bin gewohnt, nach Tisch Tänzer zu sehen oder Gesang und Musik zu hören. Wißt ihr gar nichts, meine Freunde, das uns die Zeit vertreibe?«

Die vier älteren Kaufleute rauchten fort und schienen ernsthaft nachzusinnen; der Fremde aber sprach: »Wenn es mir erlaubt ist, will ich euch einen Vorschlag machen. Ich meine, auf jedem Lagerplatz könnte einer von uns den anderen etwas erzählen. Dies könnte uns schon die Zeit vertreiben.«

»Selim Baruch, du hast wahr gesprochen«, sagte Achmed, der älteste der Kaufleute; »laßt uns den Vorschlag annehmen.«

»Es freut mich, wenn euch der Vorschlag behagt«, sprach Selim. »Damit ihr aber sehet, daß ich nichts Unbilliges verlange, so will ich den Anfang machen.«

Vergnügt rückten die fünf Kaufleute näher zusammen und ließen den Fremden in ihre Mitte sitzen. Die Sklaven schenkten die Becher wieder voll, stopften die Pfeifen ihrer Herren frisch und brachten glühende Kohlen zum Anzünden. Selim aber erfrischte seine Stimme mit einem tüchtigen Zuge Sorbett, strich den langen Bart über den Mund weg und sprach: »So hört denn die Geschichte vom Kalif Storch.«

DIE GESCHICHTE VOM KALIF STORCH

1

Der Kalif Chasid zu Bagdad saß einmal an einem schönen Nachmittag behaglich auf seinem Sofa; er hatte ein wenig geschlafen, denn es war ein heißer Tag, und er sah nun nach seinem Schläfchen recht heiter aus. Er rauchte aus einer langen Pfeife von Rosenholz, trank hie und da ein wenig Kaffee, den ihm ein Sklave einschenkte, und strich sich allemal vergnügt den Bart, wenn es ihm geschmeckt hatte. Kurz, man sah dem Kalifen an, daß es ihm recht wohl war. Um diese Stunde konnte man gar gut mit ihm reden, weil er da immer recht mild und leutselig war, deswegen besuchte ihn auch sein Großwesir Mansor alle Tage um diese Zeit. An diesem Nachmittag nun kam er auch, sah aber sehr nachdenklich aus, ganz gegen seine Gewohnheit.

Der Kalif tat die Pfeife ein wenig aus dem Mund und sprach: »Warum machst du ein so nachdenkliches Gesicht, Großwesir?« Der Großwesir schlug seine Arme kreuzweis über die Brust, verneigte sich vor seinem Herrn und antwortete: »Herr, ob ich ein nachdenkliches Gesicht mache, weiß ich nicht, aber da unten am schloß steht ein Krämer, der hat so schöne Sachen, daß es mich ärgert, nicht viel überflüssiges Geld zu haben.«

Der Kalif, der seinem Großwesir schon lange gern eine Freude gemacht hätte, schickte seinen schwarzen Sklaven hinunter, um den Krämer heraufzuholen.

Bald kam der Sklave mit dem Krämer zurück. Dieser war ein kleiner dicker Mann, schwarzbraun im Gesicht und in zerlumptem Anzug. Er trug einen Kasten, in welchem er allerhand Waren hatte: Perlen und Ringe, reich beschlagene Pistolen, Becher und Kämme. Der Kalif und sein Wesir musterten alles durch, und der Kalif kaufte endlich für sich und Mansor schöne Pistolen, für die Frau des Wesirs aber einen Kamm. Als der Krämer seinen Kasten schon wieder zumachen wollte, sah der Kalif eine kleine Schublade und fragte, ob da auch noch Waren seien.

Der Krämer zog die Schublade heraus und zeigte darin eine Dose mit schwärzlichem Pulver und ein Papier mit sonderbarer Schrift, die weder der Kalif noch Mansor lesen konnten. »Ich bekam einmal diese zwei Stücke von einem Kaufmann, der sie in Mekka auf der Straße fand«, sagte der Krämer; »ich weiß nicht, was sie enthalten. Euch stehen sie um geringen Preis zu Dienst; ich kann doch nichts damit anfangen.«

Der Kalif, der in seiner Bibliothek gerne alte Manuskripte hatte, wenn er sie auch nicht lesen konnte, kaufte Schrift und Dose und entließ den Krämer. Der Kalif aber dachte, er möchte gerne wissen, was die Schrift enthalte, und fragte den Wesir, ob er keinen kenne, der es entziffern könnte.

»Gnädigster Herr und Gebieter«, antwortete dieser, »an der großen Moschee wohnt ein Mann – er heißt Selim der Gelehrte –, der versteht alle Spra-

chen; laß ihn kommen, vielleicht kennt er diese geheimnisvollen Züge.«

Der gelehrte Selim war bald herbeigeholt. »Selim«, sprach zu ihm der Kalif, »Selim, man sagt, du
seiest sehr gelehrt; guck einmal ein wenig in diese
Schrift, ob du sie lesen kannst. Kannst du sie lesen, so
bekommst du ein neues Festkleid von mir; kannst du
es nicht, so bekommst du zwölf Backenstreiche und
fünfundzwanzig auf die Fußsohlen, weil man dich
dann umsonst Selim den Gelehrten nennt.«

Selim verneigte sich und sprach: »Dein Wille geschehe, o Herr!« Lange betrachtete er die Schrift,
plötzlich aber rief er aus: »Das ist Lateinisch, o Herr,
oder ich lass' mich hängen!«

»Sag, was drin steht«, befahl der Kalif, »wenn es
Lateinisch ist.«

Selim fing an zu übersetzen: »Mensch, der du dieses findest, preise Allah für seine Gnade. Wer von
dem Pulver in dieser Dose schnupft und dazu spricht:
›Mutabor‹, der kann sich in jedes Tier verwandeln
und versteht auch die Sprache der Tiere. Will er wieder in seine menschliche Gestalt zurückkehren, so
neige er sich dreimal gen Osten und spreche jenes
Wort. Aber hüte dich, wenn du verwandelt bist, daß
du nicht lachest, sonst verschwindet das Zauberwort
gänzlich aus deinem Gedächtnis, und du bleibst ein
Tier!«

Als Selim der Gelehrte also gelesen hatte, war der
Kalif über die Maßen vergnügt. Er ließ den Gelehrten schwören, niemand etwas von dem Geheimnis zu
sagen, schenkte ihm ein schönes Kleid und entließ
ihn. Zu seinem Großwesir aber sagte er: »Das heiß'
ich gut einkaufen, Mansor! Wie freue ich mich, bis
ich ein Tier bin! Morgen früh kommst du zu mir; wir

gehen dann miteinander aufs Feld, schnupfen etwas weniges aus meiner Dose und belauschen dann, was in der Luft und im Wasser, in Wald und Feld gesprochen wird.«

2

Kaum hatte am andern Morgen der Kalif Chasid gefrühstückt und sich angekleidet, als schon der Großwesir erschien, ihn, wie er befohlen, auf dem Spaziergang zu begleiten. Der Kalif steckte die Dose mit dem Zauberpulver in den Gürtel, und nachdem er seinem Gefolge befohlen, zurückzubleiben, machte er sich mit dem Großwesir ganz allein auf den Weg. Sie gingen zuerst durch die weiten Gärten des Kalifen, spähten aber vergebens nach etwas Lebendigem, um ihr Kunststück zu probieren. Der Wesir schlug endlich vor, weiter hinaus, an einen Teich, zu gehen, wo er schon oft viele Tiere, namentlich Störche, gesehen habe, die durch ihr gravitätisches Wesen und ihr Geklapper immer seine Aufmerksamkeit erregt hatten.

Der Kalif billigte den Vorschlag seines Wesirs und ging mit ihm dem Teich zu. Als sie dort angekommen waren, sahen sie einen Storch ernsthaft auf und ab gehen, Frösche suchend und hie und da etwas vor sich hinklappernd. Zugleich sahen sie auch weit oben in der Luft einen andern Storch dieser Gegend zuschweben.

»Ich wette meinen Bart, gnädigster Herr«, sagte der Großwesir, »diese zwei Langfüßler führen jetzt ein schönes Gespräch miteinander. Wie wäre es, wenn wir Störche würden?«

»Wohl gesprochen!« antwortete der Kalif. »Aber vorher wollen wir noch einmal betrachten, wie man wieder Mensch wird. – Richtig! Dreimal gen Osten geneigt und ›Mutabor‹ gesagt, so bin ich wieder Kalif und du Wesir. Aber nur um Himmels willen nicht gelacht, sonst sind wir verloren!«

Während der Kalif also sprach, sah er den andern Storch über ihrem Haupte schweben und langsam sich zur Erde lassen. Schnell zog er die Dose aus dem Gürtel und nahm eine gute Prise, bot sie dem Groß- wesir dar, der gleichfalls schnupfte, und beide riefen: »Mutabor!«

Da schrumpften ihre Beine ein und wurden dünn und rot, die schönen gelben Pantoffeln des Kalifen und seines Begleiters wurden unförmliche Storchfü- ße, die Arme wurden zu Flügeln, der Hals fuhr aus den Achseln und ward eine Elle lang, der Bart war verschwunden, und den Körper bedeckten weiche Federn.

»Du hast einen hübschen Schnabel, Großwesir«, sprach nach langem Erstaunen der Kalif. »Beim Bar- te des Propheten, so etwas habe ich in meinem Leben nicht gesehen.«

»Danke untertänigst«, erwiderte der Großwesir, indem er sich bückte; »aber wenn ich es wagen darf, möchte ich behaupten, Eure Hoheit sehen als Storch beinahe noch hübscher aus denn als Kalif. Aber kommt, wenn es Euch gefällig ist, daß wir unsere Ka- meraden dort belauschen und erfahren, ob wir wirk- lich Storchisch können.«

Indem war der andere Storch auf der Erde ange- kommen. Er putzte sich mit dem Schnabel seine Füße, legte seine Federn zurecht und ging auf den ersten Storch zu. Die beiden neuen Störche aber be- eilten sich, in ihre Nähe zu kommen, und vernahmen zu ihrem Erstaunen folgendes Gespräch: »Guten

Morgen, Frau Langbein; so früh schon auf der Wiese?«

»Schönen Dank, liebe Klapperschnabel! Ich habe mir ein kleines Frühstück geholt. Ist vielleicht ein Viertelchen Eidechse gefällig oder ein Froschschenkelein?«

»Danke gehorsamst; habe heute gar keinen Appetit. Ich komme auch wegen etwas ganz anderem auf die Wiese. Ich soll heute vor den Gästen meines Vaters tanzen, und da will ich mich im stillen ein wenig üben.«

Zugleich schritt die junge Störchin in wunderlichen Bewegungen durch das Feld. Der Kalif und Mansor sahen ihr verwundert nach. Als sie aber in malerischer Stellung auf einem Fuß stand und mit den Flügeln anmutig dazu wedelte, da konnten sich die beiden nicht mehr halten; ein unaufhaltsames Gelächter brach aus ihren Schnäbeln hervor, von dem sie sich erst nach langer Zeit erholten.

Der Kalif faßte sich zuerst wieder: »Das war einmal ein Spaß«, rief er, »der nicht mit Gold zu bezahlen ist! Schade, daß die dummen Tiere durch unser Gelächter sich haben verscheuchen lassen, sonst hätten sie gewiß auch noch gesungen!«

Aber jetzt fiel es dem Großwesir ein, daß das Lachen während der Verwandlung verboten war. Er teilte seine Angst deswegen dem Kalifen mit.

»Potz Mekka und Medina! Das wäre ein schlechter Spaß, wenn ich ein Storch bleiben müßte! Besinne dich doch auf das dumme Wort; ich bring' es nicht heraus!«

»Dreimal gen Osten müssen wir uns bücken und dazu sprechen: Mu... – Mu... – Mu...«

Sie stellten sich gen Osten und bückten sich in

einem fort, daß ihre Schnäbel beinahe die Erde berührten. Aber o Jammer! Das Zauberwort war ihnen entfallen, und sooft sich auch der Kalif bückte, so sehnlich auch sein Wesir »Mu ... – Mu ...« dazu rief – jede Erinnerung daran war verschwunden, und der arme Chasid und sein Wesir waren und blieben Störche.

3

Traurig wandelten die Verzauberten durch die Felder; sie wußten gar nicht, was sie in ihrem Elend anfangen sollten. Aus ihrer Storchenhaut konnten sie nicht heraus; in die Stadt zurück konnten sie auch nicht, um sich zu erkennen zu geben, denn wer hätte einem Storchen geglaubt, daß er der Kalif sei? Und wenn man es auch geglaubt hätte – würden die Einwohner von Bagdad einen Storch zum Kalifen gewählt haben?

So schlichen sie mehrere Tage umher und ernährten sich kümmerlich von Feldfrüchten, die sie aber wegen ihrer langen Schnäbel nicht gut verspeisen konnten. Zu Eidechsen und Fröschen hatten sie übrigens keinen Appetit, denn sie befürchteten, mit solchen Leckerbissen sich den Magen zu verderben. Ihr einziges Vergnügen in dieser traurigen Lage war, daß sie fliegen konnten, und so flogen sie auf die Dächer von Bagdad, um zu sehen, was darin vorging.

In den ersten Tagen bemerkten sie große Unruhe und Trauer in den Straßen. Aber ungefähr am vierten Tage nach ihrer Verzauberung saßen sie auf dem Palast des Kalifen, da sahen sie unten in der Straße einen prächtigen Aufzug. Trommeln und Pfeifen ertönten, ein Mann in einem goldbestickten Scharlachmantel saß auf einem geschmückten Pferd, umgeben von glänzenden Dienern. Halb Bagdad sprang ihm nach, und alle schrien: »Heil Mizra, dem Herrscher von Bagdad!«

Da sahen die beiden Störche auf dem Dache des Palastes einander an, und der Kalif Chasid sprach: »Ahnst du jetzt, warum ich verzaubert bin, Großwesir? Dieser Mizra ist der Sohn meines Todfeindes, des mächtigen Zauberers Kaschnur, der mir in einer bösen Stunde Rache schwor. Aber noch gebe ich die Hoffnung nicht auf. Komm mit mir, du treuer Gefährte meines Elends, wir wollen zum Grab des Propheten wandern, vielleicht, daß an heiliger Stätte der Zauber gelöst wird.«

Sie erhoben sich vom Dach des Palastes und flogen der Gegend von Medina zu.

Mit dem Fliegen wollte es aber nicht gar gut gehen, denn die beiden Störche hatten noch wenig Übung. »O Herr«, ächzte nach ein paar Stunden der Großwesir, »ich halte es, mit Eurer Erlaubnis, nicht mehr lange aus; Ihr fliegt gar zu schnell! Auch ist es schon Abend, und wir täten wohl, ein Unterkommen für die Nacht zu suchen.«

Chasid gab der Bitte seines Dieners Gehör, und da er unten im Tale eine Ruine erblickte, die ein Obdach zu gewähren schien, so flogen sie dahin. Der Ort, wo sie sich für diese Nacht niedergelassen hatten, schien ehemals ein Schloß gewesen zu sein. Schöne Säulen ragten unter den Trümmern hervor, mehrere Gemächer, die noch ziemlich erhalten waren, zeugten von der ehemaligen Pracht des Hauses.

Chasid und sein Begleiter gingen durch die Gänge umher, um sich ein trockenes Plätzchen zu suchen – plötzlich blieb der Storch Mansor stehen. »Herr und

Gebieter«, flüsterte er leise, »wenn es nur nicht töricht für einen Großwesir – noch mehr aber für einen
Storch – wäre, sich vor Gespenstern zu fürchten! Mir
ist ganz unheimlich zumute, denn hier neben hat es
ganz vernehmlich geseufzt und gestöhnt.«

Der Kalif blieb nun auch stehen und hörte ganz
deutlich ein leises Weinen, das eher einem Menschen
als einem Tiere anzugehören schien. Voll Erwartung
wollte er der Gegend zugehen, woher die Klagetöne
kamen; der Wesir aber packte ihn mit dem Schnabel
am Flügel und bat ihn flehentlich, sie nicht in neue,
unbekannte Gefahren zu stürzen. Doch vergebens!
Der Kalif, dem auch unter dem Storchenflügel ein
tapferes Herz schlug, riß sich mit Verlust einiger Federn los und eilte in einen finsteren Gang.

Bald war er an einer Tür angelangt, die nur angelehnt schien und woraus er deutlich Seufzer mit ein
wenig Geheul vernahm. Er stieß mit dem Schnabel
die Tür auf, blieb aber überrascht auf der Schwelle
stehen. In dem verfallenen Gemach, das nur durch
ein kleines Gitterfenster spärlich erleuchtet war, sah
er eine große Nachteule am Boden sitzen. Dicke Tränen rollten ihr aus den großen runden Augen, und
mit heiserer Stimme stieß sie ihre Klagen aus dem
krummen Schnabel heraus. Als sie aber den Kalifen
und seinen Wesir, der indes auch herbeigeschlichen
war, erblickte, erhob sie ein lautes Freudengeschrei.
Zierlich wischte sie mit dem braungefleckten Flügel
die Tränen aus den Augen, und zu dem großen Erstaunen der beiden rief sie in gutem, menschlichem
Arabisch: »Willkommen ihr Störche! Ihr seid mir ein
gutes Zeichen meiner Errettung, denn durch Störche
werde mir ein großes Glück kommen, ist mir einst
prophezeit worden!«

Als sich der Kalif von seinem Erstaunen erholt hatte, bückte er sich mit seinem langen Hals, brachte seine dünnen Füße in eine zierliche Stellung und sprach: »Nachteule, deinen Worten nach darf ich glauben, eine Leidensgefährtin in dir zu sehen. Aber ach – deine Hoffnung, daß durch uns deine Rettung kommen werde, ist vergeblich. Du wirst unsere Hilflosigkeit selbst er kennen, wenn du unsere Geschichte hörst.«

Die Nachteule bat ihn zu erzählen; der Kalif aber hob an und er zählte, was wir bereits wissen.

4

Als der Kalif der Eule seine Geschichte vorgetragen hatte, dankte sie ihm und sagte: »Vernimm auch meine Geschichte und höre, wie ich nicht weniger unglücklich bin als du. Mein Vater ist der König von Indien; ich, seine einzige, unglückliche Tochter, heiße Lusa. Jener Zauberer Kaschnur, der euch verzauberte, hat auch mich ins Unglück gestürzt. Er kam eines Tages zu meinem Vater und begehrte mich zur Frau für seinen Sohn Mizra. Mein Vater aber, der ein hitziger Mann ist, ließ ihn die Treppe hinunterwerfen. Der Elende wußte sich unter einer andern Gestalt wieder in meine Nähe zu schleichen, und als ich einst in meinem Garten Erfrischungen zu mir nehmen wollte, brachte er mir, als Sklave verkleidet, einen Trank bei, der mich in diese abscheuliche Gestalt verwandelte. Vor Schrecken ohnmächtig, brachte er mich hierher und rief mir mit schrecklicher Stimme in die Ohren: ›Da sollst du bleiben, häßlich, selbst von den Tieren verachtet, bis an dein Ende oder bis einer aus freiem Willen dich selbst in dieser schrecklichen Gestalt zur Gattin begehrt. So räche ich mich an dir und deinem stolzen Vater!‹

Seitdem sind viele Monate verflossen. Einsam und traurig lebe ich als Einsiedlerin in diesem Gemäuer, verabscheut von der Welt, selbst den Tieren ein Greuel; die schöne Natur ist vor mir verschlossen, denn ich bin blind am Tage, und nur wenn der Mond sein bleiches Licht über dies Gemäuer ausgießt, fällt der verhüllende Schleier von meinem Auge.«

Die Eule hatte geendet und wischte sich mit dem Flügel wieder die Augen aus, denn die Erzählung ihrer Leiden hatte ihr Tränen entlockt.

Der Kalif war bei der Erzählung der Prinzessin in tiefes Nachdenken versunken. »Wenn mich nicht alles täuscht«, sprach er, »so findet zwischen unserem Unglück ein geheimer Zusammenhang statt; aber wo finde ich den Schlüssel zu diesem Rätsel?« Die Eule antwortete ihm: »O Herr, auch mir ahnet dies; denn es ist mir einst in meiner frühesten Jugend von einer weisen Frau prophezeit worden, daß ein Storch mir ein großes Glück bringen werde, und ich wüßte vielleicht, wie wir uns retten könnten.«

Der Kalif war sehr erstaunt und fragte, auf welchem Wege sie meine.

»Der Zauberer, der uns beide unglücklich gemacht hat«, sagte sie, »kommt alle Monate einmal in diese Ruinen. Nicht weit von diesem Gemach ist ein Saal; dort pflegt er dann mit vielen Genossen zu schmausen. Schon oft habe ich sie dort belauscht. Sie erzählten dann einander ihre schändlichen Werke; vielleicht, daß er dann das Zauberwort, das Ihr vergessen habt, ausspricht.«

»O teuerste Prinzessin«, rief der Kalif, »sagt an, wann kommt er, und wo ist der Saal?«

Die Eule schwieg einen Augenblick und sprach dann: »Nehmet es nicht ungütig, aber nur unter einer Bedingung kann ich Euren wunsch erfüllen.«

»Sprich aus! Sprich aus!« schrie Chasid. »Befiehl, es ist mir jede recht.«

»Nämlich ich möchte auch gerne zugleich frei sein; dies kann aber nur geschehen, wenn einer von euch mir seine Hand reicht.« Die Störche schienen über den Antrag etwas betroffen zu sein, und der Kalif winkte seinem Diener, ein wenig mit ihm hinauszugehen.

»Großwesir«, sprach vor der Tür der Kalif, »das ist ein dummer Handel, aber Ihr könntet sie schon nehmen.«

»So?« antwortete dieser. »Daß mir meine Frau, wenn ich nach Hause komme, die Augen auskratzt? Auch bin ich ein alter Mann, und Ihr seid noch jung und unverheiratet und könntet eher einer jungen, schönen Prinzessin die Hand geben.«

»Das ist es eben«, seufzte der Kalif, indem er traurig die Flügel hängen ließ. »Wer sagt Euch denn, daß sie jung und schön ist? Das heißt die Katze im Sack kaufen!«

Sie redeten einander gegenseitig noch lange zu; endlich aber, als der Kalif sah, daß sein Wesir lieber Storch bleiben als die Eule heiraten wollte, entschloß er sich, die Bedingung lieber selbst zu erfüllen. Die Eule war hocherfreut. Sie gestand ihnen, daß sie zu keiner besseren Zeit hätten kommen können, weil wahrscheinlich in dieser Nacht die Zauberer sich versammeln würden.

Sie verließ mit den Störchen das Gemach, um sie in jenen Saal zu führen. Sie gingen lange in einem finsteren Gang hin; endlich strahlte ihnen aus einer

halbverfallenen Mauer ein heller Schein entgegen.
Als sie dort angelangt waren, riet ihnen die Eule, sich
ganz ruhig zu verhalten. Sie konnten von der Lücke,
an welcher sie standen, einen großen Saal übersehen.
Er war ringsum mit Säulen geschmückt und prachtvoll verziert. Viele farbige Lampen ersetzten das
Licht des Tages. In der Mitte des Saales stand ein
runder Tisch, mit vielen und ausgesuchten Speisen
besetzt. Rings um den Tisch zog sich ein Sofa, auf
welchem acht Männer saßen. In einem dieser Männer erkannten die Störche jenen Krämer wieder, der
ihnen das Zauberpulver verkauft hatte. Sein Neben-
sitzer forderte ihn auf, ihnen seine neuesten Taten zu
erzählen. Er erzählte unter andern auch die Geschichte des Kalifen und seines Wesirs.

»Was für ein Wort hast du ihnen denn aufgege-
ben?« fragte ihn ein anderer Zauberer.

»Ein recht schweres lateinisches; es heißt Mutabor.«

5

Als die Störche an ihrer Mauerlücke dieses hörten,
kamen sie vor Freude beinahe außer sich. Sie liefen
auf ihren langen Füßen so schnell dem Tor der Ruine zu, daß die Eule kaum folgen konnte. Dort sprach
der Kalif gerührt zu der Eule: »Retterin meines Lebens und des Lebens meines Freundes, nimm zum
ewigen Dank für das, was du an uns getan, mich zum
Gemahl an.«

Dann aber wandte er sich nach Osten. Dreimal
bückten die Störche ihre langen Hälse der Sonne entgegen, die soeben hinter dem Gebirge heraufstieg.
»Mutabor«, riefen sie, und im Nu waren sie verwan-

delt, und in der hohen Freude des neu geschenkten Lebens lagen Herr und Diener lachend und weinend einander in den Armen.

Wer beschreibt aber ihr Erstaunen, als sie sich umsahen? Eine schöne Dame, herrlich geschmückt, stand vor ihnen. Lächelnd gab sie dem Kalifen die Hand. »Erkennt ihr eure Nachteule nicht mehr?« sagte sie.

Sie war es; der Kalif war von ihrer Schönheit und Anmut so entzückt, daß er ausrief, es sei sein größtes Glück, daß er Storch geworden sei.

Die drei zogen nun miteinander auf Bagdad zu. Der Kalif fand in seinen Kleidern nicht nur die Dose mit Zauberpulver, sondern auch seinen Geldbeutel. Er kaufte daher im nächsten Dorfe, was zu ihrer Reise nötig war, und so kamen sie bald an die Tore von Bagdad. Dort aber erregte die Ankunft des Kalifen großes Erstaunen. Man hatte ihn für tot ausgegeben, und das Volk war daher hocherfreut, seinen geliebten Herrscher wiederzuhaben.

Um so mehr aber entbrannte ihr Haß gegen den Betrüger Mizra. Sie zogen in den Palast und nahmen den alten Zauberer und seinen Sohn gefangen. Den Alten schickte der Kalif in dasselbe Gemach der Ruine, das die Prinzessin als Eule bewohnt hatte, und ließ ihn dort aufhängen. Dem Sohn aber, welcher nichts von den Künsten des Vaters verstand, ließ der Kalif die Wahl, ob er sterben oder schnupfen wolle. Als er das letztere wählte, bot ihm der Großwesir die Dose. Eine tüchtige Prise, und das Zauberwort des Kalifen verwandelte ihn in einen Storch. Der Kalif ließ ihn in einen eisernen Käfig sperren und in seinem Garten aufstellen.

Lange und vergnügt lebte Kalif Chasid mit seiner

Frau, der Prinzessin; seine vergnügtesten Stunden
waren immer die, wenn ihn der Großwesir nachmittags besuchte; da sprachen sie dann oft von ihrem
Storchenabenteuer, und wenn der Kalif recht heiter
war, ließ er sich herab, den Großwesir nachzuah-
men, wie er als Storch aussah. Er stieg dann ernsthaft, mit steifen Füßen, im Zimmer auf und ab, klapperte, wedelte mit den Armen wie mit Flügeln und
zeigte, wie jener sich vergeblich nach Osten geneigt
und »Mu ... – Mu ...« dazu gerufen habe.

Für die Frau Kalifin und ihre Kinder war diese
Vorstellung allemal eine große Freude; wenn aber
der Kalif gar zu lange klapperte und nickte und »Mu
... – Mu ...« schrie, dann drohte ihm lächelnd der
Wesir, er wolle das, was vor der Tür der Prinzessin
Nachteule verhandelt worden sei, der Frau Kalifin
mitteilen.

❋

Als Selim Baruch seine Geschichte beendet hatte, be-
zeugten sich die Kaufleute sehr zufrieden damit.
»Wahrhaftig, der Nachmittag ist uns vergangen,
ohne daß wir es merkten, wie!« sagte einer derselben,
indem er die Decke des Zeltes zurückschlug. »Der
Abendwind weht kühl; wir könnten noch eine gute
Strecke Weges zurücklegen.«

Seine Gefährten waren damit einverstanden, die
Zelte wurden abgebrochen, und die Karawane machte sich in der nämlichen Ordnung, in welcher sie her-
angezogen war, auf den Weg.

Sie ritten beinahe die ganze Nacht hindurch, denn
es war schwül am Tage, die Nacht aber war erquick-
lich und sternhell. Sie kamen endlich an einem be-

quemen Lagerplatz an, schlugen die Zelte auf und legten sich zur Ruhe. Für den Fremden aber sorgten die Kaufleute, wie wenn er ihr wertester Gastfreund wäre. Der eine gab ihm Polster, der andere Decken, ein dritter gab ihm Sklaven – kurz, er wurde so gut bedient, als ob er zu Hause wäre.

Die heißeren Stunden des Tages waren schon heraufgekommen, als sie sich wieder erhoben, und sie beschlossen einmütig, hier den Abend abzuwarten. Nachdem sie miteinander gespeist hatten, rückten sie wieder näher zusammen, und der junge Kaufmann wandte sich an den Ältesten und sprach: »Selim Baruch hat uns gestern einen vergnügten Nachmittag bereitet; wie wäre es, Achmed, wenn Ihr uns auch etwas erzähltet? Sei es nun aus Eurem langen Leben, das wohl viele Abenteuer aufzuweisen hat, oder sei es auch ein hübsches Märchen.«

Achmed schwieg auf diese Anrede eine Zeitlang, wie wenn er bei sich im Zweifel wäre, ob er dies oder jenes sagen sollte oder nicht; endlich fing er an zu sprechen: »Liebe Freunde, ihr habt euch auf dieser unserer Reise als treue Gesellen erprobt, und auch Selim verdient mein Vertrauen; daher will ich euch etwas aus meinem Leben mitteilen, das ich sonst ungern und nicht jedem erzähle: die Geschichte von dem Gespensterschiff.«

DIE GESCHICHTE VOM GESPENSTERSCHIFF

Mein Vater hatte einen kleinen Laden in Balsora. Er war weder arm noch reich und einer von jenen Leuten, die nicht gerne etwas wagen, aus Furcht, das wenige zu verlieren, das sie haben. Er er zog mich schlicht und recht und brachte es bald so weit, daß ich ihm an die Hand gehen konnte. Gerade als ich achtzehn Jahre alt war und er eben die erste größere Spekulation machte, starb er; wahrscheinlich aus Gram, tausend Goldstücke dem Meere anvertraut zu haben. Ich mußte ihn bald nachher wegen seines Todes glücklich preisen, denn wenige Wochen hernach lief die Nachricht ein, daß das Schiff, dem mein Vater seine Güter mitgegeben hatte, versunken sei.

Meinen jugendlichen Mut konnte aber dieser Unfall nicht beugen. Ich machte alles vollends zu Geld, was mein Vater hinterlassen hatte, und zog aus, um in der Fremde mein Glück zu probieren, nur von einem alten Diener meines Vaters begleitet, der sich aus alter Anhänglichkeit nicht von mir und meinem Schicksal trennen wollte.

Im Hafen von Balsora schifften wir uns mit günstigem Winde ein. Das Schiff, auf dem ich mich eingemietet hatte, war nach Indien bestimmt. Wir waren schon fünfzehn Tage auf der gewöhnlichen Straße gefahren, als uns der Kapitän einen Sturm verkündete. Er machte ein bedenkliches Gesicht, denn es schien, er kenne in dieser Gegend das Fahrwasser nicht genug, um einem Sturm mit Ruhe begegnen zu können. Er ließ alle Segel einziehen, und wir trieben ganz langsam hin.

Die Nacht war angebrochen, war hell und kalt, und der Kapitän glaubte schon, sich in den Anzeichen des Sturmes getäuscht zu haben, auf einmal schwebte ein Schiff, das wir vorher nicht gesehen hatten, dicht an dem unsrigen vorbei. Wildes Jauchzen und Geschrei erscholl von dem Verdeck herauf, worüber ich mich zu dieser angstvollen Stunde vor einem Sturm nicht wenig wunderte. Aber der Kapitän an meiner Seite wurde blaß wie der Tod. » Mein Schiff ist verloren«, rief er; »dort segelt der Tod!«

Ehe ich ihn noch über diesen sonderbaren Ausruf befragen konnte, stürzten schon heulend und schreiend die Matrosen herein: »Habt ihr ihn gesehen?« schrie sie. »Jetzt ist's mit uns vorbei!« Der Kapitän ließ Trostsprüche aus dem Koran vorlesen und setzte sich selbst ans Steuerruder – aber vergebens! Zusehends brauste der Sturm auf, und ehe eine Stunde verging, krachte das Schiff und blieb sitzen. Die Boote wurden ausgesetzt, und kaum hatten sich die letzten Matrosen gerettet, so versank das Schiff vor unsern Augen, und als ein Bettler fuhr ich in die See hinaus. Aber der Jammer hatte noch kein Ende. Fürchterlicher tobte der Sturm, das Boot war nicht mehr zu regieren. Ich hatte meinen Diener fest umschlungen, und wir versprachen uns, nie voneinander zu weichen. Endlich brach der Tag an. Aber mit dem ersten Anblick der Morgenröte faßte der Wind das Boot, in welchem wir saßen und stürzte es um. Ich habe keinen meiner Schiffsleute mehr gesehen.

Der Sturz hatte mich betäubt, und als ich aufwachte, befand ich mich in den Armen meines alten Dieners, der sich auf das umgeschlagene Boot gerettet und mich nachgezogen hatte. Der Sturm hatte sich gelegt. Von unserem Schiff war nichts mehr zu sehen, wohl aber entdeckten wir nicht weit von uns ein anderes Schiff, auf das die Wellen uns hintrieben. Als wir näher hinzukammen, erkannte ich das Schiff als dasselbe, das in der Nacht an uns vorbeigefahren und welches den Kapitän so sehr in Schrecken gesetzt hatte. Ich empfand ein sonderbares Grauen vor diesem Schiffe. Die Äußerung des Kapitäns, die sich so furchtbar bestätigt hatte, das öde Aussehen des Schiffes, auf dem sich, so nahe wir auch herankammen, so laut wir schrien, niemand zeigte, erschreckte mich; doch es war dies unser einziges Rettungsmittel. Darum priesen wir den Propheten, der uns so wundervoll erhalten hatte.

Am Vorderteil des Schiffes hing ein langes Tau herab. Mit Händen und Füßen ruderten wir darauf zu, um es zu erfassen; endlich glückte es. Laut erhob ich meine Stimme, aber immer blieb es still auf dem Schiff. Da klimmten wir an dem Tau hinauf, ich als der Jüngste voran. Aber Entsetzen – welches Schauspiel stellte sich meinem Auge dar, als ich das Verdeck betrat! Der Boden war mit blut gerötet, zwanzig bis dreißig Leichname in türkischen Kleidern lagen auf dem Boden; am mittleren Mastbaum stand ein Mann, reich gekleidet, den Säbel in der Hand, aber das Gesicht war blaß und verzerrt; durch die Stirn ging ein großer Nagel, der ihn an den Mastbaum heftete – auch er war tot. Schrecken fesselte meine Schritte, ich wagte kaum zu atmen. Endlich war auch mein Begleiter heraufgekommen. Auch ihn überraschte der Anblick des Verdecks, das gar nichts Lebendiges, sondern nur so viele schreckliche Leichname zeigte.

Wir wagten es endlich, nachdem wir in der Seelenangst zum Propheten gefleht hatten, weiter vorzuschreiten. Bei jedem Schritte sahen wir uns um, ob nicht etwas Neues, noch Schrecklicheres sich darbiete; aber alles blieb, wie es war. Weit und breit nichts Lebendiges, nur wir und das Weltmeer. Nicht einmal laut zu sprechen wagten wir, aus Furcht, der tote, am Mast angespießte Kapitän möchte seine starren Augen nach uns hindrehen, oder einer der Getöteten möchte seinen Kopf umwenden.

Endlich waren wir bis an eine Treppe gekommen, die in den Schiffsraum führte. Unwillkürlich machten wir dort halt und sahen einander an, denn keiner wagte es recht, seine Gedanken zu äußern.

»O Herr«, sprach mein treuer Diener, »hier ist etwas Schreckliches geschehen; doch wenn auch das Schiff da unten voll Mörder steckt, so will ich mich ihnen doch lieber auf Gnade und Ungnade ergeben, als längere Zeit unter diesen Toten zubringen.«

Ich dachte wie er; wir faßten ein Herz und stiegen voll Erwartung hinunter. Totenstille war aber auch hier, und nur unsere Schritte hallten auf der Treppe. Wir standen an der Tür der Kajüte. Ich legte mein Ohr an die Tür und lauschte – es war nichts zu hören; ich machte auf. Das Gemach bot einen unordentlichen Anblick dar: Kleider, Waffen und anderes Gerät lagen untereinander; nichts war in Ordnung. Die Mannschaft oder wenigstens der Kapitän mußte vor kurzem gezecht haben, denn es lag alles noch umher. Wir gingen weiter von Raum zu Raum, von Gemach zu gemach; überall fanden wir herrliche Vorräte in Seide, Perlen, Zucker und so weiter. Ich war vor Freude über diesen Anblick außer mir, denn da niemand auf dem Schiffe war, glaubte ich, alles mir zueignen zu dürfen; Ibrahim aber machte mich aufmerksam darauf, daß wir wahrscheinlich noch sehr weit vom Land seien, wohin wir allein und ohne menschliche Hilfe nicht kommen könnten.

Wir labten uns an den Speisen und Getränken, die wir in reichlichem Maß vorfanden, und stiegen endlich wieder aufs Verdeck; aber hier schauderte uns immer die Haut ob dem schrecklichen Anblick der Leichen. Wir beschlossen, uns davon zu befreien und sie über Bord zu werfen – aber wie schauerlich ward

uns zumute, als wir fanden, daß sich keiner aus seiner
Lage bewegen ließ! Wie festgebannt lagen sie am Boden, und man hätte die Bretter des Verdecks ausheben müssen, um sie zu entfernen, und dazu gebrach
es uns an Werkzeugen. Auch der Kapitän ließ sich
nicht von seinem Mast losmachen; nicht einmal seinen Säbel konnten wir der starren Hand entwinden.

Wir brachten den Tag in trauriger Betrachtung
unserer Lage zu, und als es Nacht zu werden anfing,
erlaubte ich dem alten Ibrahim, sich schlafen zu legen; ich selbst aber wollte auf dem Verdeck wachen,
um nach Rettung auszuspähen. Als aber der Mond
heraufkam und ich nach den Gestirnen berechnete,
daß es wohl die elfte Stunde sei, überfiel mich ein so
unwiderstehlicher Schlaf, daß ich unwillkürlich hinter ein Faß, das auf dem Verdeck stand, zurückfiel;
doch war es mehr Betäubung als Schlaf, denn ich
hörte deutlich die See an der Seite des Schiffes an-
schlagen und die Segel im Winde knarren und pfeifen.

Auf einmal glaubte ich Stimmen und Männertrit-
te auf dem Verdeck zu hören. Ich wollte mich auf-
richten, um danach zu schauen, aber eine unsichtbare Gewalt hielt meine Glieder gefesselt; nicht einmal
die Augen konnte ich aufschlagen. Aber immer deutlicher wurden die Stimmen; es war mir, als wenn ein
fröhliches Schiffsvolk auf dem Verdeck sich umher-
triebe. Mitunter glaubte ich die kräftige Stimme eines
Befehlenden zu hören, auch hörte ich Taue und Segel deutlich auf und ab ziehen. Nach und nach aber
schwanden mir die Sinne; ich verfiel in einen tieferen
Schlaf, in dem ich nur noch ein Geräusch von Waffen
zu hören glaubte, und erwachte erst, als die Sonne
schon hoch stand und mir aufs Gesicht brannte. Ver-

wundert schaute ich mich um; Sturm, Schiff, die Toten und was ich in der Nacht gehört hatte, kamen mir
wie ein Traum vor, aber als ich aufblickte, fand ich
alles wie gestern. Unbeweglich lagen die Toten, unbeweglich war der Kapitän an den Mastbaum geheftet. Ich lachte über meinen Traum und stand auf, um
meinen Alten zu suchen.

Dieser saß ganz nachdenklich in der Kajüte. »O
Herr«, rief er aus, als ich zu ihm hereintrat, »ich wollte lieber im tiefsten Grunde des Meeres liegen, als in
diesem verhexten Schiff noch eine Nacht zubringen!« Ich fragte ihn nach der Ursache seines Kummers, und er antwortete mir: »Als ich einige Stunden
geschlafen hatte, wachte ich auf und vernahm, wie
man über meinem Haupte hin und her lief. Ich dachte zuerst, Ihr wäret es, aber es waren wenigstens zwanzig, die oben umherliefen; auch hörte ich Rufen und
Schreien; endlich kamen schwere Tritte die Treppe
herab. Da wußte ich nichts mehr von mir, nur hie und
da kehrte auf einige Augenblicke meine Besinnung
zurück, und da sah ich denn denselben Mann, der
oben am Mast angenagelt ist, an jenem Tisch dort
sitzen, singend und trinkend, aber der, der in einem
roten Scharlachkleid nicht weit von ihm am Boden
liegt, saß neben ihm und half ihm trinken.« Also erzählte mir mein alter Diener.

Ihr könnt es mir glauben, meine Freunde, daß mir
gar nicht wohl zumute war, denn es war keine Täuschung – ich hatte ja auch die Toten gar wohl gehört.
In solcher Gesellschaft zu schiffen war mir greulich.

Mein Ibrahim aber versank in tiefes Nachdenken.
»Jetzt hab' ich's!« rief er endlich aus; es fiel ihm nämlich ein Sprüchlein ein, das ihn sein Großvater, ein
erfahrener, weitgereister Mann, gelehrt hatte und

das gegen jeden Geister- und Zauberspuk helfen konnte; auch behauptete er, jenen unnatürlichen Schlaf, der uns befiel, in der nächsten Nacht verhindern zu können, wenn wir nämlich recht fleißig Sprüche aus dem Koran beteten.

Der Vorschlag des alten Mannes gefiel mir wohl. In banger Erwartung sahen wir die Nacht herankommen. Neben der Kajüte war ein kleines Kämmerchen, dorthin beschlossen wir, uns zurückzuziehen. Wir bohrten mehrere Löcher in die Tür, hinlänglich groß, um durch sie die ganze Kajüte zu überschauen; dann verschlossen wir die Tür, so gut es ging, von innen, und Ibrahim schrieb den Namen des Propheten in alle vier Ecken. So erwarteten wir die Schrecken der Nacht.

Es mochte wieder ungefähr elf Uhr sein, als es mich gewaltig zu schläfern anfing. Mein Gefährte riet mir daher, einige Sprüche des Korans zu beten; was mir auch half. Mit einem Male schien es oben lebhaft zu werden, die Taue knarrten, Schritte gingen über das Verdeck, und mehrere Stimmen waren deutlich zu unterscheiden.

Mehrere Minuten hatten wir so in gespannter Erwartung gesessen, da hörten wir etwas die Treppe der Kajüte herabkommen. Als dies der Alte hörte, fing er an, den Spruch, den ihn sein Großvater gegen Spuk und Zauberei gelehrt hatte, herzusagen:

>>Kommt ihr herab aus der Luft,
Steigt ihr aus tiefem Meer,
Schlieft ihr in dunkler Gruft,
Stammt ihr vom Feuer her:
Allah ist euer Herr und Meister,
Ihm sind gehorsam alle Geister.<<

Ich muß gestehen, ich glaubte gar nicht recht an diesen Spruch, und mir stieg das Haar zu Berg, als die Tür aufflog. Herein trat jener große, stattliche Mann, den ich am Mastbaum angenagelt gesehen hatte. Der Nagel ging ihm auch jetzt mitten durchs Hirn, das Schwert aber hatte er in die Scheide gesteckt. Hinter ihm trat noch ein anderer herein, weniger kostbar gekleidet; auch ihn hatte ich oben liegen sehen. Der Kapitän – denn dies war er unverkennbar – hatte ein bleiches Gesicht, einen großen schwarzen Bart, wild rollende Augen, mit denen er sich im ganzen Gemach umsah. Ich konnte ihn ganz deutlich sehen, als er an unserer Tür vorüberging; er aber schien gar nicht auf die Tür zu achten, die uns verbarg.

Beide setzten sich an den Tisch, der in der Mitte der Kajüte stand, und sprachen laut und fast schreiend miteinander in einer unbekannten Sprache. Sie wurden immer lauter und eifriger, bis endlich der Kapitän mit geballter Faust auf den Tisch hineinschlug, daß das Zimmer dröhnte. Mit wildem Gelächter sprang der andere auf und winkte dem Kapitän, ihm zu folgen. Dieser stand auf, riß seinen Säbel aus der Scheide, und beide verließen das Gemach. Wir atmeten freier, als sie weg waren; aber unsere Angst hatte noch lange kein Ende. Immer lauter und lauter ward es auf dem Verdeck. Man hörte sie eilends hin und her laufen und schreien, lachen und heulen.

Endlich ging ein wahrhaft höllischer Lärm los, so daß wir glaubten, das Verdeck mit allen Segeln komme zu uns herab, Waffengeklirr und Geschrei – auf einmal aber tiefe Stille. Als wir es nach vielen Stunden wagten, hinaufzugehen, trafen wir alles wie sonst; nicht einer lag anders als früher, alle waren steif wie Holz.

So waren wir mehrere Tage auf dem Schiffe; es ging immer nach Osten, wohinzu nach meiner Berechnung Land liegen mußte; aber wenn es auch bei Tag viele Meilen zurückgelegt hatte – bei Nacht schien es immer wieder zurückzukehren, denn wir befanden uns immer wieder am nämlichen Fleck, wenn die Sonne auf ging. Wir konnten uns dies nicht anders erklären, als daß die Toten jede Nacht mit vollem Winde zurücksegelten.

Um nun dies zu verhüten, zogen wir, ehe es Nacht wurde, alle Segel ein und wandten dasselbe Mittel an wie bei der Tür in der Kajüte: wir schrieben den Namen des Propheten auf Pergament, und auch das Sprüchlein des Großvaters dazu, und banden es um die eingezogenen Segel. Ängstlich warteten wir in unserem Kämmerchen den Erfolg ab. Der Spuk schien diesmal noch ärger zu toben, aber siehe – am anderen Morgen waren die Segel noch aufgerollt, wie wir sie verlassen hatten. Wir spannten den Tag über nur so viele Segel auf, als nötig waren, das Schiff sanft fortzutreiben, und so legten wir in fünf Tagen eine gute Strecke zurück.

Endlich am Morgen des sechsten Tages entdeckten wir in geringer Ferne Land, und wir dankten Allah und seinem Propheten für unsere wunderbare Rettung. Diesen Tag und die folgende Nacht trieben wir an einer Küste hin, und am siebenten Morgen glaubten wir, in geringer Entfernung eine Stadt zu entdecken. Wir ließen mit vieler Mühe einen Anker in die See, der alsbald Grund faßte, setzten ein kleines Boot, das auf dem Verdeck stand, aus und ruderten mit aller Macht der Stadt zu. Nach einer halben Stunde liefen wir in einen Fluß ein, der sich in die See ergoß, und stiegen ans Ufer. Am Stadttor erkundigten wir uns, wie die Stadt heiße, und erfuhren, daß es eine indische Stadt sei, nicht weit von der Gegend, wohin ich zuerst zu schiffen willens war.

Wir begaben uns in eine Karawanserei und erfrischten uns von unserer abenteuerlichen Reise. Ich forschte daselbst auch nach einem weisen und verständigen Mann, indem ich dem Wirt zu verstehen gab, daß ich einen solchen haben möchte, der sich ein wenig auf Zauberei verstehe. Er führte mich in eine abgelegene Straße, an ein unscheinbares Haus, pochte an, und man ließ mich eintreten, mit der Weisung, ich solle nur nach Muley fragen.

In dem Hause kam mir ein altes Männlein mit grauem Bart und langer Nase entgegen und fragte nach meinem Begehr. Ich sagte ihm, ich suchte den weisen Muley, und er antwortete mir, er sei es selbst. Ich fragte ihn nun um Rat, was ich mit den Toten machen solle und wie ich es angreifen müsse, um sie aus dem Schiff zu bringen.

Er antwortete mir, die Leute des Schiffes seien wahrscheinlich wegen irgendeines Frevels auf das Meer verzaubert; er glaube, der Zauber werde sich lösen, wenn man sie an Land bringe; dies könne aber nicht geschehen, als wenn man die Bretter, auf denen sie liegen, losmache. Mir gehöre von Gott und Rechts wegen das Schiff samt allen Gütern, weil ich es gleichsam gefunden habe; doch solle ich alles sehr geheim halten und ihm ein kleines Geschenk von meinem Überfluß machen; er wolle mir dafür mit seinen Sklaven behilflich sein, die Toten wegzuschaffen.

Ich versprach, ihn reichlich zu belohnen, und wir machten uns mit fünf Sklaven, die mit Sägen und Beilen versehen waren, auf den Weg. Unterwegs konnte der Zauberer Muley unseren glücklichen Ein-

fall, die Segel mit den Sprüchen des Korans zu um-
winden, nicht genug loben. Er sagte, es sei dies das
einzige Mittel gewesen, uns zu retten.

Es war noch ziemlich früh am Tage, als wir beim
Schiff ankamen. Wir machten uns alle sogleich ans
Werk, und in einer Stunde lagen schon vier in dem
Nachen. Einige der Sklaven mußten sie an Land ru-
dern, um sie dort zu verscharren. Sie erzählten, als sie
zurückkamen, die Toten hätten ihnen die Mühe des
Begrabens erspart, indem sie, sowie man sie auf die
Erde gelegt habe, in Staub zerfallen seien. Wir fuh-
ren fort, die Toten abzusägen, und vor Abend waren
alle an Land gebracht.

Es war endlich keiner mehr an Bord als der, welcher am Mast angenagelt war. Umsonst suchten wir
den Nagel aus dem Holze zu ziehen; keine Gewalt
vermochte ihn auch nur ein Haarbreit zu verrücken.
Ich wußte nicht, was anzufangen war; man konnte
doch nicht den Mastbaum abhauen, um ihn an Land
zu führen. Doch aus dieser Verlegenheit half Muley.
Er ließ schnell einen Sklaven ans Land rudern, um
einen Topf mit Erde zu bringen. Als dieser herbeigeholt war, sprach der Zauberer geheimnisvolle Worte
darüber aus und schüttete die Erde auf das Haupt des
Toten. Sogleich schlug dieser die Augen auf, holte
tief Atem, und die Wunde des Nagels in seiner Stirn
fing an zu bluten. Wir zogen den Nagel jetzt leicht
heraus, und der Verwundete fiel einem der Sklaven
in die Arme.

»Wer hat mich hierhergeführt?« sprach er, nachdem er sich ein wenig erholt zu haben schien.

Muley zeigte auf mich, und ich trat zu ihm.

»Dank dir, unbekannter Fremdling; du hast mich
von langen Qualen errettet. Seit fünfzig Jahren

schifft mein Leib durch diese wogen, und mein Geist war verdammt, jede Nacht in ihn zurückzukehren. Aber jetzt hat mein Haupt die Erde berührt, und ich kann versöhnt zu meinen Vätern gehen.«

Ich bat ihn, uns doch zu sagen, wie er zu diesem schrecklichen Zustand gekommen sei, und er sprach: »Vor fünfzig Jahren war ich ein mächtiger, angesehener Mann und wohnte in Algier; die sucht nach Gewinn trieb mich, ein Schiff auszurüsten und Seeraub zu treiben. Ich hatte dieses Geschäft schon einige Zeit fort geführt, da nahm ich einmal auf Zante einen Derwisch an Bord, der umsonst reisen wollte. Ich und meine Gesellen waren rohe Leute und achteten nicht auf die Heiligkeit des Mannes; vielmehr trieb ich mein Gespött mit ihm. Als er aber einst in heiligem Eifer mir meinen sündigen Lebenswandel verwiesen hatte, übermannte mich nachts in meiner Kajüte, als ich mit meinem Steuermann viel getrunken hatte, der Zorn. Wütend über das, was mir ein Derwisch gesagt hatte und was ich mir von keinem Sultan hätte sagen lassen, stürzte ich aufs Verdeck und stieß ihm meinen Dolch in die Brust. Sterbend verwünschte er mich und meine Mannschaft, nicht sterben und nicht leben zu können, bis wir unser Haupt auf die Erde legten.

Der Derwisch starb, und wir warfen ihn in die See und verlachten seine Drohungen; aber noch in derselben Nacht erfüllten sich seine Worte: ein Teil meiner Mannschaft empörte sich gegen mich. Mit fürchterlicher Wut wurde gestritten, bis meine Anhänger unterlagen und ich an den Mast genagelt wurde. Aber auch die Empörer unterlagen ihren Wunden, und bald war mein Schiff nur ein großes Grab. Auch mir brachen die Augen; mein Atem hielt an, und ich meinte zu sterben. Aber es war nur eine Erstarrung, die mich gefesselt hielt; in der nächsten Nacht, zur nämlichen Stunde, da wir den Derwisch in die See geworfen hatten, erwachte ich wie alle meine Genossen. Das Leben war zurückgekehrt, aber wir konnten nichts tun und sprechen, als was wir in jener Nacht gesprochen und getan hatten.

So segeln wir seit fünfzig Jahren, können nicht leben, nicht sterben; denn wie konnten wir das Land erreichen? Mit toller Freude segelten wir allemal mit vollen Segeln in den Sturm, weil wir hofften, endlich an einer Klippe zu zerschellen und das müde Haupt auf dem Grund des Meeres zur Ruhe zu legen. Es ist uns nicht gelungen.

Jetzt aber werde ich sterben. Noch einmal meinen Dank, unbekannter Retter. Wenn Schätze dich lohnen können, so nimm mein Schiff als Zeichen meiner Dankbarkeit.«

Der Kapitän ließ sein Haupt sinken, als er so gesprochen hatte, und verschied. Sogleich zerfiel er auch wie seine Gefährten in Staub. Wir sammelten diesen in ein Kästchen und begruben ihn an Land; aus der Stadt nahm ich aber Arbeiter, die mir mein Schiff in guten Zustand setzten. Nachdem ich die Waren, die ich an Bord hatte, gegen andere mit großem Gewinn eingetauscht hatte, mietete ich Matrosen, beschenkte meinen Freund Muley reichlich und schiffte mich nach meinem Vaterland ein. Ich machte aber einen Umweg, indem ich an vielen Inseln und Ländern landete und meine Waren zu Markt brachte.

Der Prophet segnete mein Unternehmen. Nach dreiviertel Jahren lief ich, noch einmal so reich, als mich der sterbende Kapitän gemacht hatte, in Balsora ein. Meine Mitbürger waren erstaunt über mei-

ne Reichtümer und mein Glück und glaubten nicht
anders, als ich habe das Diamantental des berühmten
Reisenden Sindbad gefunden. Ich ließ sie bei ihrem
Glauben; von nun an aber mußten die jungen Leute
von Balsora, wenn sie kaum achtzehn Jahre alt waren,
in die Welt hinaus, um gleich mir ihr Glück zu machen. Ich aber lebte ruhig und in Frieden, und alle
fünf Jahre machte ich eine Reise nach Mekka, um
dem Herrn an heiliger Stätte für seinen Segen zu
danken und für den Kapitän und seine Leute zu bitten, daß er sie in sein Paradies aufnehme.

*

Die Reise der Karawane war den andern Tag ohne
Hindernisse weitergegangen, und als man sich im Lagerplatz erholt hatte, begann Selim, der Fremde, zu
Muley, dem jüngsten der Kaufleute, also zu sprechen: »Ihr seid zwar der jüngste von uns, doch seid
ihr immer so fröhlich und wißt für uns gewiß irgend-
einen guten Schwank. Tischet ihn auf, daß er uns
erquicke nach der Hitze des Tages!«

»Wohl möchte ich euch etwas erzählen«, antwortete Muley, »das euch Spaß machen könnte, doch der
Jugend ziemt Bescheidenheit in allen Dingen; darum
müssen meine älteren Reisegefährten den Vorrang
haben. Zaleukos ist immer so ernst und verschlossen;
sollte er uns nicht erzählen, was sein Leben so ernst
machte? Vielleicht, daß wir seinen Kummer, wenn er
solchen hat, lindern können, denn gerne dienen wir
dem Bruder, wenn er auch andern Glaubens ist.«

Der Aufgerufene war ein griechischer Kaufmann,
ein Mann in mittleren Jahren, schön und kräftig,
aber sehr ernst. Obgleich er ein Ungläubiger (nicht

Muselman) war, so liebten ihn doch seine Reisegefährten, denn er hatte ihnen durch sein ganzes Wesen Achtung und Zutrauen eingeflößt. Er hatte übrigens nur eine Hand, und einige seiner Gefährten
vermuteten, daß vielleicht dieser Verlust ihn so ernst
stimme.

Zaleukos antwortete auf die zutrauliche Frage Mu-
leys: »Ich bin sehr geehrt durch euer Zutrauen; Kummer habe ich keinen, wenigstens keinen, von welchem ihr, auch mit dem besten Willen, mir helfen
könntet. Doch weil Muley mir meinen Ernst vorzu-
werfen scheint, so will ich euch einiges erzählen, was
mich rechtfertigen soll, wenn ich ernster bin als andere Leute. Ihr seht, daß ich meine linke Hand verloren
habe. Sie fehlt mir nicht von Geburt an, sondern ich
habe sie in den schrecklichsten Tagen meines Lebens
eingebüßt. Ob ich die Schuld davon trage, ob ich unrecht habe, seit jenen Tagen ernster, als es meine
Lage mit sich bringt, zu sein, möget ihr beurteilen,
wenn ihr die Geschichte von der abgehauenen Hand
vernommen habt.«

DIE GESCHICHTE VON DER ABGEHAUENEN HAND

Ich bin in Konstantinopel geboren; mein Vater war
ein Dragoman bei der Pforte und trieb nebenbei
einen einträglichen Handel mit wohlriechenden Essenzen und Seidenstoffen. Er gab mir eine gute Erziehung, indem er mich teils selbst unterrichtete, teils
von einem unserer Priester mir Unterricht geben
ließ. Er bestimmte mich anfangs, seinen Laden einmal zu übernehmen; da ich aber größere Fähigkeiten
zeigte, als er erwartet hatte, bestimmte er mich auf

das Anraten seiner Freunde zum Arzt, weil ein Arzt, wenn er etwas mehr gelernt hat als die gewöhnlichen Marktschreier, in Konstantinopel sein Glück machen kann.

Es kamen viele Franken in unser Haus, und einer davon überredete meinen Vater, mich in sein Vaterland, nach der Stadt Paris, reisen zu lassen, wo man solche Sachen unentgeltlich und am besten lernen könne; er selbst aber wolle mich, wenn er zurückreise, umsonst mitnehmen. Mein Vater, der in seiner Jugend auch gereist war, schlug ein, und der Franke sagte mir, ich könne mich in drei Monaten bereithalten. Ich war außer mir vor Freude, fremde Länder zu sehen, und konnte den Augenblick nicht erwarten, wo wir uns einschiffen würden.

Der Franke hatte endlich seine Geschäfte abgemacht und sich zur Reise bereitet. Am Vorabend der Reise führte mich mein Vater in sein Schlafkämmerlein; dort sah ich schöne Kleider und Waffen auf dem Tische liegen. Was meine Blicke aber noch mehr anzog, war ein großer Haufe Goldes, denn ich hatte noch nie soviel beieinander gesehen.

Mein Vater umarmte mich und sagte: »Siehe, mein Sohn, ich habe dir Kleider zu der Reise besorgt. Jene Waffen sind dein; es sind die nämlichen, die mir dein Großvater umhing, als ich in die Fremde auszog. Ich weiß, du kannst sie führen; gebrauche sie aber nie, als wenn du angegriffen wirst; dann aber schlage auch tüchtig drauf. Mein Vermögen ist nicht groß; siehe, ich habe es in drei Teile geteilt; einer ist dein, einer davon sei mein Unterhalt und Notpfennig, der dritte aber sei mir ein heiliges, unantastbares Gut, er diene dir in der Stunde der Not.« So sprach mein alter Vater, und Tränen hingen ihm in den Augen;

vielleicht aus Ahnung, denn ich habe ihn nie wieder-
gesehen.

Die Reise ging gut vonstatten; wir waren bald im
Lande der Franken angelangt, und sechs Tagereisen
hernach kamen wir in die große Stadt Paris. Hier
mietete mir mein fränkischer Freund ein Zimmer
und riet mir, mein Geld, das in allem zweitausend
Taler betrug, vorsichtig anzuwenden. Ich lebte drei
Jahre in dieser Stadt und lernte, was ein tüchtiger
Arzt wissen muß; ich müßte aber lügen, wenn ich
sagte, daß ich gerne dort gewesen sei, denn die Sitten
dieses Volkes gefielen mir nicht; auch hatte ich nur
wenige gute Freunde dort, diese aber waren edle junge Männer.

Die Sehnsucht nach der Heimat wurde endlich
mächtig in mir; in der ganzen Zeit hatte ich nichts von
meinem Vater gehört, und ich ergriff daher eine
günstige Gelegenheit, nach Hause zu kommen. Es
ging nämlich eine Gesandtschaft aus dem Frankenland nach der Hohen Pforte. Ich verdingte mich als
Wundarzt in das Gefolge des Gesandten und kam
glücklich wieder nach Stambul; das Haus meines Vaters aber fand ich verschlossen, und die Nachbarn
erstaunten, als sie mich sahen, und sagten mir, mein
Vater sei vor zwei Monaten gestorben. Jener Priester,
der mich in meiner Jugend unterrichtet hatte, brachte mir den Schlüssel; allein und verlassen zog ich in
das verödete Haus ein. Ich fand noch alles, wie es
mein Vater verlassen hatte, nur das Gold, das er mir
zu hinterlassen versprach, fehlte.

Ich fragte den Priester darüber, und dieser verneigte sich und sprach: »Euer Vater ist als ein heiliger
Mann gestorben, denn er hat sein Gold der Kirche
vermacht.«

Dies war und blieb mir unbegreiflich; doch was wollte ich machen? Ich hatte keinen Zeugen gegen den Priester und mußte froh sein, daß er nicht auch das Haus und die Waren meines Vaters als Vermächtnis angesehen hatte.

Dies war das erste Unglück, das mich traf; von jetzt an aber kam es Schlag auf Schlag. Mein Ruf als Arzt wollte sich gar nicht ausbreiten, weil ich mich schämte, den Marktschreier zu machen, und überall fehlte mir die Empfehlung meines Vaters, der mich bei den Reichsten und Vornehmsten eingeführt hätte, die jetzt nicht mehr an den armen Zaleukos dachten. Auch die Waren meines Vaters fanden keinen Abgang, denn die Kunden hatten sich nach seinem Tode verlaufen, und neue bekommt man nur langsam.

Als ich einst trostlos über meine Lage nachdachte, fiel mir ein, daß ich oft in Franken Männer meines Volkes gesehen hatte, die das Land durchzogen und ihre Waren auf den Märkten der Städte auslegten; ich erinnerte mich, daß man ihnen gerne abkaufte, weil sie aus der Fremde kamen, und daß man bei solchem Handel das hundertfache erwerben könne. Sogleich war auch mein Entschluß gefaßt. Ich verkaufte mein väterliches Haus, gab einen Teil des gelösten Geldes einem bewährten Freunde zum Aufbewahren, von dem übrigen aber kaufte ich, was man in Franken selten hat – wie Schals, seidenes Zeug, Salben und Öle –, mietete einen Platz auf einem Schiffe und trat so meine zweite Reise ins Frankenland an.

Es schien, als ob mir das Glück, sobald ich die Schlösser der Dardanellen im Rücken hatte, wieder günstig geworden wäre. Unsere Fahrt war kurz und glücklich. Ich durchzog die großen und kleinen Städte der Franken und fand überall willige Käufer meiner Waren. Mein Freund in Stambul sandte mir immer wieder frische Vorräte, und ich wurde von Tag zu Tag wohlhabender. Als ich endlich so viel erspart hatte, daß ich glaubte, ein größeres Unternehmen wagen zu können, zog ich mit meinen Waren nach Italien.

Etwas muß ich aber noch gestehen, was mir auch nicht wenig Geld einbrachte: ich nahm auch meine Arzneikunst zu Hilfe. Wenn ich in eine Stadt kam, ließ ich durch Zettel verkünden, daß ein griechischer Arzt da sei, der schon viele geheilt habe; und wahrlich, mein Balsam und meine Arzneien haben mir manche Zechine eingebracht.

So war ich endlich nach der Stadt Florenz in Italien gekommen. Ich nahm mir vor, längere Zeit in dieser Stadt zu bleiben, teils, weil sie mir so wohl gefiel, teils auch, weil ich mich von den Strapazen meines Umherziehens erholen wollte. Ich mietete mir ein Gewölbe im Stadtviertel Santa Croce und nicht weit davon ein paar schöne Zimmer, die auf einen Altan führten, in einem Wirtshaus. Sogleich ließ ich auch meine Zettel umhertragen, die mich als Arzt und Kaufmann ankündigten. Ich hatte kaum mein Gewölbe eröffnet, so strömten auch die Käufer herzu, und ob gleich ich ein wenig hohe Preise hatte, so verkaufte ich doch mehr als andere, weil ich gefällig und freundlich gegen meine Kunden war.

Ich hatte schon vier Tage vergnügt in Florenz verlebt, als ich eines Abends, da ich schon mein Gewölbe schließen und nur die Vorräte in meinen Salbenbüchsen nach meiner Gewohnheit noch einmal mustern wollte, in einer kleinen Büchse einen Zettel fand, den ich mich nicht erinnerte, hineingetan zu

haben. Ich öffnete den Zettel und fand darin eine
Einladung, mich diese Nacht, punkt zwölf Uhr, auf
der Brücke, die man Ponte Vecchio heißt, einzufinden. Ich sann lange darüber nach, wer es wohl sein
könnte, der mich dorthin einlud; da ich aber keine
Seele in Florenz kannte, dachte ich, man werde mich
vielleicht heimlich zu irgendeinem Kranken führen
wollen, was schon öfter geschehen war. Ich beschloß
also, hinzugehen, doch hängte ich zur Vorsicht den
Säbel um, den mir einst mein Vater geschenkt hatte.

Als es stark gegen Mitternacht ging, machte ich
mich auf den Weg und kam bald auf den Ponte
Vecchio. Ich fand die Brücke verlassen und öde und
beschloß zu warten, bis er erscheinen würde, der
mich rief. Es war eine kalte Nacht; der Mond schien
hell, und ich schaute hinab in die Wellen des Arno,
die weithin im Mondlicht schimmerten. Auf den Kir-
chen der Stadt schlug es jetzt zwölf Uhr; ich richtete
mich auf, und vor mir stand ein großer Mann, ganz in
einen roten Mantel gehüllt, dessen einen Zipfel er
vor das Gesicht hielt.

Ich war anfangs etwas erschrocken, weil er so
plötzlich vor mir stand, faßte mich aber sogleich wieder und sprach: »Wenn Ihr mich habt hierher bestellt, so sagt an, was steht zu Eurem Befehl?«

Der Rotmantel wandte sich um und sagte langsam:
»Folge!«

Da ward mir's doch etwas unheimlich zumute, mit
diesem Unbekannten allein zu gehen; ich blieb stehen und sprach: »Nicht also, lieber Herr; wollet mir
vorerst sagen, wohin? Auch könnet Ihr mir Euer Gesicht ein wenig zeigen, daß ich sehe, ob Ihr Gutes mit
mir vorhabt.«

Der Rote aber schien sich nicht darum zu kümmern. »Wenn du nicht willst, Zaleukos, so bleibe!« antwortete er und ging weiter. Da entbrannte mein Zorn. »Meint Ihr«, rief ich aus, »ein Mann wie ich lasse sich von jedem Narren foppen, und ich werde in dieser kalten Nacht umsonst gewartet haben?«

In drei Sprüngen hatte ich ihn erreicht, packte ihn an seinem Mantel und schrie noch lauter, indem ich die andere Hand an den Säbel legte; aber der Mantel blieb mir in der Hand, und der Unbekannte war um die nächste Ecke verschwunden. Mein Zorn legte sich nach und nach; ich hatte doch den Mantel, und dieser sollte mir schon den Schlüssel zu diesem wunderlichen Abenteuer geben. Ich hing ihn um und ging wieder nach Hause.

Als ich kaum noch hundert Schritte davon entfernt war, streifte jemand dicht an mir vorüber und flüsterte in fränkischer Sprache: »Nehmet Euch in acht, Graf; heute Nacht ist nichts zu machen!« Ehe ich mich aber umsehen konnte, war dieser Jemand schon vorbei, und ich sah nur noch einen Schatten an den Häusern hinschweben. Daß dieser Zuruf den Mantel und nicht mich anging, sah ich ein, doch gab er mir kein Licht über die Sache.

Am andern Morgen überlegte ich, was zu tun sei. Ich war von Anfang an gesonnen, den Mantel ausrufen zu lassen, als hätte ich ihn gefunden – doch da konnte der Unbekannte ihn durch einen Dritten holen lassen, und ich hätte dann keinen Aufschluß über die Sache gehabt. Ich besah, indem ich so nachdachte, den Mantel näher. Er war von schwerem genuesischem Samt, purpurrot, mit astrachanischem Pelz verbrämt und reich mit Gold bestickt.

Der Anblick des prachtvollen Mantels brachte mich auf einen Gedanken, den ich auszuführen beschloß. Ich trug ihn in mein Gewölbe und legte ihn zum Verkauf aus, setzte aber auf ihn einen so hohen Preis, daß ich gewiß war, keinen Käufer zu finden. Mein Zweck dabei war, jeden, der nach dem Pelz fragen würde, scharf ins Auge zu fassen, denn die Gestalt des Unbekannten, die sich mir nach Verlust des Mantels, wenn auch nur flüchtig, doch bestimmt gezeigt hatte, wollte ich aus Tausenden erkennen. Es fanden sich viele Kauflustige für den Mantel, dessen außerordentliche Schönheit alle Augen auf sich zog, aber keiner glich entfernt dem Unbekannten, keiner wollte den hohen Preis von zweihundert Zechinen dafür bezahlen. Auffallend war mir dabei, daß, wenn ich einen oder den andern fragte, ob denn sonst kein solcher Mantel in Florenz sei, alle mit Nein antworteten und versicherten, eine so kostbare und geschmackvolle Arbeit nie gesehen zu haben.

Es wollte schon Abend werden, da kam endlich ein junger Mann, der schon oft bei mir gewesen war und heute auch viel für den Mantel geboten hatte, warf einen Beutel Zechinen auf den Tisch und rief: »Bei Gott, Zaleukos, ich muß deinen Mantel haben, und sollte ich zum Bettler darüber werden!« Zugleich begann er, seine Goldstücke aufzuzählen.

Ich kam in große Not; ich hatte den Mantel nur ausgehängt, um vielleicht die Blicke meines Unbekannten darauf zu ziehen, und jetzt kam ein junger Tor, um den ungeheuren Preis zu zahlen. Doch was blieb mir übrig? Ich gab nach, denn es tat mir auf der andern Seite der Gedanke wohl, für mein nächtliches Abenteuer so schön entschädigt zu werden.

Der Jüngling hing sich den Mantel um und ging; er kehrte aber auf der Schwelle wieder um, indem er ein Papier, das am Mantel befestigt war, losmachte, mir zuwarf und sagte: »Hier, Zaleukós, hängt etwas, das wohl nicht zu dem Mantel gehört.«

Gleichgültig nahm ich den Zettel – aber siehe da, dort stand geschrieben: »Bringe heute nacht um die bewußte Stunde den Mantel auf den Ponte Vecchio; vierhundert Zechinen warten Deiner.« Ich stand wie niedergedonnert. So hatte ich also mein Glück selbst verscherzt und meinen Zweck gänzlich verfehlt! Doch ich besann mich nicht lange, raffte die zweihundert Zechinen zusammen, sprang dem, der den Mantel gekauft hatte, nach und sprach: »Nehmt Eure Zechinen wieder, guter Freund, und laßt mir den Mantel; ich kann ihn unmöglich hergeben.«

Dieser hielt die Sache am Anfang für Spaß, als er aber merkte, daß es Ernst war, geriet er in Zorn über meine Forderung, schalt mich einen Narren, und so kam es endlich zu Schlägen. Doch ich war so glücklich, ihm im Handgemenge den Mantel zu entreißen, und wollte schon damit davoneilen, als der junge Mann die Polizei zu Hilfe rief und mich mit sich vor Gericht zog. Der Richter war sehr erstaunt über die Anklage und sprach meinem Gegner den Mantel zu. Ich aber bot dem Jüngling zwanzig, fünfzig, achtzig, ja hundert Zechinen über seine zweihundert, wenn er mir den Mantel ließe.

Was meine Bitten nicht vermochten, bewirkte mein Gold. Er nahm meine guten Zechinen; ich aber zog mit dem Mantel triumphierend ab und mußte mir gefallen lassen, daß man mich in ganz Florenz für einen Wahnsinnigen hielt. Doch die Meinung der Leute war mir gleichgültig; ich wußte es ja besser als sie, daß ich an dem Handel noch gewann.

Mit Ungeduld erwartete ich die Nacht. Um dieselbe Zeit wie gestern ging ich, den Mantel unter dem

Arm, auf den Ponte Vecchio. Mit dem letzten Glok-
kenschlag kam die Gestalt aus der Nacht heraus, auf
mich zu. Es war unverkennbar der Mann von gestern.
»Hast du den Mantel?« wurde ich gefragt.

»Ja, Herr«, antwortete ich, »aber er kostete mich
bar hundert Zechinen.«

»Ich weiß es«, entgegnete jener. »Schau auf, hier
sind vierhundert.« Er trat mit mir an das breite Ge-
länder der Brücke und zählte die Goldstücke hin.

Vierhundert waren es; prächtig blitzten sie im
Mondschein, ihr Glanz erfreute mein Herz, ach – es
ahnte nicht, daß es seine letzte Freude sein werde. Ich
steckte mein Geld in die Tasche und wollte mir nun
auch den gütigen Unbekannten recht betrachten;
aber er hatte eine Larve vor dem Gesicht, aus der
mich dunkle Augen furchtbar anblitzten. »Ich danke
Euch, Herr, für Eure Güte«, sprach ich zu ihm. »Was
verlangt Ihr jetzt von mir? Das sage ich Euch aber
vorher, daß es nichts Unrechtes sein darf.«

»Unnötige Sorge«, antwortete er, indem er den
Mantel um die Schultern legte; »ich bedarf Eurer Hilfe als Arzt; doch nicht für einen Lebenden, sondern
für einen Toten.«

»Wie kann das sein?« rief ich voll Verwunderung.

»Ich kam mit meiner Schwester aus fernen Landen«, erzählte er und winkte mir zugleich, ihm zu
folgen; »ich wohnte hier mit ihr bei einem Freunde
meines Hauses. Meine Schwester starb gestern schnell
an einer Krankheit, und die Verwandten wollen sie
morgen begraben. Nach einer alten Sitte unserer
Familie aber sollen alle in der Gruft der Väter ruhen;
viele, die in fremden Landen starben, ruhen dennoch
dort einbalsamiert. Meinen Verwandten gönne ich
nun ihren Körper, meinem Vater aber muß ich we-

nigstens den Kopf seiner Tochter bringen, damit er sie noch einmal sehe.«

Diese Sitte, die Köpfe geliebter Anverwandter abzuschneiden, kam mir zwar etwas schrecklich vor, doch wagte ich nichts dagegen einzuwenden, aus Furcht, den Unbekannten zu beleidigen. Ich sagte ihm daher, daß ich mit dem Einbalsamieren der Toten wohl umgehen könne, und bat ihn, mich zu der Verstorbenen zu führen, doch konnte ich mich nicht enthalten, zu fragen, warum denn dies alles so geheimnisvoll und in der Nacht geschehen müsse.

Er antwortete mir, daß seine Verwandten, die seine Absicht für grausam hielten, bei Tage ihn abhalten würden; sei aber nur erst einmal der Kopf abgenommen, so können sie wenig mehr darüber sagen. Er hätte mir zwar den Kopf bringen können, aber ein natürliches Gefühl halte ihn ab, ihn selbst abzunehmen.

Wir waren indes bis an ein großes, prachtvolles Haus gekommen. Mein Begleiter zeigte es mir als das Ziel unseres nächtlichen Spaziergangs. Wir gingen an dem Haupttor des Hauses vorbei, traten in eine kleine Pforte, die der Unbekannte sorgfältig hinter sich zumachte, und stiegen nun im Finstern eine enge Wendeltreppe hinan. Sie führte in einen spärlich erleuchteten Gang, aus welchem wir in ein Zimmer gelangten, das eine Lampe, die an der Decke befestigt war, erleuchtete.

In diesem Gemach stand ein Bett, in welchem der Leichnam lag. Der Unbekannte wandte sein Gesicht ab und schien Tränen verbergen zu wollen. Er deutete nach dem Bett, befahl mir, mein Geschäft zu verrichten, und ging wieder zur Tür hinaus.

Ich packte meine Messer, die ich als Arzt immer

bei mir führte, aus und näherte mich dem Bett. Nur der Kopf war von der Leiche sichtbar, aber dieser war so schön, daß mich unwillkürlich das innigste Mitleid ergriff. In langen Flechten hing das dunkle Haar herab, das Gesicht war bleich, die Augen geschlossen. Ich machte zuerst einen Einschnitt in die Haut, nach der Weise der Ärzte, wenn sie ein Glied abschneiden. Sodann nahm ich mein schäfstes Messer und schnitt mit einem Zug die Kehle durch.

Aber welcher Schrecken – die Tote schlug die Augen auf, schloß sie aber gleich wieder, und in einem tiefen Seufzer schien sie jetzt erst ihr Leben auszuhauchen; zugleich schoß mir ein Strahl heißen Blutes aus der Wunde entgegen. Ich überzeugte mich, daß ich erst die Arme getötet hatte; denn daß sie tot sei, war kein Zweifel, da es von dieser Wunde keine Rettung gab. Ich stand einige Minuten in banger Beklommenheit über das, was geschehen war. Hatte der Rotmantel mich betrogen, oder war die Schwester vielleicht nur scheintot gewesen? Das letztere schien mir wahrscheinlicher. Aber ich durfte dem Bruder der Verstorbenen nicht sagen, daß vielleicht ein weniger rascher Schnitt sie erweckt hätte, ohne sie zu töten, darum wollte ich den Kopf vollends ablösen; aber noch einmal stöhnte die Sterbende, streckte sich in schmerzhafter Bewegung aus und starb.

Da übermannte mich der Schrecken, und ich stürzte schaudernd aus dem Gemach. Aber draußen im Gang war es finster, denn die Lampe war verlöscht; keine Spur von meinem Begleiter war zu entdecken, und ich mußte mich aufs Ungefähre im Finstern an der Wand fortbewegen, um an die Wendeltreppe zu gelangen. Ich fand sie endlich und kam halb fallend, halb gleitend hinab. Auch unten war kein Mensch. Die Tür fand ich nur angelehnt, und ich atmete freier, als ich auf der Straße war, denn in dem Hause war mir ganz unheimlich geworden. Von Schrecken angespornt, rannte ich in meine Wohnung und begrub mich in die Polster meines Lagers, um das Schreckliche zu vergessen, das ich getan hatte. Aber der Schlaf floh mich, und erst der Morgen ermahnte mich wieder, mich zu fassen.

Es war mir wahrscheinlich, daß der Mann, der mich zu dieser verruchten Tat, wie sie mir jetzt erschien, verführt hatte, mich nicht angeben würde. Ich entschloß mich gleich, in mein Gewölbe an mein Geschäft zu gehen und womöglich eine sorglose Miene anzunehmen. Aber ach – ein neuer Umstand, den ich jetzt erst bemerkte, vermehrte noch meinen Kummer. Meine Mütze und mein Gürtel wie auch meine Messer fehlten mir, und ich war ungewiß, ob ich sie im Zimmer der Getöteten gelassen oder erst auf meiner Flucht verloren hatte. Leider schien das erste wahrscheinlicher, und man konnte mich also als Mörder entdecken.

Ich öffnete zur gewöhnlichen Zeit mein Gewölbe. Mein Nachbar trat zu mir her, wie er alle Morgen zu tun pflegte, denn er war ein gesprächiger Mann. »Ei, was sagt Ihr zu der schrecklichen Geschichte«, hob er an, »die heute Nacht vorgefallen ist?«

Ich tat, als ob ich nichts wüßte.

»Wie? Solltet Ihr nicht wissen, von was die ganze Stadt erfüllt ist? Nicht wissen, daß die schönste Blume von Florenz, Bianca, die Tochter des Gouverneurs, in dieser Nacht ermordet wurde? Ach, ich sah sie gestern noch so heiter durch die Straßen fahren mit ihrem Bräutigam; denn heute hätten sie Hochzeit gehabt.«

Jedes Wort des Nachbars war mir ein Stich ins Herz. Und wie oft kehrte meine Marter wieder, denn jeder meiner Kunden erzählte mir die Geschichte, immer einer schrecklicher als der andere, und doch konnte keiner so Schreckliches sagen, als ich selbst gesehen hatte.

Um Mittag ungefähr trat ein Mann vom Gericht in mein Gewölbe und bat mich, die Leute zu entfernen. »Signore Zaleukos«, sprach er, indem er die Sachen, die ich vermißt hatte, hervorzog, »gehören diese Sachen Euch?«

Ich besann mich, ob ich sie nicht gänzlich ableugnen sollte, aber als ich durch die halbgeöffnete Tür meinen Wirt und mehrere Bekannte, die wohl gegen mich zeugen konnten, erblickte, beschloß ich, die Sache nicht noch durch eine Lüge zu verschlimmern, und bekannte mich zu den vorgezeigten Dingen. Der Gerichtsmann bat mich, ihm zu folgen, und führte mich in ein großes Gebäude, das ich bald für das Gefängnis erkannte. Dort wies er mir bis auf weiteres ein Gemach an.

Meine Lage war schrecklich, als ich so in der Einsamkeit darüber nachdachte. Der Gedanke, gemordet zu haben, wenn auch ohne Willen, kehrte immer wieder; auch konnte ich mir nicht verhehlen, daß der Glanz des Goldes meine Sinne befangen gehalten hatte, sonst hätte ich nicht so blindlings in die Falle gehen können. Zwei Stunden nach meiner Verhaftung wurde ich aus meinem Gemach geführt. Mehrere Treppen ging es hinab, dann kam man in einen großen Saal; um einen langen, schwarzbehängten Tisch saßen dort zwölf Männer, meistens Greise. An den Seiten des Saales zogen sich Bänke herab, angefüllt mit den Vornehmsten von Florenz. Auf den Galerien, die in der Höhe angebracht waren, standen, dicht gedrängt, die Zuschauer.

Als ich vor den schwarzen Tisch getreten war, erhob sich ein Mann mit finsterer, trauriger Miene – es war der Gouverneur. Er sprach zu den Versammelten, daß er als Vater in dieser Sache nicht richten könne und daß er seine Stelle für diesmal an den ältesten der Senatoren abtrete.

Der älteste der Senatoren war ein Greis von wenigstens neunzig Jahren. Er stand gebückt, und seine Schläfen waren mit dünnem weißem Haar umhängt, aber feurig brannten noch seine Augen, und seine Stimme war stark und sicher. Er hob an, mich zu fragen, ob ich den Mord gestehe.

Ich bat ihn um Gehör und erzählte unerschrocken und mit vernehmlicher Stimme, was ich getan hatte und was ich wußte. Ich bemerkte, daß der Gouverneur während meiner Erzählung bald blaß, bald rot wurde, und als ich geschlossen hatte, fuhr er wütend auf: »Wie, Elender?« rief er mir zu. »So willst du ein Verbrechen, das du aus Habgier begangen, noch einem andern aufbürden?«

Der Senator verwies ihm seine Unterbrechung, da er sich freiwillig seines Rechtes begeben habe; auch sei es gar nicht so erwiesen, daß ich aus Habgier gefrevelt, denn nach seiner eigenen Aussage sei ja der Getöteten nichts gestohlen worden. Ja, er ging noch weiter: Er erklärte dem Gouverneur, daß er über das frühere Leben seiner Tochter Rechenschaft geben müsse, denn nur so könne man schließen, ob ich die Wahrheit gesagt habe oder nicht. zugleich hob er für heute das Gericht auf, um sich, wie er sagte, aus den Papieren der Verstorbenen, die ihm der Gouverneur übergeben werde, Rat zu holen. Ich wurde wieder in mein Gefängnis zurückgeführt, wo ich einen traurigen Tag verlebte, immer mit dem heißen Wunsch beschäftigt, daß man doch irgendeine Verbindung zwischen der Toten und dem Rotmantel entdecken möchte.

Voll Hoffnung trat ich den andern Tag in den Gerichtssaal. Es lagen mehrere Briefe auf dem Tisch. Der alte Senator fragte mich, ob sie meine Handschrift seien. Ich sah sie an und fand, daß sie von derselben Hand sein müßten wie jene beiden Zettel, die ich erhalten hatte. Ich äußerte dies den Senatoren, aber man schien nicht darauf zu achten und antwortete, daß ich beides geschrieben haben könne und müsse, denn der Namenszug unter den Briefen sei unverkennbar ein Z., der Anfangsbuchstabe meines Namens. Die Briefe aber enthielten Drohungen an die Verstorbene und Warnungen vor der Hochzeit, die sie zu vollziehen im Begriff war.

Der Gouverneur schien sonderbare Aufschlüsse in Hinsicht auf meine Person gegeben zu haben, denn man behandelte mich an diesem Tage mißtrauischer und strenger. Ich berief mich zu meiner Rechtfertigung auf meine Papiere, die sich in meinem Zimmer finden müßten, aber man sagte mir, man habe nachgesucht und nichts gefunden. So schwand mir am Schlusse dieses Gerichtstages alle Hoffnung, und als ich am dritten Tag wieder in den Saal geführt wurde, las man mir das Urteil vor, daß ich, eines vorsätzlichen Mordes überwiesen, zum Tode verurteilt sei.

Dahin also war es mit mir gekommen. Verlassen von allem, was mir auf Erden noch teuer war, fern von meiner Heimat, sollte ich unschuldig in der Blüte meiner Jahre unter dem Beil sterben!

Ich saß am Abend dieses schrecklichen Tages, der

über mein Schicksal entschieden hatte, in meinem einsamen Kerker – meine Hoffnungen waren dahin, meine Gedanken ernsthaft auf den Tod gerichtet –, da tat sich die Tür meines Gefängnisses auf, und ein Mann trat herein, der mich lange schweigend betrachtete. »So finde ich dich wieder, Zaleukos?« sagte er.

Ich hatte ihn bei dem matten Schein meiner Lampe nicht erkannt, aber der Klang seiner Stimme erweckte alte Erinnerungen in mir. Es war Valetty, einer jener wenigen Freunde, die ich in der Stadt Paris während meiner Studien kannte. Er sagte, daß er zufällig nach Florenz gekommen sei, wo sein Vater als angesehener Mann wohne; er habe von meiner Geschichte gehört und sei gekommen, um mich noch einmal zu sehen und von mir selbst zu erfahren, wie ich mich so sehr habe verschulden können. Ich erzählte ihm die ganze Geschichte. Er schien darüber sehr verwundert und beschwor mich, ihm, meinem einzigen Freunde, alles zu sagen, um nicht mit einer Lüge von hinnen zu gehen. Ich schwor ihm mit dem teuersten Eid, daß ich wahr gesprochen und daß keine andere Schuld mich drücke, als daß ich, von dem Glanz des Goldes geblendet, das Unwahrscheinliche der Erzählung des Unbekannten nicht erkannt habe.

»So hast du Bianca nicht gekannt?« fragte jener.

Ich beteuerte ihm, sie nie gesehen zu haben. Valetty erzählte mir nun, daß ein tiefes Geheimnis auf der Tat liege, daß der Gouverneur meine Verurteilung sehr hastig betrieben habe, und es sei nun ein Gerücht unter die Leute gekommen, daß ich Bianca schon längst gekannt und aus Rache über ihre Heirat mit einem andern sie ermordet habe. Ich bemerkte ihm, daß dies alles ganz auf den Rotmantel passe, daß ich aber seine Teilnahme an der Tat mit nichts beweisen könne. Valetty umarmte mich weinend und versprach mir, alles zu tun, um wenigstens mein Leben zu retten. Ich hatte wenig Hoffnung, doch wußte ich, daß Valetty ein weiser und der Gesetze kundiger Mann sei und daß er alles tun werde, mich zu retten.

Zwei lange Tage war ich in Ungewißheit, endlich erschien Valetty. »Ich bringe Trost – wenn auch einen schmerzlichen. Du wirst leben und frei sein, aber mit Verlust einer Hand.«

Gerührt dankte ich meinem Freund für mein Leben. Er sagte mir, daß der Gouverneur unerbittlich gewesen sei, die Sache noch einmal untersuchen zu lassen; daß er aber endlich, um nicht ungerecht zu erscheinen, eingewilligt habe, wenn man in den Büchern der florentinischen Geschichte einen ähnlichen Fall finde, so solle meine Strafe sich nach der Strafe, die dort ausgesprochen sei, richten. Er und sein Vater hätten nun Tag und Nacht in den alten Büchern gelesen und endlich einen ganz dem meinigen ähnlichen Fall gefunden. Dort laute die Strafe: Es soll ihm die linke Hand abgehauen, seine Güter eingezogen, er selbst auf ewig verbannt werden. So laute jetzt auch meine Strafe, und ich solle mich jetzt bereiten zu der schmerzhaften Stunde, die meiner warte.

Ich will euch nicht diese schreckliche Stunde vors Auge führen, wo ich auf offenem Markte meine Hand auf den Block legte, wo mein eigenes Blut in weitem Bogen mich überströmte.

Valetty nahm mich in sein Haus auf, bis ich genesen war; dann versah er mich edelmütig mit Reisegeld, denn alles, was ich mir so mühsam erworben hatte, war eine Beute des Gerichts geworden. Ich reiste von Florenz nach Sizilien und von da mit dem ersten Schiff, das ich fand, nach Konstantinopel. Meine Hoffnung war auf die Summe gerichtet, die ich meinem Freund übergeben hatte; auch bat ich ihn, bei ihm wohnen zu dürfen; aber wie erstaunte ich, als dieser mich fragte, warum ich denn nicht mein Haus beziehe. Er sagte mir, daß ein fremder Mann in meinem Namen ein Haus in dem Quartier der Griechen gekauft habe; derselbe habe auch den Nachbarn gesagt, daß ich bald selbst kommen werde. Ich ging sogleich mit meinem Freunde dahin und wurde von allen meinen alten Bekannten freudig empfangen. Ein alter Kaufmann gab mir einen Brief, den der Mann, der für mich gekauft hatte, hiergelassen habe.

Ich las: »Zaleukos! Zwei Hände stehen bereit, rastlos zu schaffen, daß du nicht fühlest den Verlust der einen. Das Haus, das du siehst, und alles, was darin ist, ist dein, und alle Jahre wird man dir so viel reichen, daß du zu den Reichen deines Volkes gehören wirst. Mögest du dem vergeben, der unglücklicher ist als du!«

Ich konnte ahnen, wer es geschrieben hatte, und der Kaufmann sagte mir auf meine Frage, es sei ein Mann gewesen, den er für einen Franken gehalten hätte, er habe einen roten Mantel angehabt. Ich wußte genug, um mir zu gestehen, daß der Unbekannte doch nicht ganz von aller edlen Gesinnung entblößt sein müsse. In meinem neuen Haus fand ich alles aufs beste eingerichtet, auch ein Gewölbe mit Waren, schöner, als ich sie je gehabt.

Zehn Jahre sind seitdem verstrichen; mehr aus alter Gewohnheit, als weil ich es nötig habe, setze ich meine Handelsreisen fort, doch habe ich jenes Land, wo ich so unglücklich wurde, nie mehr gesehen. Jedes Jahr erhielt ich seitdem tausend Goldstücke; aber

wenn es mir auch Freude macht, jenen Unglücklichen edel zu wissen, so kann er mir doch den Kummer meiner Seele nicht abkaufen, denn ewig lebt in
mir das grauenvolle Bild der ermordeten Bianca.

*

Zaleukos, der griechische Kaufmann, hatte seine Geschichte beendet. Mit großer Teilnahme hatten ihm
die übrigen zugehört; besonders der Fremde schien
sehr davon ergriffen zu sein; er hatte einige Male tief
geseufzt, und Muley schien es sogar, als habe er einmal Tränen in den Augen gehabt. Sie besprachen
sich noch lange Zeit über die Geschichte.

»Und haßt Ihr den Unbekannten nicht, der Euch
so schnöde um ein so edles Glied Eures Körpers, der
selbst Euer Leben in Gefahr brachte?« fragte der
Fremde.

»Wohl gab es in früherer Zeit Stunden«, antwortete der Grieche, »in denen mein Herz ihn vor Gott
angeklagt, daß er diesen Kummer über mich gebracht und mein Leben vergiftet habe, aber ich fand
Trost in dem Glauben meiner Väter, und dieser befiehlt mir, meine Feinde zu lieben; auch ist er wohl
noch unglücklicher als ich.«

»Ihr seid ein edler Mann!« rief der Fremde und
drückte gerührt dem Griechen die Hand.

Der Anführer der Wache unterbrach sie aber in
ihrem Gespräch. Er trat mit besorgter Miene in das
Zelt und berichtete, daß man sich nicht der Ruhe
überlassen dürfe, denn hier sei die Stelle, wo gewöhnlich die Karawanen angegriffen würden; auch
glaubten seine Wachen, in der Entfernung mehrere
Reiter zu sehen.

Die Kaufleute waren sehr bestürzt über diese Nachricht; Selim, der Fremde, aber wunderte sich über ihre Bestürzung und meinte, daß sie so gut geschützt wären, daß sie einen Trupp räuberischer Araber nicht zu fürchten brauchten.

»Ja, Herr«, entgegnete ihm der Anführer der Wache, »wenn es nur solches Gesindel wäre, könnte man sich ohne Sorge zur Ruhe legen, aber seit einiger Zeit zeigt sich der furchtbare Orbasan wieder, und da gilt es, auf seiner Hut zu sein.«

Der Fremde fragte, wer denn dieser Orbasan sei, und Achmed, der alte Kaufmann, antwortete ihm: »Es gehen allerlei Sagen unter dem Volk über diesen wunderbaren Mann. Die einen halten ihn für ein übermenschliches Wesen, weil er oft mit fünf bis sechs Männern zumal einen Kampf besteht; andere halten ihn für einen tapfern Franken, den das Unglück in diese Gegend verschlagen habe; von allem aber ist nur so viel gewiß, daß er ein verruchter Räuber und Dieb ist.«

»Das könnt Ihr aber doch nicht behaupten«, entgegnete ihm Lezah, einer der Kaufleute. »Wenn er auch ein Räuber ist, so ist er doch ein edler Mann, und als solcher hat er sich an meinem Bruder bewiesen, wie ich Euch erzählen könnte. Er hat seinen ganzen Stamm zu geordneten Menschen gemacht, und solange er die Wüste durchstreift, darf kein anderer Stamm es wagen, sich sehen zu lassen. Auch raubt er nicht wie andere, sondern er erhebt nur ein Schutzgeld von den Karawanen, und wer ihm dieses willig bezahlt, der zieht ungefährdet weiter, denn Orbasan ist der Herr der Wüste.«

Also sprachen unter sich die Reisenden im Zelte; die Wachen aber, die um den Lagerplatz ausgestellt waren, begannen unruhig zu werden. Ein bedeutender Haufe bewaffneter Reiter zeigte sich in der Entfernung einer halben Stunde; sie schienen gerade auf das Lager zuzureiten. Einer der Männer von der Wache ging daher in das Zelt, um zu verkünden, daß sie wahrscheinlich angegriffen würden. Die Kaufleute berieten sich untereinander, was zu tun sei, ob man ihnen entgegengehen oder den Angriff abwarten solle. Achmed und die zwei älteren Kaufleute wollten das letztere, der feurige Muley aber und Zaleukos verlangten das erstere und riefen den Fremden zu ihrem Beistand auf.

Dieser zog ruhig ein kleines blaues Tuch mit roten Sternen aus seinem Gürtel hervor, band es an eine Lanze und befahl einem der Sklaven, es auf das Zelt zu stecken; er setze sein Leben zum Pfand, sagte er, die Reiter werden, wenn sie dieses Zeichen sehen, ruhig vorüberziehen. Muley glaubte nicht an den Erfolg; der Sklave aber steckte die Lanze auf das Zelt.

Inzwischen hatten alle, die im Lager waren, zu den Waffen gegriffen und sahen in gespannter Erwartung den Reitern entgegen. Doch diese schienen das Zeichen auf dem Zelte erblickt zu haben; sie bogen plötzlich von ihrer Richtung auf das Lager ab und zogen in einem großen Bogen auf der Seite hin.

Verwundert standen einige Augenblicke die Reisenden und sahen bald auf die Reiter, bald auf den Fremden. Dieser stand ganz gleichgültig, wie wenn nichts vorgefallen wäre, vor dem Zelte und blickte über die Ebene hin.

Endlich brach Muley das Stillschweigen: »Wer bist du, mächtiger Fremdling«, rief er aus, »der du die wilden Horden der Wüste durch einen Wink bezähmst?«

»Ihr schlagt meine Kunst höher an, als sie ist«, antwortete Selim Baruch. »Ich habe mich mit diesem Zeichen versehen, als ich der Gefangenschaft entfloh; was es zu bedeuten hat, weiß ich selbst nicht, nur so viel weiß ich, daß, wer mit diesem Zeichen reist, unter mächtigern Schutze steht.«

Die Kaufleute dankten dem Fremden und nannten ihn ihren Erretter. Wirklich war auch die Anzahl der Reiter so groß gewesen, daß wohl die Karawane nicht lange hätte Widerstand leisten können.

Mit leichterem Herzen begab man sich jetzt zur Ruhe, und als die Sonne zu sinken begann und der Abendwind über die Sandebene hinstrich, brachen sie auf und zogen weiter.

Am nächsten Tage lagerten sie ungefähr nur noch eine Tagereise von dem Ausgang der Wüste entfernt.

Als sich die Reisenden wieder in dem großen Zelt versammelt hatten, nahm Lezah, der Kaufmann, das Wort: »Ich habe euch gestern gesagt, daß der gefürchtete Orbasan ein edler Mann sei; erlaubt mir, daß ich es euch heute durch die Erzählung der Schicksale meines Bruders beweise.

Mein Vater war Kadi in Akara und hatte drei Kinder. Ich war der Älteste, ein Bruder und eine Schwester waren bei weitem jünger als ich.

Als ich zwanzig Jahre alt war, rief mich ein Bruder meines Vaters zu sich. Er setzte mich zum Erben seiner Güter ein, mit der Bedingung, daß ich bis zu seinem Tode bei ihm bleibe. Aber er erreichte ein hohes Alter, so daß ich erst vor zwei Jahren in meine Heimat zurückkehrte und nichts davon wußte, welch schreckliches Schicksal indes mein Haus betroffen und wie gütig Allah es gewendet hatte.«

DIE ERRETTUNG FATMES

Mein Bruder Mustafa und meine Schwester Fatme
waren beinahe in gleichem Alter; jener hatte höchstens zwei Jahre voraus. Sie liebten einander innig
und trugen vereint alles bei, was unserem kränkli-
chen Vater die Last seines Alters erleichtern konnte.
An Fatmes sechzehntem Geburtstage veranstaltete
der Bruder ein Fest. Er ließ alle ihre Gespielinnen
einladen, setzte ihnen in dem Garten des Vaters aus-
gesuchte Speisen vor, und als es Abend wurde, lud er
sie ein, auf einer Barke, die er gemietet und festlich
geschmückt hatte, ein wenig hinaus in die See zu fahren. Fatme und ihre Gespielinnen willigten mit Freuden ein; denn der Abend war schön, und die Stadt
gewährte besonders abends, von dem Meere aus be-
trachtet, einen herrlichen Anblick. Den Mädchen gefiel es so gut auf der Barke, daß sie meinen Bruder
bewogen, immer weiter in die See hinauszufahren;
Mustafa gab aber ungern nach, weil sich vor einigen
Tagen ein Korsar hatte sehen lassen.

Nicht weit von der Stadt zieht sich ein Vorgebirge
in das Meer; dorthin wollten noch die Mädchen, um
von da die Sonne in das Meer sinken zu sehen. Als sie
um das Vorgebirge herumruderten, sahen sie in geringer Entfernung eine Barke, die mit Bewaffneten
besetzt war. Nichts Gutes ahnend, befahl mein Bruder den Ruderern, sein Schiff zu drehen und dem
Lande zuzurudern. Wirklich schien sich auch seine
Besorgnis zu bestätigen, denn jene Barke kam jener
meines Bruders schnell nach, überholte sie, da sie
mehr Ruder hatte, und hielt sich immer zwischen
dem Land und unserer Barke. Die Mädchen aber, als
sie die Gefahr erkannten, in der sie schwebten, spran-

gen auf und schrien und klagten; umsonst suchte sie
Mustafa zu beruhigen, umsonst stellte er ihnen vor,
ruhig zu bleiben, weil sie durch ihr Hinundherren-
nen die Barke in Gefahr brächten, umzuschlagen. Es
half nichts, und da sie sich endlich bei Annäherung
des andern Bootes alle auf die hintere Seite der Barke
stürzten, schlug diese um.

Indessen aber hatte man vom Land aus die Bewegungen des fremden Bootes beobachtet, und da man
schon seit einiger Zeit Besorgnisse wegen Korsaren
hegte, hatte dieses Boot Verdacht erregt, und mehrere Barken stießen vom Lande, um der unsrigen beizustehen; aber sie kamen nur noch zu rechter Zeit,
um die Sinkenden aufzunehmen. In der Verwirrung
war das feindliche Boot entwischt; auf den beiden
Barken aber, welche die Geretteten aufgenommen
hatten, war man ungewiß, ob alle gerettet seien. Man
näherte sich gegenseitig, und ach – es fand sich, daß
meine Schwester und eine ihrer Gespielinnen fehlte;
zugleich entdeckte man aber einen Fremden in einer
der Barken, den niemand kannte. Auf die Drohungen Mustafas gestand er, daß er zu dem feindlichen
Schiff, das zwei Meilen ostwärts vor Anker liege, gehöre und daß ihn seine Gefährten auf ihrer eiligen
Flucht im Stich gelassen hätten, indem er im Begriff
gewesen sei, die Mädchen auffischen zu helfen; auch
sagte er aus, daß er gesehen habe, wie man zwei derselben in das Schiff gezogen hätte.

Der Schmerz meines alten Vaters war grenzenlos,
aber auch Mustafa war zu Tode betrübt; denn nicht
nur, daß seine geliebte Schwester verloren war und
daß er sich anklagte, an ihrem Unglück schuld zu sein
– jene Freundin Fatmes, die ihr Unglück teilte, war
von ihren Eltern ihm zur Gattin zugesagt gewesen,

und nur unserem Vater hatte er es noch nicht zu gestehen gewagt, weil ihre Eltern arm und von geringer Abkunft waren.

Mein Vater aber war ein strenger Mann. Als sein Schmerz sich ein wenig gelegt hatte, ließ er Mustafa vor sich kommen und sprach zu ihm: »Deine Torheit hat mir den Trost meines Alters und die Freude meiner Augen geraubt. Geh hin; ich verbanne dich auf ewig von meinem Angesicht, ich fluche dir und deinen Nachkommen, und nur wenn du mir Fatme wiederbringst, soll dein Haupt frei sein von dem Fluche des Vaters.«

Dies hatte mein armer Bruder nicht erwartet; schon vorher hatte er sich entschlossen gehabt, seine Schwester und ihre Freundin zu suchen, und wollte sich nur noch den Segen des Vaters dazu erbitten – und jetzt schickte der ihn mit dem Fluch beladen in die Welt. Aber hatte ihn jener Jammer vorher gebeugt, so stählte jetzt die Fülle des Unglücks, das er nicht verdient hatte, seinen Mut.

Er ging zu dem gefangenen Seeräuber und befragte ihn, wohin die Fahrt seines Schiffes ginge, und erfuhr, daß sie Sklavenhandel trieben und gewöhnlich in Balsora großen Markt hielten.

Als er wieder nach Hause kam, um sich zur Reise anzuschicken, schien sich der Zorn des Vaters ein wenig gelegt zu haben, denn er sandte ihm einen Beutel mit Gold zur Unterstützung auf der Reise. Mustafa aber nahm weinend von den Eltern Zoraidas – so hieß seine geraubte Braut – Abschied und machte sich auf den Weg nach Balsora.

Mustafa machte die Reise zu Land, weil von unserer kleinen Stadt aus nicht gerade ein Schiff nach Balsora ging. Er mußte daher sehr starke Tagreisen

machen, um nicht zu lange nach den Seeräubern
nach Balsora zu kommen; doch da er ein gutes Roß
und kein Gepäck hatte, konnte er hoffen, diese Stadt
am Ende des sechsten Tages zu erreichen.

Aber am Abend des vierten Tages, als er ganz allein seines Weges ritt, fielen ihn plötzlich drei Männer an. Da er merkte, daß sie gut bewaffnet und stark
seien und daß es mehr auf sein Geld und sein Roß als
auf sein Leben abgesehen war, so rief er ihnen zu,
daß er sich ihnen ergeben wolle. Sie stiegen von ihren
Pferden ab und banden ihm die Füße unter dem
Bauch seines Tieres zusammen, ihn selbst aber nahmen sie in die Mitte und trabten, indem einer den
Zügel seines Pferdes ergriff, schnell mit ihm davon,
ohne je doch ein Wort zu sprechen.

Mustafa gab sich einer dumpfen Verzweiflung
hin; der Fluch seines Vaters schien schon jetzt an dem
Unglücklichen in Erfüllung zu gehen, und wie konnte er hoffen, seine Schwester und Zoraida zu retten,
wenn er, aller Mittel beraubt, nur sein ärmliches Leben zu ihrer Befreiung aufwenden konnte?

Mustafa und seine stummen Begleiter mochten
wohl eine Stunde geritten sein, als sie in ein kleines
Seitental einbogen. Das Tälchen war von hohen Bäumen eingefaßt; ein weicher dunkelgrüner Rasen, ein
Bach, der schnell durch seine Mitte hinrollte, luden
zur Ruhe ein. Wirklich sah er auch fünfzehn bis
zwanzig Zelte dort aufgeschlagen; an den Pflöcken
der Zelte waren Kamele und schöne Pferde angebun-
den; aus einem der Zelte hervor tönte die lustige Weise einer Zither und zweier schöner Männerstimmen.

Meinem Bruder schien es, als ob Leute, die sich
ein so fröhliches Lagerplätzchen erwählt hatten,
nichts Böses gegen ihn im Sinn haben könnten, und

er folgte also ohne Bangigkeit dem Ruf seiner Führer, die, als sie seine Bande gelöst hatten, ihm winkten, abzusteigen. Man führte ihn in ein Zelt, das größer als die übrigen und im Innern hübsch, fast zierlich aufgeputzt war. Prächtige goldbestickte Polster, gewirkte Fußteppiche, übergoldete Rauchpfannen hätten anderswo Reichtum und Wohlleben verraten – hier schienen sie nur kühner Raub. Auf einem der Polster saß ein alter, kleiner Mann; sein Gesicht war häßlich, seine Haut schwarzbraun und glänzend, und ein widriger Zug von tückischer Schlauheit um Augen und Mund machte seinen Anblick verhaßt.

Obgleich sich dieser Mann einiges Ansehen zu geben suchte, so merkte doch Mustafa bald, daß nicht für ihn das Zelt so reich geschmückt sei, und die Unterredung seiner Führer schien seine Bemerkung zu bestätigen. »Wo ist der Starke?« fragten sie den Kleinen.

»Er ist auf der kleinen Jagd«, antwortete jener; »aber er hat mir aufgetragen, seine Stelle zu versehen.«

»Das hat er nicht gescheit gemacht«, entgegnete einer der Räuber, »denn es muß sich bald entscheiden, ob dieser Hund sterben oder zahlen soll, und das weiß der Starke besser als du.«

Der kleine Mann erhob sich im Gefühl seiner Würde, streckte sich lang aus, um mit der Spitze seiner Hand das Ohr seines Gegners zu erreichen, denn er schien Lust zu haben, sich durch einen Schlag zu rächen; als er aber sah, daß seine Bemühung fruchtlos sei, fing er an zu schimpfen (und wahrlich, die andern blieben ihm nichts schuldig), daß das Zelt von ihrem Streit erdröhnte.

Da tat sich auf einmal die Tür des Zeltes auf, und

herein trat ein hoher, stattlicher Mann, jung und schön wie ein Perserprinz; seine Kleidung und seine Waffen waren, außer einem reich besetzten Dolch und einem glänzenden Säbel, gering und einfach, aber sein ernstes Auge, sein ganzer Anstand gebot Achtung, ohne Furcht einzuflößen. »Wer ist's, der es wagt, in meinem Zelte Streit zu beginnen?« rief er den Erschrockenen zu.

Eine Zeitlang herrschte tiefe Stille; endlich erzählte einer von denen, die Mustafa hergebracht hatten, wie es gegangen sei.

Da schien sich das Gesicht »des Starken«, wie sie ihn nannten, vor Zorn zu röten. »Wann hätte ich dich je an meine Stelle gesetzt, Hassan?« schrie er mit furchtbarer Stimme dem Kleinen zu.

Dieser zog sich vor Furcht in sich selbst zusammen, daß er noch viel kleiner aussah als zuvor, und schlich sich der Zelttür zu. Ein hinlänglicher Tritt des Starken machte, daß er in einem großen, sonderbaren Sprung zur Zelttür hinausflog.

Als der Kleine verschwunden war, führten die drei Männer Mustafa vor den Herrn des Zeltes, der sich indes auf die Polster gelegt hatte. »Hier bringen wir den, welchen du uns zu fangen befohlen hast.«

Jener blickte den Gefangenen lange an und sprach sodann: »Bassa von Sulieika, dein eigenes Gewissen wird dir sagen, warum du vor Orbasan stehst.«

Als mein Bruder dies hörte, warf er sich nieder vor jenem und antwortete: »O Herr, du scheinst im Irrtum zu sein; ich bin ein armer Unglücklicher, aber nicht der Bassa, den du suchst!«

Alle im Zelt waren über diese Rede erstaunt; der Herr des Zeltes aber sprach: »Es kann dir wenig helfen, dich zu verstellen, denn ich will dir Leute vorführen, die dich wohl kennen.« Er befahl, Zuleima vorzuführen.

Man brachte ein altes Weib in das Zelt, das auf die Frage, ob sie in meinem Bruder nicht den Bassa von Sulieika erkenne, antwortete: »Jawohl! Und ich schwöre es beim Grabe des Propheten, es ist der Bassa und kein anderer.«

»Siehst du, Erbärmlicher, wie deine List zu Wasser geworden ist?« begann zürnend der Starke. »Du bist mir zu elend, als daß ich meinen guten Dolch mit deinem Blut besudeln sollte, aber an den Schweif meines Rosses will ich dich binden – morgen, wenn die Sonne aufgeht – und durch die Wälder mit dir jagen, bis sie scheidet hinter die Hügel von Sulieika!«

Da sank meinem armen Bruder der Mut. »Das ist der Fluch meines harten Vaters, der mich zum schmachvollen Tode treibt«, rief er weinend; »und auch du bist verloren, süße Schwester, auch du, Zoraida!«

»Deine Verstellung hilft dir nichts«, sprach einer der Räuber, in dem er ihm die Hände auf den Rücken band; »mach, daß du aus dem Zelte kommst, denn der Starke beißt sich in die Lippen und blickt nach seinem Dolch. Wenn du noch eine Nacht leben willst, so komm!«

Als die Räuber gerade meinen Bruder aus dem Zelte führen wollten, begegneten sie drei andern, die einen Gefangenen vor sich hertrieben. Sie traten mit ihm ein. »Hier bringen wir den Bassa, wie du uns befohlen hast«, sprachen sie und führten den Gefangenen vor das Polster des Starken.

Als der Gefangene dorthin geführt wurde, hatte mein Bruder Gelegenheit, ihn zu betrachten, und ihm selbst fiel die Ähnlichkeit auf, die dieser Mann mit ihm hatte; nur war er dunkler im Gesicht und hatte einen schwärzeren Bart.

Der Starke schien sehr erstaunt über die Erscheinung des zweiten Gefangenen: »Wer von euch ist denn der Rechte?« sprach er, indem er bald meinen Bruder, bald den andern Mann ansah.

»Wenn du den Bassa von Sulieika meinst«, antwortete in stolzem Ton der Gefangene, »der bin ich!«

Der Starke sah ihn lange mit seinem ernsten, furchtbaren Blicke an; dann winkte er schweigend, den Bassa wegzuführen. Als dies geschehen war, ging er auf meinen Bruder zu, zerschnitt seine Bande mit dem Dolch und winkte ihm, sich zu ihm aufs Polster zu setzen. »Es tut mir leid, Fremdling«, sagte er, »daß ich dich für jenes Ungeheuer hielt; schreibe es aber einer sonderbaren Fügung des Himmels zu, die dich gerade in der Stunde, welche dem Untergang jenes Verruchten geweiht war, in die Hände meiner Brüder führte.«

Mein Bruder bat ihn um die einzige Gunst, ihn gleich wieder weiterreisen zu lassen, weil jeder Aufschub ihm verderblich werden könne. Der Starke erkundigte sich nach seinen eiligen Geschäften, und als ihm Mustafa alles erzählt hatte, überredete ihn jener, diese Nacht in seinem Zelt zu bleiben, er und sein Roß würden der Ruhe bedürfen; den folgenden Tag aber wolle er ihm einen Weg zeigen, der ihn in anderthalb Tagen nach Balsora bringe. Mein Bruder schlug ein, wurde trefflich bewirtet und schlief sanft bis zum Morgen in dem Zelt des Räubers.

Als er aufgewacht war, sah er sich ganz allein im Zelte; vor dem Vorhang des Zeltes aber hörte er mehrere Stimmen zusammen sprechen, die dem Herrn des Zeltes und dem kleinen schwarzbraunen Mann anzugehören schienen. Er lauschte ein wenig und hörte zu seinem Schrecken, daß der Kleine dringend den andern aufforderte, den Fremden zu töten, weil er, wenn er freigelassen würde, sie alle verraten könnte.

Mustafa merkte gleich, daß der Kleine ihm gram sei, weil er die Ursache war, daß er gestern so übel behandelt worden war; der Starke schien sich einige Augenblicke zu besinnen. »Nein«, sprach er, »er ist mein Gastfreund, und das Gastrecht ist mir heilig; auch sieht er mir nicht aus, als ob er uns verraten wollte.« Als er so gesprochen, schlug er den Vorhang zurück und trat ein. »Friede sei mit dir, Mustafa!« sprach er. »Laß uns den Morgentrunk kosten, und rüste dich dann zum Aufbruch.«

Er reichte meinem Bruder einen Becher Sorbett, und als sie getrunken hatten, zäumten sie die Pferde auf, und wahrlich, mit leichterem Herzen, als er gekommen war, schwang sich Mustafa aufs Pferd. Sie hatten bald die Zelte im Rücken und schlugen dann einen breiten Pfad ein, der in den Wald führte. Der Starke erzählte meinem Bruder, daß jener Bassa, den sie auf der Jagd gefangen hätten, ihnen versprochen habe, sie ungefährdet in seinem Gebiete zu dulden; vor einigen Wochen aber habe er einen ihrer tapfersten Männer gefangen und nach den schrecklichsten Martern aufhängen lassen. Er habe ihm nun lange auflauern lassen, und heute noch müsse er sterben.

Mustafa wagte es nicht, etwas dagegen einzuwenden, denn er war froh, selbst mit heiler Haut davongekommen zu sein.

Am Ausgang des Waldes hielt der Starke sein Pferd an, beschrieb meinem Bruder den Weg, bot ihm die Hand zum Abschied und sprach: »Mustafa, du bist auf sonderbare Weise der Gastfreund des Räubers Orbasan geworden; ich will dich nicht auffordern, nicht zu verraten, was du gesehen und gehört hast. Du hast ungerechterweise Todesangst ausgestanden, und ich bin dir Vergütung schuldig. Nimm diesen Dolch als Andenken, und so du Hilfe brauchst, so sende ihn mir zu, und ich will eilen, dir beizustehen. Diesen Beutel aber kannst du vielleicht zu deiner Reise brauchen.«

Mein Bruder dankte ihm für seinen Edelmut; er nahm den Dolch, den Beutel aber schlug er aus. Doch Orbasan drückte ihm noch einmal die Hand, ließ den Beutel auf die Erde fallen und sprengte mit Sturmeseile in den Wald. Als Mustafa sah, daß er ihn doch nicht mehr werde einholen können, stieg er ab, um den Beutel aufzuheben, und erschrak über die Größe von seines Gastfreundes Großmut, denn der Beutel enthielt eine Menge Goldes. Er dankte Allah für seine Rettung, empfahl ihm den edlen Räuber in seine Gnade und zog dann heiteren Mutes weiter auf seinem Wege nach Balsora.

*

Lezah schwieg und sah Achmed, den alten Kaufmann, fragend an. »Nein, wenn es so ist«, sprach dieser, »so verbessere ich gern mein Urteil von Orbasan; denn wahrlich, an deinem Bruder hat er schön gehandelt.«

»Er hat getan wie ein braver Muselman«, rief Muley; »aber ich hoffe, du hast deine Geschichte damit nicht geschlossen, denn wie mich dünkt, sind wir alle begierig, weiter zu hören, wie es deinem Bruder erging und ob er Fatme, deine Schwester, und die schöne Zoraida befreit hat.«

»Wenn ich euch nicht damit langweile, erzähle ich gerne weiter«, entgegnete Lezah, »denn die Geschichte meines Bruders ist allerdings abenteuerlich und wundervoll.«

*

Am Mittag des siebenten Tages nach seiner Abreise zog Mustafa in die Tore von Balsora ein. Sobald er in einer Karawanserei abgestiegen war, fragte er, wann der Sklavenmarkt, der alljährlich hier gehalten werde, anfange; aber er erhielt die Schreckensantwort, daß er zwei Tage zu spät komme. Man bedauerte seine Verspätung und erzählte ihm, daß er viel verloren habe, denn noch am letzten Tage des Marktes seien zwei Sklavinnen angekommen von so hoher Schönheit, daß sie die Augen aller Käufer auf sich gezogen hätten. Man habe sich ordentlich um sie gerissen und geschlagen, und sie seien freilich auch zu einem so hohen Preis verkauft worden, daß ihn nur ihr jetziger Herr nicht habe scheuen können.

Er erkundigte sich näher nach diesen beiden, und es blieb ihm kein Zweifel, daß es die Unglücklichen seien, die er suchte. Auch erfuhr er, daß der Mann, der sie beide gekauft habe, vierzig Stunden von Balsora wohne und Thiuli-Kos heiße, ein vornehmer, reicher, aber schon ältlicher Mann, der früher Kapudan-Bassa des Großherrn gewesen sei, jetzt aber sich mit seinen gesammelten Reichtümern zur Ruhe gesetzt habe.

Mustafa wollte am Anfang sich gleich wieder zu Pferd setzen, um Thiuli-Kos, der kaum einen Tag

Vorsprung haben konnte, nachzueilen. Als er aber bedachte, daß er als einzelner Mann dem mächtigen Reisenden doch nichts anhaben, noch weniger seine Beute ihm abjagen konnte, sann er auf einen andern Plan und hatte ihn auch bald gefunden. Die Verwechslung mit dem Bassa von Sulieika, die ihm beinahe so gefährlich geworden wäre, brachte ihn auf den Gedanken, unter diesem Namen in das Haus von Thiuli-Kos zu gehen und so einen Versuch zur Rettung der beiden unglücklichen Mädchen zu wagen. Er mietete daher einige Diener und Pferde, wobei ihm Orbasans Geld trefflich zustatten kam, schaffte sich und seinen Dienern prächtige Kleider an und machte sich auf den Weg nach dem Schlosse Thiulis.

Nach fünf Tagen war er in die Nähe dieses Schlosses gekommen. Es lag in einer Ebene und war von hohen Mauern umschlossen, die nur ganz wenig von den Gebäuden überragt wurden. Als Mustafa dort angekommen war, färbte er Haar und Bart schwarz, sein Gesicht aber bestrich er mit dem Saft einer Pflanze, die ihm eine bräunliche Farbe gab, ganz wie sie jener Bassa gehabt hatte. Er schickte hierauf einen seiner Diener in das Schloß und ließ im Namen des Bassa von Sulieika um ein Nachtlager bitten. Der Diener kam bald wieder und mit ihm vier schön gekleidete Sklaven, die Mustafas Pferd am Zügel nahmen und in den Schloßhof führten. Dort halfen sie ihm selbst vom Pferd, und vier andere geleiteten ihn eine breite Marmortreppe hinauf zu Thiuli.

Dieser, ein alter, lustiger Geselle, empfing meinen Bruder ehrerbietig und ließ ihm das Beste, was sein Koch zubereiten konnte, aufsetzen. Nach Tisch brachte Mustafa das Gespräch nach und nach auf die neuen Sklavinnen, und Thiuli rühmte ihre Schönheit und beklagte nur, daß sie immer so traurig seien; doch er glaubte, dieses würde sich bald geben. Mein Bruder war sehr vergnügt über diesen Empfang und legte sich mit den schönsten Hoffnungen zur Ruhe nieder.

Er mochte ungefähr eine Stunde geschlafen haben, da weckte ihn der Schein einer Lampe, der blendend auf seine Augen fiel. Als er sich aufrichtete, glaubte er noch zu träumen, denn vor ihm stand jener kleine schwarzbraune Kerl aus Orbasans Zelt, eine Lampe in der Hand, sein breites Maul zu einem widrigen Lächeln verzogen. Mustafa zwickte sich in den Arm, zupfte sich an der Nase, um sich zu überzeugen, ob er denn wache, aber die Erscheinung blieb wie zuvor. »Was willst du an meinem Bette?« rief Mustafa, als er sich von seinem Erstaunen erholt hatte.

»Bemüht Euch doch nicht so, Herr«, sprach der Kleine; »ich habe wohl erraten, weswegen Ihr hierherkommt. Auch war mir Euer wertes Gesicht noch erinnerlich – doch wahrlich, wenn ich nicht den Bassa mit eigner Hand hätte erhängen helfen, so hättet Ihr mich vielleicht getäuscht. Jetzt aber bin ich da, um eine Frage zu machen.«

»Vor allem sage, wie du hierherkommst!« entgegnete ihm Mustafa voll Wut, daß er verraten war.

»Das will ich Euch sagen«, antwortete jener: »Ich konnte mich mit dem Starken nicht länger vertragen, deswegen floh ich; aber du, Mustafa, warst eigentlich die Ursache unseres Streites, und dafür mußt du mir deine Schwester zur Frau geben, und ich will euch zur Flucht behilflich sein; gibst du sie nicht, so gehe ich zu meinem neuen Herrn und erzähle ihm etwas von dem neuen Bassa.« Mustafa war vor Schrecken und Wut außer sich; jetzt, wo er sich am sicheren Ziel seiner Wünsche glaubte, sollte dieser Elende kommen und sie vereiteln. Es war nur ein Mittel, das seinen Plan retten konnte: er mußte das kleine Ungetüm töten. Mit einem Sprung fuhr er daher aus dem Bett, auf den Kleinen zu; doch dieser, der etwas solches geahnt haben mochte, ließ die Lampe fallen, daß sie verlöschte, und entsprang im Dunkeln, indem er mörderisch um Hilfe schrie.

Jetzt war guter Rat teuer; die Mädchen mußte er für den Augenblick aufgeben und nur auf die eigene Rettung denken; daher ging er an das Fenster, um zu sehen, ob er nicht entspringen könnte. Es war eine ziemliche Tiefe bis zum Boden, und auf der andern Seite stand eine hohe Mauer, die zu übersteigen war. Sinnend stand er am Fenster, da hörte er viele Stimmen sich seinem Zimmer nähern; schon waren sie an der Tür, da faßte er verzweiflungsvoll seinen Dolch und seine Kleider und schwang sich zum Fenster hinaus.

Der Fall war hart, aber er fühlte, daß er kein Glied gebrochen hatte; darum sprang er auf und lief der Mauer zu, die den Hof umschloß, stieg zum Erstaunen seiner Verfolger hinauf und befand sich bald im Freien.

Er floh, bis er an einen kleinen Wald kam, wo er sich erschöpft niederwarf. Hier überlegte er, was zu tun sei. Seine Pferde und seine Diener hatte er müssen im Stich lassen, aber sein Geld, das er in dem Gürtel trug, hatte er gerettet.

Sein erfinderischer Kopf zeigte ihm bald einen andern Weg zur Rettung. Er ging in dem Wald weiter, bis er an ein Dorf kam, wo er um geringen Preis ein Pferd kaufte, das ihn in kurzem in eine Stadt trug.

Dort forschte er nach einem Arzt, und man riet ihm einen alten, erfahrenen Mann. Diesen bewog er durch einige Goldstücke, daß er ihm eine Arznei gebe, die einen todähnlichen Schlaf herbeiführte, der durch ein anderes Mittel augenblicklich wieder gehoben werden könnte. Als er im Besitz dieses Mittels war, kaufte er sich einen langen falschen Bart, einen schwarzen Talar und allerlei Büchsen und Kolben, so daß er füglich einen reisenden Arzt darstellen konnte, lud seine Sachen auf einen Esel und reiste in das Schloß des Thiuli-Kos zurück. Er durfte gewiß sein, diesmal nicht erkannt zu werden, denn der Bart entstellte ihn so, daß er sich selbst kaum mehr kannte.

Bei Thiuli angekommen, ließ er sich als Arzt Chakamankabudibaba anmelden, und wie er es gedacht hatte, geschah es: der prachtvolle Name empfahl ihn bei dem alten Narren ungemein, so daß er ihn gleich zur Tafel einlud. Chakamankabudibaba erschien vor Thiuli, und als sie sich kaum eine Stunde besprochen hatten, beschloß der Alte, alle seine Sklavinnen der Kur des weisen Arztes zu unterwerfen. Dieser konnte seine Freude kaum verbergen, daß er jetzt seine geliebte Schwester wiedersehen solle, und folgte mit klopfendem Herzen Thiuli, der ihn ins Serail führte.

Sie waren in ein Zimmer gekommen, das schön ausgeschmückt war, worin sich aber niemand befand. »Chambaba oder wie du heißt, lieber Arzt«, sprach Thiuli-Kos, »betrachte einmal jenes Loch dort in der Mauer, dort wird jede meiner Sklavinnen einen arm herausstrecken, und du kannst dann untersuchen, ob der Puls krank oder gesund ist.«

Mustafa mochte einwenden, was er wollte – zu sehen bekam er sie nicht; doch willigte Thiuli ein, daß er ihm allemal sagen wolle, wie sie sich sonst gewöhnlich befänden. Thiuli zog nun einen langen Zettel aus dem Gürtel und begann mit lauter Stimme seine Sklavinnen einzeln beim Namen zu rufen, worauf allemal eine Hand aus der Mauer kam und der Arzt den Puls untersuchte.

Sechs waren schon abgelesen und sämtlich für gesund erklärt, da las Thiuli als siebente »Fatme« ab, und eine kleine weiße Hand schlüpfte aus der Mauer. Zitternd vor Freude ergriff Mustafa diese Hand und erklärte sie mit wichtiger Miene für bedeutend krank. Thiuli ward sehr besorgt und befahl seinem weisen Chakamankabudibaba, schnell eine Arznei für sie zu bereiten.

Der Arzt ging hinaus, schrieb auf einen kleinen Zettel: »Fatme! ich will Dich retten, wenn Du Dich entschließen kannst, eine Arznei zu nehmen, die Dich auf zwei Tage tot macht; doch ich besitze das Mittel, Dich wieder zum Leben zu bringen. Willst du, so sage nur, dieser Trank habe nicht geholfen, und es wird mir ein Zeichen sein, daß Du einwilligst.«

Bald kam er in das Zimmer zurück, wo Thiuli seiner harrte. Er brachte ein unschädliches Tränklein mit, fühlte der kranken Fatme noch einmal den Puls und schob ihr zugleich den Zettel unter ihr Armband, das Tränklein aber reichte er ihr durch die Öffnung in der Mauer.

Thiuli schien in großen Sorgen wegen Fatme zu sein und schob die Untersuchung der übrigen bis auf eine gelegenere Zeit auf. Als er mit Mustafa das Zimmer verlassen hatte, sprach er in traurigem Ton: »Chadibaba, sage aufrichtig, was hältst du von Fatmes Krankheit?«

Chakamankabudibaba antwortete mit einem tiefen Seufzer: »Ach Herr, möge der Prophet dir Trost verleihen; sie hat ein schleichendes Fieber, das ihr wohl den Garaus machen kann.«

Da entbrannte der Zorn Thiulis: »Was sagst du, verfluchter Hund von einem Arzt? Sie, um die ich zweitausend Goldstücke gab, soll mir sterben wie eine Kuh? Wisse, wenn du sie nicht rettest, so hau' ich dir den Kopf ab!«

Da merkte mein Bruder, daß er einen dummen Streich gemacht habe, und gab Thiuli wieder Hoffnung.

Als sie noch so sprachen, kam ein schwarzer Sklave aus dem Serail, dem Arzt zu sagen, daß das Tränklein nicht geholfen habe. »Biete deine ganze Kunst auf, Chakamdababelda, oder wie du dich schreibst; ich zahl' dir, was du willst!« schrie Thiuli-Kos, fast heulend vor Angst, soviel Gold zu verlieren.

»Ich will ihr ein Säftlein geben, das sie von aller Not befreit«, antwortete der Arzt.

»Ja, ja, gib ihr ein Säftlein!« schluchzte der alte Thiuli.

Frohen Mutes ging Mustafa, seinen Schlaftrunk zu holen, und als er ihn dem schwarzen Sklaven gegeben und ihm gezeigt hatte, wieviel man auf einmal nehmen müsse, ging er zu Thiuli und sagte, er müsse noch einige heilsame Kräuter am See holen, und eilte zum Tor hinaus. An dem See, der nicht weit von dem Schloß entfernt war, zog er seine falschen Kleider aus und warf sie ins Wasser, daß sie lustig umherschwammen; er selbst aber verbarg sich im Gesträuch, wartete die Nacht ab und schlich sich dann an den Begräbnisplatz an dem Schlosse Thiulis.

Als Mustafa kaum eine Stunde lang aus dem Schloß abwesend sein mochte, brachte man Thiuli die Nachricht, daß seine Sklavin Fatme im Sterben

liege. Er schickte hinaus an den See, um schnell den
Arzt zu holen, aber bald kehrten seine Boten allein
zurück und erzählten ihm, daß der arme Arzt ins
Wasser gefallen und ertrunken sei; seinen schwarzen
Talar sehe man im See schwimmen, und hie und da
gucke auch sein stattlicher Bart aus den Wellen hervor. Als Thiuli keine Rettung mehr sah, verwünschte
er sich und die ganze Welt, raufte sich den Bart aus
und rannte mit dem Kopf gegen die Mauer. Aber
alles dies konnte nichts helfen, denn Fatme gab bald
unter den Händen der übrigen Weiber den Geist auf.

Als Thiuli die Nachricht ihres Todes hörte, befahl
er, schnell einen Sarg zu machen, denn er konnte
keinen Toten im Hause leiden, und ließ den Leichnam in das Begräbnishaus tragen. Die Träger brachten den Sarg dorthin, setzten ihn schnell nieder und
entflohen, denn sie hatten unter den übrigen Särgen
Stöhnen und seufzen gehört.

Mustafa, der sich hinter den Särgen verborgen
und von dort aus die Träger des Sarges in die Flucht
gejagt hatte, kam hervor und zündete sich eine Lampe an, die er zu diesem Zweck mitgebracht hatte.
Dann zog er ein Glas hervor, das die erweckende Arznei enthielt, und hob den Deckel von Fatmes Sarg.
Aber welches Entsetzen befiel ihn, als sich ihm beim
Scheine der Lampe ganz fremde Züge zeigten – weder meine Schwester noch Zoraida, sondern eine
ganz andere lag in dem Sarg.

Er brauchte lange, um sich von dem neuen Schlag
des Schicksals zu fassen; endlich überwog doch Mitleid seinen Zorn. Er öffnete sein Glas und flößte ihr
die Arznei ein. Sie atmete, sie schlug die Augen auf
und schien sich lange zu besinnen, wo sie sei. Endlich
erinnerte sie sich des Vorgefallenen; sie stand auf aus

dem Sarg und stürzte zu Mustafas Füßen. »Wie kann ich dir danken, gütiges Wesen«, rief sie aus, »daß du mich aus meiner schrecklichen Gefangenschaft befreitest?«

Mustafa unterbrach ihre Danksagungen mit der Frage, wie es denn geschehen sei, daß sie und nicht Fatme, seine Schwester, gerettet worden sei.

Jene sah ihn staunend an. »Jetzt wird mir meine Rettung erst klar, die mir vorher unbegreiflich war«, antwortete sie. »Wisse, man hieß mich in jenem Schloß Fatme, und mir hast du deinen Zettel und den Rettungstrank gegeben.«

Mein Bruder forderte die Gerettete auf, ihm von seiner Schwester und Zoraida Nachricht zu geben, und erfuhr, daß sie sich beide im Schloß befänden, aber nach der Gewohnheit Thiulis andere Namen bekommen hätten; sie hießen jetzt Mirza und Nurmahal.

Als Fatme, die gerettete Sklavin, sah, daß mein Bruder durch diesen Fehlgriff so niedergeschlagen sei, sprach sie ihm Mut zu und versprach, ihm ein Mittel zu sagen, wie er jene beiden Mädchen dennoch retten könne. Aufgeweckt durch diesen Gedanken, schöpfte Mustafa von neuem Hoffnung; er bat sie, ihm dieses Mittel zu nennen, und sie sprach: »Ich bin zwar erst seit fünf Monaten die Sklavin Thiulis, doch habe ich gleich vom Anfang auf Rettung gesonnen; aber für mich allein war sie zu schwer. In dem inneren Hof des Schlosses wirst du einen Brunnen bemerkt haben, der aus zehn Röhren Wasser speit; dieser Brunnen fiel mir auf. Ich erinnerte mich, in dem Hause meines Vaters einen ähnlichen gesehen zu haben, dessen Wasser durch einen geräumige Wasserleitung herbeiströmt. Um nun zu erfahren, ob dieser

Brunnen auch so gebaut sei, rühmte ich eines Tages vor Thiuli seine Pracht und fragte nach seinem Baumeister.

›Ich selbst habe ihn gebaut‹, antwortete er, ›und das, was du hier siehst, ist noch das geringste; aber das Wasser dazu kommt wenigstens tausend Schritte weit von einem Bach her und geht durch eine gewölbte Wasserleitung, die wenigstens mannshoch ist; und alles dies habe ich selbst angegeben.‹

Als ich dies gehört hatte, wünschte ich mir oft, nur auf einen Augenblick die Stärke eines Mannes zu haben, um einen Stein an der Seite des Brunnens ausheben zu können, dann könnte ich fliehen, wohin ich wollte. Die Wasserleitung nun will ich dir zeigen; durch sie kannst du nachts in das Schloß gelangen und jene befreien. Aber du mußt wenigstens noch zwei Männer bei dir haben, um die Sklaven, die das Serail bei Nacht bewachen, zu überwältigen.«

So sprach sie; mein Bruder Mustafa aber, obgleich schon zweimal in seinen Hoffnungen getäuscht, faßte noch einmal Mut und hoffte mit Allahs Hilfe den Plan der Sklavin auszuführen. Er versprach ihr, für ihr weiteres Fortkommen in ihre Heimat zu sorgen, wenn sie ihm behilflich sein wollte, ins Schloß zu gelangen. Aber ein Gedanke machte ihm noch Sorge, nämlich der, woher er zwei oder drei treue Gehilfen bekommen könnte. Da fiel ihm Orbasans Dolch ein und das Versprechen, das ihm jener gegeben hatte, ihm, wo er seiner bedürfe, zu Hilfe zu eilen, und er machte sich daher mit Fatme aus dem Begräbnisplatz auf, um den Räuber aufzusuchen.

In der nämlichen Stadt, wo er sich zum Arzte umgewandelt hatte, kaufte er um sein letztes Geld ein Roß und mietete Fatme bei einer armen Frau in der

Vorstadt ein. Er selbst aber eilte dem Gebirge zu, wo er Orbasan zum erstenmal getroffen hatte, und gelangte in drei Tagen dahin. Er fand bald wieder jene Zelte und trat unverhofft vor Orbasan, der ihn freundlich bewillkommnete. Er erzählte ihm seine mißlungenen Versuche, wobei sich der ernsthafte Orbasan nicht enthalten konnte, hie und da ein wenig zu lachen, besonders wenn er sich den Arzt Chakamankabudibaba dachte. Über die Verräterei des Kleinen aber war er wütend; er schwor, ihn mit eigener Hand aufzuhängen, wo er ihn finde.

Meinem Bruder aber versprach er, sogleich zur Hilfe bereit zu sein, wenn er sich vorher von der Reise gestärkt haben würde. Mustafa blieb daher diese Nacht wieder in Orbasans Zelt; mit dem ersten Frührot aber brachen sie auf, und Orbasan nahm drei seiner tapfersten Männer, wohlberitten und bewaffnet, mit sich. Sie ritten stark zu und kamen nach zwei Tagen in die kleine Stadt, wo Mustafa die gerettete Fatme zurückgelassen hatte. Von da aus reisten sie mit dieser weiter bis zu dem kleinen Wald, von wo aus man das Schloß Thiulis in geringer Entfernung sehen konnte; dort lagerten sie, um die Nacht abzuwarten.

Sobald es dunkel wurde, schlichen sie sich, von Fatme geführt, an den Bach, wo die Wasserleitung anfing, und fanden diese bald. Dort ließen sie Fatme und einen Diener mit den Rossen zurück und schickten sich an, hinabzusteigen; ehe sie aber hinabstiegen, wiederholte ihnen Fatme noch einmal alles genau, nämlich: daß sie durch den Brunnen in den inneren Schloßhof kämen, dort seien rechts und links in der Ecke zwei Türme – in der sechsten Tür, vom Turm rechts gerechnet, befänden sich Fatme und Zoraida, bewacht von zwei schwarzen Sklaven.

Mit Waffen und Brecheisen wohl versehen, stiegen Mustafa, Orbasan und zwei andere Männer hinab in die Wasserleitung; sie sanken zwar bis an den Gürtel ins Wasser, aber nichtsdestoweniger gingen sie rüstig vorwärts. Nach einer halben Stunde kamen sie an den Brunnen selbst und setzten sogleich ihre Brecheisen an. Die Mauer war dick und fest, aber den vereinten Kräften der vier Männer konnte sie nicht lange widerstehen; bald hatten sie eine Öffnung gebrochen, groß genug, um bequem durchschlüpfen zu können. Orbasan schlüpfte zuerst durch und half den andern nach.

Als sie alle im Hof waren, betrachteten sie die Seite des Schlosses, die vor ihnen lag, um die beschriebene Tür zu erforschen. Aber sie waren nicht einig, welche es sei, denn als sie von dem rechten Turm zum linken zählten, fanden sie eine Tür, die zugemauert war, und wußten nun nicht, ob Fatme diese übersprungen oder mitgezählt habe.

Aber Orbasan besann sich nicht lange: »Mein gutes Schwert wird mir jede Tür öffnen!« rief er aus, ging auf die sechste Tür zu, und die andern folgten ihm. Sie öffneten die Tür und fanden sechs schwarze Sklaven auf dem Boden liegend und schlafend; sie wollten sich schon wieder leise zurückziehen, weil sie sahen, daß sie die rechte Tür verfehlt hatten, als eine Gestalt in der Ecke sich aufrichtete und mit wohlbekannter Stimme um Hilfe rief. Es war der Kleine aus Orbasans Lager. Aber ehe noch die Schwarzen recht wußten, wie ihnen geschah, stürzte Orbasan auf den Kleinen zu, riß seinen Gürtel entzwei, verstopfte ihm den Mund und band ihm die Hände auf den Rücken; dann wandte er sich an die Sklaven, wovon schon einige von Mustafa und den zwei andern halb gebunden waren, und half sie vollends überwältigen. Man setzte den Sklaven den Dolch auf die Brust und fragte sie, wo Nurmahal und Mirza wären, und sie gestanden, daß sie im Gemach nebenan seien.

Mustafa stürzte in das Gemach und fand Fatme und Zoraida, die der Lärm geweckt hatte. Schnell rafften diese ihren Schmuck und ihre Kleider zusammen und folgten Mustafa. Die beiden Räuber schlugen indes Orbasan vor, zu plündern, was man fände; doch dieser verbot es ihnen und sprach: »Man solle nicht von Orbasan sagen können, daß er nachts in die Häuser steige, um Gold zu stehlen.«

Mustafa und die Geretteten schlüpften schnell in die Wasserleitung, wohin ihnen Orbasan sogleich zu folgen versprach. Als jene in die Wasserleitung hinabgestiegen waren, nahmen Orbasan und einer der Räuber den Kleinen und führten ihn hinaus in den Hof; dort banden sie ihm eine seidene Schnur, die sie deshalb mitgenommen hatten, um den Hals und hängten ihn an der höchsten Spitze des Brunnens auf. Nachdem sie so den Verrat des Elenden bestraft hatten, stiegen sie selbst auch hinab in die Wasserleitung und folgten Mustafa. Mit Tränen dankten die beiden ihrem edelmütigen Retter Orbasan; doch dieser trieb sie eilends zur Flucht an, denn es war sehr wahrscheinlich, daß sie Thiuli-Kos nach allen Seiten verfolgen ließ.

Mit tiefer Rührung trennten sich am andern Tag Mustafa und seine Geretteten von Orbasan; wahrlich – sie werden ihn nie vergessen. Fatme aber, die befreite Sklavin, ging verkleidet nach Balsora, um sich dort in ihre Heimat einzuschiffen.

Nach einer kurzen und vergnügten Reise kamen die Meinigen in die Heimat. Meinen alten Vater töte-

te beinahe die Freude des Wiedersehens; den andern
Tag nach ihrer Ankunft veranstaltete er ein großes
Fest, an welchem die ganze Stadt teilnahm. Vor einer
großen Versammlung von Verwandten und Freunden mußte mein Bruder seine Geschichte erzählen,
und einstimmig priesen sie ihn und den edlen Räuber.

Als aber mein Bruder geschlossen hatte, stand
mein Vater auf und führte ihm Zoraida zu. »So löse
ich denn«, sprach er mit feierlicher Stimme, »den
Fluch von deinem Haupte; nimm diese hin als die
Belohnung, die du dir durch deinen rastlosen Eifer
erkämpft hast; nimm meinen väterlichen Segen, und
möge es nie unserer Stadt an Männern fehlen, die an
brüderlicher Liebe, an Klugheit und Eifer dir gleichen.«

*

Die Karawane hatte das Ende der Wüste erreicht,
und fröhlich begrüßten die Reisenden die grünen
Matten und die dichtbelaubten Bäume, deren lieblichen Anblick sie viele Tage entbehrt hatten. In einem
schönen Tale lag eine Karawanserei, die sie sich zum
Nachtlager wählten, und obgleich sie wenig Bequemlichkeit und Erfrischung darbot, so war doch die ganze Gesellschaft heiterer und zutraulicher als je, denn
der Gedanke, den Gefahren und Beschwerlichkeiten,
die eine Reise durch die Wüste mit sich bringt, ent-
ronnen zu sein, hatte alle Herzen geöffnet und die
Gemüter zu Scherz und Kurzweil gestimmt.

Muley, der junge, lustige Kaufmann, tanzte einen
komischen Tanz und sang Lieder dazu, die selbst
dem ernsten Griechen Zaleukos ein Lächeln entlock-

ten. Aber nicht genug, daß er seine Gefährten durch Spiel und Tanz erheitert hatte – er gab ihnen auch noch die Geschichte zum besten, die er ihnen versprochen hatte, und hob, als er sich von seinen Luftsprüngen erholt hatte, also zu erzählen an:

Die Geschichte vom Kleinen Muck

In Nizäa, meiner lieben Vaterstadt, wohnte ein Mann, den man den Kleinen Muck hieß. Ich kann mir ihn, obgleich ich damals noch sehr jung war, noch recht wohl denken, besonders weil ich einmal von meinem Vater wegen seiner halbtot geprügelt wurde.

Der Kleine Muck nämlich war schon ein alter Geselle, als ich ihn kannte, doch war er nur drei bis vier Schuh hoch; dabei hatte er eine sonderbare Gestalt, denn sein Leib, so klein und zierlich er war, mußte einen Kopf tragen, viel größer und dicker als der Kopf anderer Leute. Er wohnte ganz allein in einem großen Haus und kochte sich sogar selbst; auch hätte man in der Stadt nicht gewußt, ob er lebe oder gestorben sei – denn er ging alle vier Wochen nur einmal aus –, wenn nicht um die Mittagsstunde ein mächtiger Dampf aus dem Hause aufgestiegen wäre; doch sah man ihn oft abends auf seinem Dache auf und ab gehen, von der Straße aus glaubte man aber, nur sein großer Kopf allein laufe auf dem Dache umher.

Ich und meine Kameraden waren böse Buben, die jedermann gerne neckten und belachten, daher war es uns allemal ein Festtag, wenn der Kleine Muck ausging. Wir versammelten uns an dem bestimmten Tage vor seinem Haus und warteten, bis er heraus-

kam; wenn dann die Tür aufging und zuerst der große Kopf mit dem noch größeren Turban herausguck-
te; wenn dann das übrige Körperlein nachfolgte, angetan mit einem abgeschabten Mäntelein, weiten
Beinkleidern und einem breiten Gürtel, an welchem
ein langer Dolch hing, so lang, daß man nicht wußte,
ob Muck an dem Dolch oder der Dolch an Muck stak
– wenn er so heraustrat, da ertönte die Luft von unserem Freudengeschrei, wir warfen unsere Mützen in
die Höhe und tanzten wie toll um ihn her. Der Kleine
Muck aber grüßte uns mit ernsthaftem Kopfnicken
und ging mit langsamen Schritten die Straße hinab;
dabei schlurfte er mit den Füßen, denn er hatte große, weite Pantoffeln an, wie ich sie sonst nie gesehen.

Wir Knaben liefen hinter ihm her und schrien immer: »Kleiner Muck! Kleiner Muck!« Auch hatten wir
ein lustiges Verslein, das wir ihm zu Ehren hie und da
sangen; es hieß:

>   »Kleiner Muck, Kleiner Muck,
>   Wohnst in einem großen Haus,
>   Gehst nur all vier Wochen aus,
>   Bist ein braver, kleiner Zwerg,
>   Hast ein Köpflein wie ein Berg;
>   Schau dich einmal um und guck,
>   Lauf und fang uns, Kleiner Muck!«

So hatten wir schon oft unsere Kurzweil getrieben,
und zu meiner Schande muß ich es gestehen, ich
trieb's am ärgsten, denn ich zupfte ihn oft am Mäntelein, und einmal trat ich ihm auch von hinten auf die
großen Pantoffeln, daß er hinfiel. Dies kam mir nun
höchst lächerlich vor, aber das Lachen verging mir,
als ich den Kleinen Muck auf meines Vaters Haus

zugehen sah. Er ging richtig hinein und blieb einige
Zeit dort. Ich versteckte mich an der Haustür und sah
den Muck wieder herauskommen, von meinem Vater
begleitet, der ihn ehrerbietig an der Hand hielt und
sich an der Tür unter vielen Bücklingen von ihm ver-
abschiedete. Mir war gar nicht wohl zumute; ich blieb
daher lange in meinem Versteck; endlich aber trieb
mich der Hunger, den ich ärger fürchtete als Schläge,
heraus, und demütig und mit gesenktem Kopf trat ich
vor meinen Vater.

»Du hast, wie ich höre, den guten Muck ge-
schimpft?« sprach er in sehr ernstem Tone. »Ich will
dir die Geschichte dieses Muck erzählen, und du
wirst ihn gewiß nicht mehr auslachen; vor- und nachher aber bekommst du das Gewöhnliche.«

Das Gewöhnliche aber waren fünfundzwanzig
Hiebe, die er nur allzu aufrichtig aufzuzählen pflegte. Er nahm daher sein langes Pfeifenrohr, schraubte
die Bernsteinmundspitze ab und bearbeitete mich ärger als je zuvor.

Als die fünfundzwanzig voll waren, befahl er mir,
aufzumerken, und erzählte mir von dem Kleinen
Muck:

Der Vater des Kleinen Muck, der eigentlich Mu-
krah heißt, war ein angesehener, aber armer Mann
hier in Nizäa; er lebte beinahe so einsiedlerisch wie
jetzt sein Sohn. Diesen konnte er nicht wohl leiden,
weil er sich seiner Zwerggestalt schämte, und er ließ
ihn daher auch in Unwissenheit aufwachsen. Der
Kleine Muck war noch in seinem sechzehnten Jahr
ein lustiges Kind, und der Vater, ein ernster Mann,
tadelte ihn immer, daß er, der schon längst die Kinderschuhe zertreten haben sollte, noch so dumm und
läppisch sei.

Der Alte tat aber einmal einen bösen Fall, an welchem er auch starb und den Kleinen Muck arm und unwissend zurückließ. Die harten Verwandten, denen der Verstorbene mehr schuldig war, als er bezahlen konnte, jagten den armen Kleinen aus dem Hause und rieten ihm, in die Welt hinauszugehen und sein Glück zu suchen. Der Kleine Muck antwortete, er sei schon reisefertig, bat sich aber nur noch den Anzug seines Vaters aus, und dieser wurde ihm auch bewilligt.

Sein Vater war ein großer, starker Mann gewesen, daher paßten die Kleider nicht. Muck aber wußte bald Rat: er schnitt ab, was zu lang war, und zog dann die Kleider an. Er schien aber vergessen zu haben, daß er auch in der Weite wegschneiden müsse, daher war sein sonderbarer Anzug, wie er noch heute zu sehen ist: der große Turban, der breite Gürtel, die weiten Hosen, das blaue Mäntelein – alles dies sind Erbstücke seines Vaters, die er seitdem getragen. Den langen Damaszenerdolch seines Vaters aber steckte er in den Gürtel, ergriff ein Stöcklein und wanderte zum Tor hinaus.

Fröhlich wanderte er den ganzen Tag, denn er war ja ausgezogen, um sein Glück zu suchen. Wenn er einen Scherben auf der Erde im Sonnenschein glänzen sah, so steckte er ihn gewiß zu sich, im glauben, daß er sich in den schönsten Diamant verwandeln werde; sah er in der Ferne die Kuppel einer Moschee wie Feuer strahlen, sah er einen See wie einen Spiegel blinken, so eilte er voll Freude darauf zu, denn er dachte in einem Zauberland angekommen zu sein. Aber ach – jene Trugbilder verschwanden in der Nähe, und nur allzubald erinnerten ihn seine Müdigkeit und sein vor Hunger knurrender

Magen, daß er sich noch im Lande der Sterblichen
befinde.

So war er zwei Tage gereist, unter Hunger und
Kummer, und verzweifelte, sein Glück zu finden;
die Früchte des Feldes waren seine einzige Nah-
rung, die harte Erde sein Nachtlager. Am Morgen
des dritten Tages erblickte er von einer Anhöhe eine
große Stadt. Hell leuchtete der Halbmond auf ihren
Zinnen, bunte Fahnen schimmerten auf den Dä-
chern und schienen den Kleinen Muck zu sich her-
zuwinken. Überrascht stand er stille und betrachtete
Stadt und Gegend. »Ja, dort wird Klein Muck sein
Glück finden«, sprach er zu sich und machte trotz
seiner Müdigkeit einen Luftsprung; »dort oder nirgends.«

Er raffte alle seine Kräfte zusammen und schritt
auf die Stadt zu. Aber obgleich sie ganz nahe schien,
konnte er sie doch erst gegen mittag erreichen, denn
seine kleinen Glieder versagten ihm beinahe gänzlich
ihren Dienst, und er mußte sich oft in den Schatten
einer Palme setzen, um auszuruhen.

Endlich war er an dem Tor angelangt. Er legte
sein Mäntelein zu recht, band den Turban schöner
um, zog den Gürtel noch breiter an und steckte den
langen Dolch schiefer; dann wischte er den Staub von
den Schuhen, ergriff sein Stöcklein und ging mutig
zum Tor hinein.

Er hatte schon einige Straßen durchwandert, aber
nirgends öffnete sich ihm eine Tür; nirgends rief
man, wie er sich vorgestellt hatte: »Kleiner Muck,
komm herein und iß und trink und laß deine Füßlein
ausruhen.«

Er schaute gerade auch wieder recht sehnsüchtig
an einem großen, schönen Haus hinauf, da öffnete

sich ein Fenster, eine alte Frau schaute heraus und rief mit singender Stimme:

>Herbei, herbei,
Gekocht ist der Brei;
Den Tisch ließ ich decken,
Drum laßt es euch schmecken!
Ihr Nachbarn herbei,
Gekocht ist der Brei!«

Die Tür des Hauses öffnete sich, und Muck sah viele Hunde und Katzen hineingehen. Er stand einige Augenblicke im Zweifel, ob er der Einladung folgen solle; endlich aber faßte er sich ein Herz und ging in das Haus. Vor ihm her gingen ein paar junge Kätzlein, und er beschloß, ihnen zu folgen, weil sie vielleicht die Küche besser wüßten als er.

Als Muck die Treppe hinaufgestiegen war, begegnete er jener alten Frau, die zum Fenster herausgeschaut hatte. Sie sah ihn mürrisch an und fragte nach seinem Begehr. »Du hast ja jedermann zu deinem Brei eingeladen«, antwortete der Kleine Muck, »und weil ich so gar hungrig bin, bin ich auch gekommen.«

Die Alte lachte und sprach: »Woher kommst du denn, wunderlicher Gesell? Die ganze Stadt weiß, daß ich für niemand koche als für meine lieben Katzen, und hie und da lade ich ihnen Gesellschaft aus der Nachbarschaft ein, wie du siehst.«

Der Kleine Muck erzählte der alten Frau, wie es ihm nach seines Vaters Tod so hart ergangen sei, und bat sie, ihn heute mit ihren Katzen speisen zu lassen.

Die Frau, welcher die treuherzige Erzählung des Kleinen wohl gefiel, erlaubte ihm, ihr Gast zu sein, und gab ihm reichlich zu essen und zu trinken. Als er gesättigt und gestärkt war, betrachtete ihn die Frau lange und sagte dann: »Kleiner Muck, bleibe bei mir in meinem Dienste, du hast geringe Mühe und sollst gut gehalten sein.«

Der Kleine Muck, dem der Katzenbrei geschmeckt hatte, willigte ein und wurde also der Bediente der Frau Ahavzi. Er hatte einen leichten, aber sonderbaren Dienst. Frau Ahavzi hatte nämlich zwei Kater und vier Katzen, diesen mußte der Kleine Muck alle morgen den Pelz kämmen und mit köstlichen Salben einreiben; wenn die Frau ausging, mußte er auf die Katzen achtgeben; wenn sie aßen, mußte er ihnen die Schüsseln vorlegen, und nachts mußte er sie auf seidene Polster legen und sie mit samtenen Decken einhüllen. Auch waren noch einige kleine Hunde im Haus, die er bedienen mußte, doch wurden mit diesen nicht so viele Umstände gemacht wie mit den Katzen, welche Frau Ahavzi wie ihre eigenen Kinder hielt. Im übrigen führte Muck ein so einsames Leben wie in seines Vaters Haus, denn außer der Frau sah er den ganzen Tag nur Hunde und Katzen.

Eine Zeitlang ging es dem Kleinen Muck ganz gut, er hatte immer zu essen und wenig zu arbeiten, und die alte Frau schien recht zufrieden mit ihm zu sein; aber nach und nach wurden die Katzen unartig: wenn die Alte ausgegangen war, sprangen sie wie besessen in den Zimmern umher, warfen alles durcheinander und zerbrachen manches schöne Geschirr, das ihnen im Wege stand. Wenn sie aber die Frau die Treppe heraufkommen hörten, verkrochen sie sich auf ihre Polster und wedelten ihr mit den schwänzen entgegen, wie wenn nichts geschehen wäre. Die Frau Ahavzi geriet dann in Zorn, wenn sie ihre Zimmer so verwüstet sah, und schob alles auf Muck; er mochte seine Unschuld beteuern, wie er wollte, sie glaubte ihren Katzen, die so unschuldig aussahen, mehr als ihrem Diener.

Der Kleine Muck war sehr traurig, daß er also auch hier sein Glück nicht gefunden habe, und beschloß bei sich, den Dienst der Frau Ahávzi zu verlassen. Da er aber auf seiner ersten Reise erfahren hatte, wie schlecht man ohne Geld lebt, so beschloß er, den Lohn, den ihm seine Gebieterin immer versprochen, aber nie gegeben hatte, sich auf irgendeine Art zu verschaffen. Es befand sich in dem Hause der Frau Ahavzi ein Zimmer, das immer verschlossen war und dessen Inneres er nie gesehen hatte; doch hatte er die Frau oft darin rumoren gehört, und er hätte oft für sein Leben gern gewußt, was sie dort versteckt habe. Als er nun an sein Reisegeld dachte, fiel ihm ein, daß dort die Schätze der Frau versteckt sein könnten; aber immer war die Tür fest verschlossen, und er konnte daher den Schätzen nie beikommen.

Eines Morgens, als die Frau Ahavzi ausgegangen war, zupfte ihn eines der Hündlein, welches von der Frau immer sehr stiefmütterlich behandelt wurde, dessen Gunst er sich aber durch allerlei Liebesdienste in hohem Grade erworben hatte, an seinen weiten Beinkleidern und gebärdete sich dabei, wie wenn Muck ihm folgen sollte. Muck, welcher gerne mit dem Hündchen spielte, folgte ihm, und siehe da, das Hündchen führte ihn in die Schlafkammer der Frau Ahavzi und vor eine kleine Tür, die er nie zuvor bemerkt hatte. Die Tür war halb offen. Das Hündlein ging hinein, und Muck folgte ihm, und freudig war er überrascht, als er sah, daß er sich in dem Gemach befinde, das schon lange das Ziel seiner Wünsche war. Er spähte überall umher, ob er kein Geld finden könnte, fand aber nichts. Nur alte Kleider und wunderlich geformte Geschirre standen umher.

Eines dieser Geschirre zog seine besondere Aufmerksamkeit auf sich. Es war von Kristall, und schöne Figuren waren darauf ausgeschnitten. Er hob es auf und drehte es nach allen Seiten. Aber o Schrecken – er hatte nicht bemerkt, daß es einen Deckel hatte, der nur leicht darauf hingesetzt war. Der Deckel fiel herab und zerbrach in tausend Stücke.

Lange stand der Kleine Muck, vor Schrecken leblos. Jetzt war sein Schicksal entschieden, jetzt mußte er entfliehen, sonst schlug ihn die Alte tot. Sogleich war auch seine Reise beschlossen, und nur noch einmal wollte er sich umschauen, ob er nichts von den Habseligkeiten der Frau Ahavzi zu seinem Marsch brauchen könnte. Da fiel ihm ein Paar mächtige große Pantoffeln ins Auge; sie waren zwar nicht schön, aber seine eigenen konnten keine Reise mehr mitmachen; auch zogen ihn jene wegen ihrer Größe an, denn hatte er diese am Fuß, so mußten ihm hoffentlich alle Leute ansehen, daß er die Kinderschuhe vertreten habe. Er zog also schnell seine Töffelein aus und fuhr in die großen hinein. Ein Spazierstöcklein mit einem schön geschnittenen Löwenkopf schien ihm hier auch allzu müßig in der Ecke zu stehen; er nahm es also mit und eilte zum Zimmer hinaus.

Schnell ging er jetzt auf seine Kammer, zog sein Mäntelein an, setzte den väterlichen Turban auf, steckte den Dolch in den Gürtel und lief so schnell, als ihn seine Füße trugen, zum Haus und zur Stadt hinaus. Vor der Stadt lief er, aus Angst vor der Alten, immer weiter fort, bis er vor Müdigkeit beinahe nicht mehr konnte. So schnell war er in seinem Leben nicht gegangen; ja es schien ihm, als könne er gar nicht aufhören zu rennen, denn eine unsichtbare Gewalt schien ihn fortzureißen. Endlich bemerkte er, daß es mit den Pantoffeln eine eigene Bewandtnis haben müsse, denn diese liefen immerfort und führten ihn mit sich. Er versuchte auf allerlei Weise, stillzustehen, aber es wollte nicht gelingen; da rief er in der höchsten Not, wie man den Pferden zuruft, sich selbst zu: »Oh, oh; halt! Oh!«

Da hielten die Pantoffeln, und Muck warf sich erschöpft auf die Erde nieder.

Die Pantoffeln freuten ihn ungemein. So hatte er sich denn doch durch seine Dienste etwas erworben, das ihm in der Welt auf seinem Weg, das Glück zu suchen, forthelfen konnte. Er schlief trotz seiner Freude vor Erschöpfung ein, denn das Körperlein des Kleinen Muck, das einen so schweren Kopf zu tragen hatte, konnte nicht viel aushalten.

Im Traum erschien ihm das Hündlein, welches ihm im Hause der Frau Ahavzi zu den Pantoffeln verholfen hatte, und sprach zu ihm: »Lieber Muck, du verstehst den Gebrauch der Pantoffeln noch nicht recht; wisse, wenn du dich in ihnen dreimal auf dem Absatz herumdrehst, so kannst du hinfliegen, wohin du nur willst, und mit dem Stöcklein kannst du Schätze finden; denn wo Gold vergraben ist, da wird es dreimal auf die Erde schlagen, bei Silber zweimal.«

So träumte der Kleine Muck. Als er aber aufwachte, dachte er über den wunderbaren Traum nach und beschloß, alsbald einen Versuch zu machen. Er zog die Pantoffeln an, hob einen Fuß auf und begann sich auf dem Absatz umzudrehen. Wer es aber jemals versucht hat, in einem ungeheuer weiten Pantoffel dieses Kunst stück dreimal hintereinander zu machen, der wird sich nicht wundern, wenn es dem Kleinen Muck nicht gleich glückte; besonders, wenn man bedenkt, daß ihn sein schwerer Kopf bald auf diese, bald auf jene Seite hinüberzog.

Der arme Kleine fiel einige Male tüchtig auf die Nase, doch ließ er sich nicht abschrecken, den Versuch zu wiederholen, und endlich glückte es. Wie ein Rad fuhr er auf seinem Absatz herum, wünschte sich in die nächste große Stadt, und – die Pantoffeln ruderten hinauf in die Lüfte, liefen mit Windeseile durch die Wolken, und ehe sich der Kleine Muck noch besinnen konnte, wie ihm geschah, befand er sich schon auf einem großen Marktplatz, wo viele Buden aufgeschlagen waren und unzählige Menschen geschäftig hin und her liefen. Er ging unter den Leuten hin und her, hielt es aber für ratsamer, sich in eine einsamere Straße zu begeben, denn auf dem Markt trat ihn da bald einer auf die Pantoffeln, daß er beinahe umfiel, bald stieß er mit seinem weit hinausstehenden Dolch einen oder den andern an, daß er mit Mühe den Schlägen entging.

Der Kleine Muck bedachte nun ernstlich, was er wohl anfangen könnte, um sich ein Stück Geld zu verdienen. Er hatte zwar ein Stäblein, das ihm verborgene Schätze anzeigte, aber wo sollte er gleich einen Platz finden, wo Gold oder Silber vergraben wäre? Auch hätte er sich zur Not für Geld sehen lassen können, aber dazu war er doch zu stolz. Endlich fiel ihm die Schnelligkeit seiner Füße ein. Vielleicht, dachte er, können mir meine Pantoffeln Unterhalt gewähren, und er beschloß, sich als Schnelläufer zu verdingen. Da er aber hoffen durfte, daß der König dieser Stadt solche Dienste am besten bezahle, so erfragte er den Palast.

Unter dem Tor des Palastes stand eine Wache, die ihn fragte, was er hier zu suchen habe. Auf seine Antwort, daß er einen Dienst suche, wies man ihn zum Aufseher der Sklaven. Diesem trug er sein Anliegen vor und bat ihn, ihm einen Dienst unter den königlichen Boten zu besorgen.

Der Aufseher maß ihn mit seinen Augen vom Kopf bis zu den Füßen und sprach: »Wie, mit deinen Füßlein, die kaum so lang als eine Spanne sind, willst du königlicher Schnelläufer werden? Hebe dich weg; ich bin nicht dazu da, mit jedem Narren Kurzweil zu machen.«

Der Kleine Muck versicherte ihm aber, daß es ihm vollkommen ernst sei mit seinem Antrag und daß er es mit dem Schnellsten auf eine Wette ankommen lassen wollte. Dem Aufseher kam die Sache gar lächerlich vor. Er befahl ihm, sich bis auf den Abend zu einem Wettlauf bereitzuhalten, führte ihn in die Küche und sorgte dafür, daß ihm gehörig Speise und Trank gereicht wurden. Er selbst aber begab sich zum König und erzählte ihm vom kleinen Menschen und seinem Anerbieten.

Der König war ein lustiger Herr, daher gefiel es ihm wohl, daß der Aufseher der Sklaven den Kleinen Muck zu einem Spaß behalten habe. Er befahl ihm, auf einer großen Wiese hinter dem schloß Anstalten zu treffen, daß das Wettlaufen mit Bequemlichkeit von seinem ganzen Hofstaat gesehen werden könnte, und befahl ihm nochmals, große Sorgfalt für den Zwerg zu haben. Der König erzählte seinen Prinzen und Prinzessinnen, was sie diesen Abend für ein Schauspiel haben würden; diese erzählten es wieder ihren Dienern, und als der Abend herankam, war man in gespannter Erwartung, und alles, was Füße

hatte, strömte hinaus auf die Wiese, wo Gerüste aufgeschlagen waren, um den großsprecherischen
Zwerg laufen zu sehen.

Als der König und seine Söhne und seine Töchter
auf dem Gerüst Platz genommen hatten, trat der
Kleine Muck heraus auf die Wiese und machte vor
den hohen Herrschaften eine überaus zierliche Verbeugung. Ein allgemeines Freudengeschrei ertönte,
als man des Kleinen ansichtig wurde; eine solche Fi-
gur hatte man dort noch nie gesehen. Das Körperlein
mit dem mächtigen Kopf, das Mäntelein und die weiten Beinkleider, der lange Dolch in dem breiten Gürtel, die kleinen Füßlein in den weiten Pantoffeln –
nein, es war zu drollig anzusehen, als daß man nicht
hätte laut lachen sollen.

Der Kleine Muck ließ sich aber durch das Gelächter nicht irremachen. Er stellte sich stolz, auf sein
Stöcklein gestützt, hin und erwartete seinen Gegner.
Der Aufseher der Sklaven hatte nach Mucks eigenem
Wunsche den besten Läufer ausgesucht. Dieser trat
nun heraus, stellte sich neben den Kleinen, und beide
harrten auf das Zeichen.

Da winkte Prinzessin Amarza, wie es ausgemacht
war, mit ihrem Schleier, und wie zwei Pfeile, auf dasselbe Ziel abgeschossen, flogen die beiden Wettläufer
über die Wiese hin.

Von Anfang hatte Mucks Gegner einen bedeutenden Vorsprung, aber dieser jagte ihm auf seinem
Pantoffelfuhrwerk nach, holte ihn ein, fing ihn ab
und stand längst am Ziele, als jener noch, nach Luft
schnappend, daherlief.

Verwunderung und Staunen fesselten einige
Augenblicke die Zuschauer, als aber der König zuerst
in die Hände klatschte, da jauchzte die Menge, und

alle riefen: »Hoch lebe der Kleine Muck, der Sieger im Wettlauf!«

Man hatte indes den Kleinen Muck herbeigebracht; er warf sich vor dem König nieder und sprach: »Großmächtigster König, ich habe dir hier nur eine kleine Probe meiner Kunst gegeben; wolle nun gestatten, daß man mir eine Stelle unter deinen Läufern gebe.«

Der König aber antwortete ihm: »Nein, du sollst mein Leibläufer und immer um meine Person sein, lieber Muck; jährlich sollst du hundert Goldstücke erhalten als Lohn, und an der Tafel meiner ersten Diener sollst du speisen.«

So glaubte denn Muck, endlich das Glück gefunden zu haben, das er so lange suchte, und war fröhlich und wohlgemut in seinem Herzen. Auch erfreute er sich der besonderen Gnade des Königs, denn dieser gebrauchte ihn zu seinen schnellsten und geheimsten Sendungen, die er dann mit der größten Genauigkeit und mit unbegreiflicher Schnelle besorgte.

Aber die übrigen Diener des Königs waren ihm gar nicht zugetan, weil sie sich ungern durch einen Zwerg, der nichts verstand, als schnell zu laufen, in der Gunst ihres Herrn zurückgesetzt sahen. Sie veranstalteten daher manche Verschwörung gegen ihn, um ihn zu stürzen, aber alle schlugen fehl an dem großen Zutrauen, das der König in seinen geheimen Oberleibläufer (denn zu dieser Würde hatte er es in so kurzer Zeit gebracht) setzte.

Muck, dem diese Bewegungen gegen ihn nicht entgingen, sann nicht auf Rache – dazu hatte er ein zu gutes Herz –, nein, auf Mittel dachte er, sich bei seinen Feinden notwendig und beliebt zu machen. Da fiel ihm sein Stäblein, das er in seinem Glücke außer acht gelassen hatte, ein; wenn er Schätze finde, dachte er, werden ihm die Herren schon geneigter werden. Er hatte schon oft gehört, daß der Vater des jetzigen Königs viele seiner Schätze vergraben habe, als der Feind sein Land überfallen hatte; man sagte auch, er sei darüber gestorben, ohne daß er sein Geheimnis habe seinem Sohn mitteilen können. Von nun an nahm Muck immer sein Stöcklein mit, in der Hoffnung, einmal an einem Ort vorüberzugehen, wo das Geld des alten Königs vergraben sei.

Eines Abends führte ihn der Zufall in einen entlegenen Teil des Schloßgartens, den er wenig besuchte, und plötzlich fühlte er das Stöcklein in seiner Hand zucken, und dreimal schlug es gegen den Boden. Nun wußte er schon, was dies zu bedeuten hatte; er zog daher seinen Dolch heraus, machte Zeichen in die umstehenden Bäume und schlich sich wieder in das Schloß. Dort verschaffte er sich einen Spaten und wartete die Nacht zu seinem Unternehmen ab.

Das Schatzgraben selbst machte übrigens dem Kleinen Muck mehr zu schaffen, als er geglaubt hatte. Seine Arme waren gar zu schwach, sein Spaten aber groß und schwer, und er mochte wohl schon zwei Stunden gearbeitet haben, ehe er ein paar Fuß tief gegraben hatte. Endlich stieß er auf etwas Hartes, das wie Eisen klang. Er grub jetzt emsiger, und bald hatte er einen großen eisernen Deckel zutage gefördert; er stieg selbst in die Grube hinab, um nachzuspähen, was wohl der Deckel bedeckt haben könnte, und fand richtig einen großen Topf, mit Goldstücken angefüllt. Aber seine schwachen Kräfte reichten nicht hin, den Topf zu heben, daher steckte er in seine Beinkleider und seinen Gürtel, soviel er zu tragen vermochte, und auch sein Mäntelein füllte er

damit, bedeckte das übrige wieder sorgfältig und lud
es auf den Rücken. Aber wahrlich, wenn er die Pantoffeln nicht an den Füßen gehabt hätte, er wäre
nicht vom Fleck gekommen, so zog ihn die Last des
Goldes nieder. Doch unbemerkt kam er auf sein Zimmer und verwahrte dort sein Gold unter den Polstern
seines Sofas.

Als der Kleine Muck sich im Besitz so vielen Goldes sah, glaubte er, das Blatt werde sich jetzt wenden
und er werde sich unter seinen Feinden am Hofe
viele Gönner und warme Anhänger erwerben. Aber
schon daran konnte man erkennen, daß der gute
Muck keine gar zu sorgfältige Erziehung genossen
haben mußte, sonst hätte er sich wohl nicht einbilden
können, durch Gold wahre Freunde zu gewinnen.
Ach, daß er damals seine Pantoffeln geschmiert und
sich mit seinem Mäntelein voll Gold aus dem Staube
gemacht hätte!

Das Gold, das der Kleine Muck von jetzt an mit
vollen Händen austeilte, erweckte den Neid der übrigen Hofbedienten. Der Küchenmeister Ahuli sagte:
»Er ist ein Falschmünzer.«

Der Sklavenaufseher Achmed sagte: »Er hat's dem
König abgeschwatzt.«

Archaz, der Schatzmeister aber, sein ärgster Feind,
der selbst hie und da einen Griff in des Königs Kasse
tun mochte, sagte gerade zu: »Er hat's gestohlen.«

Um nun ihrer Sache gewiß zu sein, verabredeten
sie sich, und der Obermundschenk Korchuz stellte
sich eines Tages recht traurig und niedergeschlagen
vor den Augen des Königs. Er machte seine traurigen
Gebärden so auffallend, daß ihn der König fragte,
was ihm fehle. »Ach«, antwortete er, »ich bin traurig,
daß ich die Gnade meines Herrn verloren habe.«

»Was fabelst du, Freund Korchuz?« entgegnete ihm der König. »Seit wann hätte ich die Sonne meiner Gnade nicht über dich leuchten lassen?«

Der Obermundschenk antwortete ihm, daß er ja den geheimen Oberleibläuer mit Gold belade, seinen armen treuen Dienern aber nichts gebe.

Der König war sehr erstaunt über diese Nachricht, ließ sich die Goldausteilungen des Kleinen Muck erzählen, und die Verschworenen brachten ihm leicht den Verdacht bei, daß Muck auf irgendeine Art das Geld aus der Schatzkammer gestohlen habe. Sehr lieb war diese Wendung der Sache dem Schatzmeister, der ohnehin nicht gerne Rechnung ablegte. Der König gab daher den Befehl, heimlich auf alle Schritte des Kleinen Muck achtzugeben, um ihn womöglich auf der Tat zu ertappen.

Als nun in der Nacht, die auf diesen Unglückstag folgte, der kleine Muck, da er durch seine Freigebigkeit seine Kasse sehr erschöpft sah, den Spaten nahm und in den Schloßgarten schlich, um dort von seinem geheimen Schatze neuen Vorrat zu holen, folgten ihm von weitem die Wachen, von dem Küchenmeister Ahuli und Archaz, dem Schatzmeister, angeführt, und in dem Augenblick, da er das Gold aus dem Topf in sein Mäntelein legen wollte, fielen sie über ihn her, banden ihn und führten ihn so gleich vor den König. Dieser, den ohnehin die Unterbrechung seines Schlafes mürrisch gemacht hatte, empfing seinen armen geheimen Oberleibläuer sehr ungnädig und stellte sogleich das Verhör über ihn an.

Man hatte den Topf vollends aus der Erde gegraben und mit dem Spaten und mit dem Mäntelein voll Gold vor die Füße des Königs gesetzt. Der Schatzmeister sagte aus, daß er mit seinen Wachen den Muck überrascht habe, wie er diesen Topf mit Gold gerade in die Erde gegraben habe.

Der König befragte hierauf den Angeklagten, ob es wahr sei und woher er das Gold, das er vergraben, bekommen habe.

Der Kleine Muck, im Gefühle seiner Unschuld, sagte aus, daß er diesen Topf im Garten entdeckt habe, daß er ihn nicht ein-, sondern ausgraben habe wollen.

Alle Anwesenden lachten laut über diese Entschuldigung; der König aber, aufs höchste erzürnt über die vermeintliche Frechheit des Kleinen, rief aus: »Wie, Elender, du willst deinen König so dumm und schändlich belügen, nachdem du ihn bestohlen hast? Schatzmeister Archaz, ich fordere dich auf, zu sagen ob du diese Summe Goldes für die nämliche erkennst, die in meinem Schatze fehlt!«

Der Schatzmeister aber antwortete, er sei seiner Sache ganz gewiß, soviel und noch mehr fehle seit einiger Zeit in dem königlichen Schatz, und er könne einen Eid darauf ablegen, daß dies das Gestohlene sei.

Da befahl der König, den Kleinen Muck in enge Ketten zu legen und in den Turm zu führen; dem Schatzmeister aber übergab er das Gold, um es wieder in den Schatz zu tragen. Vergnügt über den glücklichen Ausgang der Sache, zog dieser ab und zählte zu Hause die blinkenden Goldstücke; aber das hat dieser schlechte Mann niemals angezeigt, daß unten in dem Topf ein Zettel lag, der sagte: »Der Feind hat mein Land überschwemmt, daher verberge ich hier einen Teil meiner Schätze; wer es auch finden mag, den treffe der Fluch seines Königs, wenn er es nicht sogleich meinem Sohne ausliefert. König Sadi.«

Der Kleine Muck stellte in seinem Kerker traurige Betrachtungen an; er wußte, daß auf Diebstahl an königlichen Sachen der Tod gesetzt war, und doch mochte er das Geheimnis mit dem Stäbchen dem Könige nicht verraten, weil er mit Recht fürchtete, dieses und seiner Pantoffeln beraubt zu werden. Seine Pantoffeln konnten ihm leider auch keine Hilfe bringen, denn da er in engen Ketten an die Mauer geschlossen war, konnte er, sosehr er sich quälte, sich nicht auf dem Absatz umdrehen. Als ihm aber am andern Tage sein Tod angekündigt wurde, da gedachte er doch, es sei besser, ohne das Zauberstäbchen zu leben, als mit ihm zu sterben, ließ den König um geheimes Gehör bitten und entdeckte ihm das Geheimnis.

Der König maß von Anfang seinem Geständnis keinen Glauben bei; aber der Kleine Muck versprach eine Probe, wenn ihm der König zugestünde, daß er nicht getötet werden solle. Der König gab ihm sein Wort darauf und ließ, von Muck ungesehen, einiges Gold in die Erde graben und befahl diesem, mit seinem Stäbchen zu suchen.

In wenigen Augenblicken hatte er es gefunden, denn das Stäbchen schlug deutlich dreimal auf die Erde. Da merkte der König, daß ihn sein Schatzmeister betrogen hatte, und sandte ihm, wie es im Morgenlande gebräuchlich ist, eine seidene Schnur, damit er sich selbst erdroßle. Zum Kleinen Muck aber sprach er: »Ich habe dir zwar dein Leben versprochen, aber es scheint mir, als ob du nicht nur allein dieses Geheimnis mit dem Stäbchen besitzest; darum bleibst du in ewiger Gefangenschaft, wenn du nicht gestehst, was für eine Bewandtnis es mit deinem Schnellaufen hatte.«

Der Kleine Muck, dem die einzige Nacht im Turm alle Lust zu längerer Gefangenschaft benommen hatte, bekannte, daß seine ganze Kunst in den Pantoffeln liege, doch lehrte er den König nicht das Geheimnis von dem dreimaligen Umdrehen auf dem Absatz.

Der König schlüpfte selbst in die Pantoffeln, um die Probe zu machen, und jagte wie unsinnig im Garten umher; oft wollte er anhalten, aber er wußte nicht, wie man die Pantoffeln zum Stehen brachte, und der Kleine Muck, der sich diese kleine Rache nicht versagen konnte, ließ ihn laufen, bis er ohnmächtig niederfiel.

Als der König wieder zur Besinnung zurückgekehrt war, war er schrecklich aufgebracht über den Kleinen Muck, der ihn so ganz außer Atem hatte laufen lassen. »Ich habe dir mein Wort gegeben, dir Freiheit und Leben zu schenken, aber innerhalb zwölf Stunden mußt du mein Land verlassen, sonst lasse ich dich auf knüpfen.«

Die Pantoffeln und das Stäbchen aber ließ er in seine Schatzkammer legen.

So arm als je wanderte der Kleine Muck zum Land hinaus, seine Torheit verwünschend, die ihm vorgespiegelt hatte, er könne eine bedeutende Rolle am Hofe spielen. Das Land, aus dem er gejagt wurde, war zum Glück nicht groß, daher war er schon nach acht Stunden an der Grenze, obgleich ihm das Gehen, da er an seine lieben Pantoffeln gewöhnt war, sehr sauer ankam.

Als er über die Grenze war, verließ er die gewöhnliche Straße, um die dichteste Einöde der Wälder aufzusuchen und dort nur sich zu leben, denn er war allen Menschen gram. In einem dichten Walde traf er auf einen Platz, der ihm zu dem Entschluß, den er gefaßt hatte, ganz tauglich schien. Ein klarer Bach, von großen, schattigen Feigenbäumen umgeben, ein weicher Rasen luden ihn ein; hier warf er sich nieder mit dem Entschluß, keine Speise mehr zu sich zu nehmen, sondern hier den Tod zu erwarten. Über traurigen Todesbetrachtungen schlief er ein; als er aber wieder aufwachte und der Hunger ihn zu quälen anfing, bedachte er doch, daß der Hungertod eine gefährliche Sache sei, und sah sich um, ob er nirgends etwas zu essen bekommen könnte.

Köstliche reife Feigen hingen an dem Baume, unter welchem er geschlafen hatte; er stieg hinauf, um sich einige zu pflücken, ließ es sich trefflich schmecken und ging dann hinunter an den Bach, um seinen Durst zu löschen. Aber wie groß war sein Schrecken, als ihm das Wasser seinen Kopf mit zwei gewaltigen Ohren und einer dicken, langen Nase geschmückt zeigte! Bestürzt griff er mit den Händen nach den Ohren, und wirklich – sie waren über eine halbe Elle lang!

»Ich verdiene Eselsohren!« rief er aus. »Denn ich habe mein Glück wie ein Esel mit Füßen getreten.«

Er wanderte unter den Bäumen umher, und als er wieder Hunger fühlte, mußte er noch einmal zu den Feigen seine Zuflucht nehmen, denn sonst fand er nichts Eßbares an den Bäumen. Als ihm über der zweiten Portion Feigen einfiel, ob wohl seine Ohren nicht unter seinem großen Turban Platz hätten, damit er doch nicht gar zu lächerlich aussehe, fühlte er, daß seine langen Ohren verschwunden seien. Er lief gleich an den Bach zurück, um sich davon zu überzeugen, und wirklich – es war so: seine Ohren hatten ihre vorige Gestalt, seine lange, unförmliche Nase hatte er nicht mehr.

Jetzt merkte er aber, wie dies gekommen war: Von dem ersten Feigenbaum hatte er die lange Nase und Ohren bekommen, der zweite hatte ihn geheilt. Freudig erkannte er, daß sein gütiges Geschick ihm noch einmal die Mittel in die Hand gebe, glücklich zu sein; er pflückte daher von jedem Baum, soviel er tragen konnte, und ging in das Land zurück, das er vor kurzem verlassen hatte. Dort machte er sich in dem ersten Städtchen durch andere Kleider ganz unkenntlich und ging dann weiter, auf die Stadt zu, die jener König bewohnte, und kam auch bald dort an.

Es war gerade zu einer Jahreszeit, wo reife Früchte noch ziemlich selten waren; der Kleine Muck setzte sich daher unter das Tor des Palastes, denn ihm war von früherer Zeit her wohl bekannt, daß hier solche Seltenheiten von dem Küchenmeister für die königliche Tafel eingekauft wurden.

Muck hatte noch nicht lange gesessen, als er den Küchenmeister über den Hof herüberschreiten sah. Er musterte die Waren der Verkäufer, die sich am Tore des Palastes eingefunden hatten; endlich fiel sein Blick auch auf Mucks Körbchen. »Ah, ein seltener Bissen«, sagte er, »der Ihro Majestät gewiß behagen wird. Was willst du für den ganzen Korb?«

Der Kleine Muck bestimmte einen mäßigen Preis; und sie waren bald des Handels einig. Der Küchenmeister übergab den Korb einem Sklaven und ging weiter; der Kleine Muck machte sich einstweilen aus dem Staub, weil er befürchtete, wenn sich das Unglück an den Köpfen des Hofes zeige, möchte man ihn als Verkäufer suchen und bestrafen.

Der König war über Tisch sehr heiter gestimmt und sagte seinem Küchenmeister einmal über das andere Lobsprüche wegen seiner guten Küche und der

Sorgfalt, mit der er immer das Seltenste für ihn aussuche; der Küchenmeister aber, welcher wohl wußte, welchen Leckerbissen er noch im Hintergrund habe, schmunzelte gar freundlich und ließ nur einzelne Worte fallen: »Es ist noch nicht aller Tage Abend«, oder: »Ende gut, alles gut«, so daß die Prinzessinnen sehr neugierig wurden, was er wohl noch bringen werde. Als er aber die schönen, einladenden Feigen aufsetzen ließ, da entfloh ein allgemeines »Ah!« dem Munde der Anwesenden. »Wie reif! Wie appetitlich!« rief der König. »Küchenmeister, du bist ein ganzer Kerl und verdienst unsere ganz besondere Gnade!«

Also sprechend teilte der König, der mit solchen Leckerbissen sehr sparsam zu sein pflegte, mit eigener Hand die Feigen an seiner Tafel aus. Jeder Prinz und jede Prinzessin bekam zwei, die Hofdamen und die Wesire und die Agas eine, die übrigen stellte er vor sich hin und begann sie mit großem Behagen zu verschlingen.

»Aber lieber Gott, wie siehst du wunderlich aus, Vater!« rief auf einmal die Prinzessin Amarza.

Alle sahen den König erstaunt an: ungeheure Ohren hingen ihm am Kopf, eine lange Nase zog sich über sein Kinn herunter. Auch sich selbst betrachteten sie untereinander mit Staunen und Schrecken; alle waren mehr oder minder mit dem sonderbaren Kopfputz geschmückt.

Man denke sich den Schrecken des Hofes! Man schickte sogleich nach allen Ärzten der Stadt; sie kamen haufenweise, verordneten Pillen und Mixturen, aber die Ohren und die Nasen blieben. Man operierte einen der Prinzen, aber die Ohren wuchsen nach.

Muck hatte die ganze Geschichte in seinem Versteck, wohin er sich zurückgezogen hatte, gehört und erkannte, daß es jetzt Zeit sei, zu Handeln. Er hatte sich schon vorher von dem aus den Feigen gelösten Geld einen Anzug verschafft, der ihn als Gelehrten darstellen konnte; ein langer Bart von Ziegenhaaren vollendete die Täuschung. Mit einem Säckchen voll Feigen wanderte er in den Palast des Königs und bot als fremder Arzt seine Hilfe an. Man war am Anfang sehr ungläubig; als aber der Kleine Muck eine Feige einem der Prinzen zu essen gab und Ohren und Nase dadurch in den alten Zustand zurückbrachte, da wollte alles von dem fremden Arzte geheilt sein. Aber der König nahm ihn schweigend bei der Hand und führte ihn in sein Gemach; dort schloß er eine Tür auf, die in die Schatzkammer führte, und winkte Muck, ihm zu folgen. »Hier sind meine Schätze«, sprach der König. »Wähle dir; was es auch sei, es soll dir gewährt werden, wenn du mich von diesem schmachvollen Übel befreist.«

Das war süße Musik in des Kleinen Mucks Ohren; er hatte gleich beim Eintritt seine Pantoffeln auf dem Boden stehen sehen, gleich daneben lag auch sein Stäbchen. Er ging nun umher in dem Saal, wie wenn er die Schätze des Königs bewundern wollte; kaum aber war er an seine Pantoffeln gekommen, so schlüpfte er eilends hinein, ergriff sein Stäbchen, riß seinen falschen Bart herab und zeigte dem erstaunten König das wohlbekannte Gesicht seines verstoßenen Mucks. »Treuloser König«, sprach er, »der du treue Dienste mit Undank lohnst, nimm als wohlverdiente Strafe die Mißgestalt, die du trägst! Die Ohren lass' ich dir zurück, damit sie dich täglich erinnern an den Kleinen Muck.«

Als er so gesprochen hatte, drehte er sich schnell auf dem Absatz herum, wünschte sich weit hinweg, und ehe noch der König um Hilfe rufen konnte, war der Kleine Muck entflohen.

Seitdem lebt der Kleine Muck hier in großem Wohlstand, aber einsam, denn er verachtet die Menschen. Er ist durch Erfahrung ein weiser Mann geworden, welcher, wenn auch sein Äußeres etwas Auffallendes haben mag, deine Bewunderung mehr als deinen Spott verdient. –

So erzählte mir mein Vater. Ich bezeugte ihm meine Reue über mein rohes Betragen gegen den guten kleinen Mann, und mein Vater schenkte mir die andere Hälfte der Strafe, die er mir zugedacht hatte. Ich erzählte meinen Kameraden die wunderbaren Schicksale des Kleinen, und wir gewannen ihn so lieb, daß ihn keiner mehr schimpfte; im Gegenteil, wir ehrten ihn, solange er lebte, und haben uns vor ihm immer so tief als vor Kadi und Mufti gebückt.

Die Reisenden beschlossen, einen Rasttag in dieser Karawanserei zu machen, um sich und die Tiere zur weiteren Reise zu stärken. Die gestrige Fröhlichkeit ging auch auf diesen Tag über, und sie ergötzten sich mit allerlei Spielen. Nach dem Essen aber riefen sie dem fünften Kaufmann, Ali Sizah, zu, auch seine Schuldigkeit gleich den übrigen zu tun und eine Geschichte zu erzählen.

Er antwortete, sein Leben sei zu arm an auffallenden Begebenheiten, als daß er ihnen etwas davon mitteilen möchte, daher wolle er ihnen etwas anderes erzählen, nämlich das Märchen vom falschen Prinzen.

Das Märchen vom falschen Prinzen

Es war einmal ein ehrsamer Schneidergeselle namens Labakan, der bei einem geschickten Meister in Alexandria sein Handwerk lernte. Man konnte nicht sagen, daß Labakan ungeschickt mit der Nadel war; im Gegenteil, er konnte recht feine Arbeit machen. Auch tat man ihm unrecht, wenn man ihn geradezu faul schalt; aber ganz richtig war es doch nicht mit dem Gesellen, denn er konnte oft stundenlang in einem fort nähen, daß ihm die Nadel in der Hand glühend ward und der Faden rauchte, da gab es ihm dann ein Stück wie keinem andern.

Ein andermal aber, und dies geschah leider öfters, saß er in tiefen Gedanken, sah mit starren Augen vor sich hin und hatte dabei in Gesicht und Wesen etwas so Eigenes, daß sein Meister und die übrigen Gesellen von diesem Zustande nie anders sprachen als: »Labakan hat wieder sein vornehmes Gesicht.«

Am Freitag aber, wenn andere Leute vom Gebet ruhig nach Haus an ihre Arbeit gingen, trat Labakan in einem schönen Kleid, das er sich mit vieler Mühe zusammengespart hatte, aus der Moschee, ging langsamen und stolzen Schrittes durch die Plätze und Straßen der Stadt, und wenn ihm einer seiner Kameraden ein »Friede sei mit dir« oder »Wie geht es, Freund Labakan?« bot, so winkte er gnädig mit der Hand oder nickte, wenn es hoch kam, vornehm mit dem Kopf.

Wenn dann sein Meister im Spaß zu ihm sagte: »An dir ist ein Prinz verlorengegangen, Labakan«, so freute er sich darüber und antwortete: »Habt Ihr das auch bemerkt?«, oder: »Ich habe es schon lang gedacht!«

So trieb es der ehrsame Schneidergeselle Labakan schon eine geraume Zeit; sein Meister aber duldete seine Narrheit, weil er sonst ein guter Mensch und geschickter Arbeiter war. Aber eines Tages schickte Selim, der Bruder des Sultans, der gerade durch Alexandria reiste, ein Festkleid zu dem Meister, um einiges daran verändern zu lassen, und der Meister gab es Labakan, weil dieser die feinste Arbeit machte.

Als abends der Meister und die Gesellen sich hinwegbegeben hatten, um nach des Tages Last sich zu erholen, trieb eine unwiderstehliche Sehnsucht Labakan wieder in die Werkstätte zurück, wo das Kleid des kaiserlichen Bruders hing. Er stand lange sinnend davor, bald den Glanz der Stickerei, bald die schillernden Farben des Samts und der Seide an dem Kleide bewundernd. Er konnte nicht anders, er mußte es anziehen, und siehe da – es paßte ihm so trefflich, wie wenn es für ihn gemacht worden wäre.

»Bin ich nicht so gut ein Prinz als einer?« fragte er sich, indem er im Zimmer auf und ab schritt. »Hat nicht der Meister selbst schon gesagt, daß ich zum Prinzen geboren sei?«

Mit den Kleidern schien der Geselle eine ganz königliche Gesinnung angezogen zu haben; er konnte sich nicht anders denken, als er sei ein unbekannter Königssohn, und als solcher beschloß er, in die Welt zu reisen und einen Ort zu verlassen, wo die Leute bisher so töricht gewesen waren, unter der Hülle seines niederen Standes nicht seine angeborene Würde zu erkennen. Das prachtvolle Kleid schien ihm von einer gütigen Fee geschickt; er hütete sich daher wohl, ein so teures Geschenk zu verschmähen, steckte seine geringe Barschaft zu sich und wanderte, begünstigt von dem Dunkel der Nacht, aus Alexandrias Toren.

Der neue Prinz erregte überall auf seiner Wanderschaft Verwunderung, denn das prachtvolle Kleid und sein ernstes, majestätisches Wesen wollte gar nicht passen für einen Fußgänger. Wenn man ihn darüber befragte, pflegte er mit geheimnisvoller Miene zu antworten, daß das seine eigenen Ursachen habe. Als er aber merkte, daß er sich durch seine Fußwanderungen lächerlich mache, kaufte er um geringen Preis ein altes Roß, welches sehr für ihn paßte, da es ihn mit seiner gesetzten Ruhe und Sanftmut nie in Verlegenheit brachte, sich als geschickter Reiter zeigen zu müssen, was gar nicht seine Sache war.

Eines Tages, als er Schritt vor Schritt auf seinem Murva – so hatte er sein Roß genannt – seine Straße zog, schloß sich ein Reiter an ihn an und bat ihn, in seiner Gesellschaft reiten zu dürfen, weil ihm der Weg viel kürzer werde im Gespräch mit einem andern. Der Reiter war ein fröhlicher, junger Mann, schön und angenehm im Umgang. Er hatte mit Labakan bald ein Gespräch angeknüpft über Woher und Wohin, und es traf sich, daß auch er, wie der Schneidergeselle, ohne Plan in die Welt hinauszog. Er sagte, er heiße Omar, sei der Neffe Elfi-Beis, des unglücklichen Bassas von Kairo, und reise nun umher, um einen Auftrag, den ihm sein Oheim auf dem Sterbebette erteilt habe, auszurichten.

Labakan ließ sich nicht so offenherzig über seine Verhältnisse aus; er gab ihm zu verstehen, daß er von hoher Abkunft sei und zu seinem Vergnügen reise.

Die beiden jungen Herren fanden Gefallen aneinander und zogen fürder. Am zweiten Tage ihrer gemeinschaftlichen Reise fragte Labakan seinen Gefährten Omar nach den Aufträgen, die er zu besorgen habe, und erfuhr zu seinem Erstaunen folgendes:

Elfi-Bei, der Bassa von Kairo, hatte den Omar seit seiner frühen Kindheit erzogen, und dieser hatte seine Eltern nie gekannt. Als nun Elfi-Bei von seinen Feinden überfallen worden war und nach drei unglücklichen Schlachten tödlich verwundet fliehen mußte, entdeckte er seinem Zögling, daß er nicht sein Neffe sei, sondern der Sohn eines mächtigen Herrschers, welcher aus Furcht vor den Prophezeiungen seiner Sterndeuter den jungen Prinzen von seinem Hofe entfernt habe, mit dem Schwur, ihn erst an seinem zweiundzwanzigsten Geburtstage wiedersehen zu wollen. Elfi-Bei habe ihm den Namen seines Vaters nicht genannt, sondern ihm aufs bestimmteste aufgetragen, am vierten Tage des kommenden Monats Ramadan, an welchem Tage er zweiundzwanzig Jahre alt werde, sich an der berühmten Säule El-Serujah, vier Tagereisen östlich von Alexandria, einzufinden; dort solle er den Männern, die an der Säule stehen werden, einen Dolch, den er ihm gab, überreichen mit den Worten: »Hier bin ich, den ihr sucht.« Wenn sie antworten: »Gelobt sei der Prophet, der dich erhielt«, so solle er ihnen folgen; sie werden ihn zu seinem Vater führen.

Der Schneidergeselle Labakan war sehr erstaunt über diese Mitteilung; er betrachtete von jetzt an den Prinzen Omar mit neidischen Augen, erzürnt darüber, daß das Schicksal jenem, obgleich er schon für den Neffen eines mächtigen Bassas galt, noch die würde eines Fürstensohnes verliehen, ihm aber, den es mit allem, was einem Prinzen not tut, ausgerüstet, gleichsam zum Hohn eine dunkle Geburt und einen gewöhnlichen Lebensweg verliehen habe. Er stellte

Vergleichungen zwischen sich und dem Prinzen an.
Er mußte sich gestehen, es sei jener ein Mann von
sehr vorteilhafter Gesichtsbildung; schöne, lebhafte
Augen, eine kühn gebogene Nase, ein sanftes, zu-
vorkommendes Benehmen, kurz, alle Vorzüge des
Äußeren, die jemand empfehlen können, waren jenem eigen. Aber so viele Vorzüge er auch an seinem
Begleiter fand, so gestand er sich doch, daß ein Labakan dem fürstlichen Vater wohl noch willkommener
sein dürfte als der wirkliche Prinz.

Diese Betrachtungen verfolgten Labakan den ganzen Tag, mit ihnen schlief er im nächsten Nachtlager
ein; aber als er morgens aufwachte und sein Blick auf
den neben ihm schlafenden Omar fiel, der so ruhig
schlafen und von seinem gewissen Glücke träumen
konnte, da erwachte in ihm der Gedanke, sich durch
List oder Gewalt zu erstreben, was ihm das ungünsti-
ge Schicksal versagt hatte. Der Dolch, das Erkennungszeichen des heimkehrenden Prinzen, stak in
dem Gürtel des Schlafenden; leise zog er ihn hervor,
um ihn in die Brust des Eigentümers zu stoßen. Doch
vor dem Gedanken des Mordes entsetzte sich die
friedfertige Seele des Gesellen; er begnügte sich, den
Dolch zu sich zu stecken, das schnellere Pferd des
Prinzen für sich aufzäumen zu lassen, und ehe Omar
aufwachte und sich aller seiner Hoffnungen beraubt
sah, hatte sein treuloser Gefährte schon einen Vorsprung von mehreren Meilen.

Es war gerade der erste Tag des heiligen Monats
Ramadan, an welchem Labakan den Raub an dem
Prinzen begangen hatte, und er hatte also noch vier
Tage, um zu der Säule El-Serujah, welche ihm wohl
bekannt war, zu gelangen. Obgleich die Gegend, wor-
in sich diese Säule befand, höchstens noch zwei Tage-

reisen entfernt sein konnte, so beeilte er sich doch, hinzukommen, weil er immer fürchtete, von dem wahren Prinzen eingeholt zu werden.

Am Ende des zweiten Tages erblickte Labakan die Säule El-Serujah. Sie stand auf einer kleinen Anhöhe in einer weiten Ebene und konnte auf zwei bis drei Stunden gesehen werden. Labakans Herz pochte lauter bei diesem Anblick; obgleich er die letzten zwei Tage hindurch Zeit genug gehabt, über die Rolle, die er zu spielen hatte, nachzudenken, so machte ihn doch das böse Gewissen etwas ängstlich, aber der Gedanke, daß er zum Prinzen geboren sei, stärkte ihn wieder, so daß er getrösteter seinem Ziele entgegenging.

Die Gegend um die Säule El-Serujah war unbewohnt und öde, und der neue Prinz wäre wegen seines Unterhaltes etwas in Verlegenheit gekommen, wenn er sich nicht auf mehrere Tage versehen hätte. Er lagerte sich also neben seinem Pferde unter einigen Palmen und erwartete dort sein ferneres Schicksal.

Gegen die Mitte des anderen Tages sah er einen großen Zug von Pferden und Kamelen über die Ebene her, auf die Säule El-Serujah zukommen. Der Zug hielt am Fuße des Hügels, auf welchem die Säule stand; man schlug prachtvolle Zelte auf, und das Ganze sah aus wie der Reisezug eines reichen Bassas oder Scheichs. Labakan ahnte, daß die vielen Leute, welche er sah, sich seinetwegen hierher bemüht hatten, und hätte ihnen gerne schon heute ihren künftigen Gebieter gezeigt, aber er mäßigte seine Begierde, als Prinz aufzutreten, da ja doch der nächste Morgen seine kühnsten Wünsche vollkommen befriedigen mußte.

Die Morgensonne weckte den überglücklichen Schneider zu dem wichtigsten Augenblicke seines Lebens, welcher ihn aus einem niedrigen Lose an die Seite eines fürstlichen Vaters erheben sollte. Zwar fiel ihm, als er sein Pferd aufzäumte, um zu der Säule hinzureiten, wohl auch das Unrechtmäßige seines Schrittes ein; zwar führten ihm seine Gedanken den Schmerz des in seinen schönen Hoffnungen betrogenen Fürstensohnes vor, aber der Würfel war geworfen, er konnte nicht mehr ungeschehen machen, was geschehen war, und seine Eigenliebe flüsterte ihm zu, daß er stattlich genug aussehe, um sich dem mächtigsten König als Sohn vorzustellen.

Ermutigt durch diesen Gedanken, schwang er sich auf sein Roß, nahm alle seine Tapferkeit zusammen, um es in einen ordentlichen Galopp zu bringen, und in weniger als einer Viertelstunde war er am Fuße des Hügels angelangt. Er stieg ab von seinem Pferde und band es an eine Staude, deren mehrere an dem Hügel wuchsen; hierauf zog er den Dolch des Prinzen Omar hervor und stieg den Hügel hinan. Am Fuße der Säule standen sechs Männer um einen Greis von hohem, königlichem Ansehen; ein prachtvoller Kaftan von Goldstoff, mit einem weißen Kaschmirschal umgürtet, und der weiße, mit blitzenden Edelsteinen geschmückte Turban bezeichneten ihn als einen Mann von Reichtum und Würde.

Auf ihn ging Labakan zu, neigte sich tief vor ihm und sprach, in dem er ihm den Dolch darreichte: »Hier bin ich, den Ihr sucht.« »Gelobt sei der Prophet, der dich erhielt«, antwortete der Greis mit Freudentränen; »umarme deinen alten Vater, mein geliebter Sohn Omar!«

Der gute Schneider war sehr gerührt durch diese

feierlichen Worte und sank mit einem Gemisch von Freude und Scham in die Arme des alten Fürsten.

Aber nur einen Augenblick sollte er ungetrübt die Wonne seines neuen Standes genießen; als er sich aus den Armen des fürstlichen Greises aufrichtete, sah er einen Reiter über die Ebene her auf den Hügel zueilen. Der Reiter und sein Roß gewährten einen sonderbaren Anblick: Das Roß schien aus Eigensinn oder Müdigkeit nicht vorwärts zu wollen; in einem stolpernden Gang, der weder Schritt noch Trab war, zog es daher; der Reiter aber trieb es mit Händen und Füßen zu schnellerem Laufe an. Nur zu bald erkannte Labakan sein Roß Murva und den echten Prinzen Omar; aber der böse Geist der Lüge war einmal in ihn gefahren, und er beschloß, wie es auch kommen möge, mit eiserner Stirn seine angemaßten Rechte zu behaupten.

Schon aus der Ferne hatte man den Reiter winken gesehen; jetzt war er, trotz dem schlechten Trab des Rosses Murva, am Fuße des Hügels angekommen, warf sich vom Pferd und stürzte den Hügel hinan. »Haltet ein!« rief er. »Wer ihr auch sein möget, haltet ein und lasset euch nicht von dem schändlichsten Betrüger täuschen; ich heiße Omar, und kein Sterblicher wage es, meinen Namen zu mißbrauchen!«

Auf den Gesichtern der Umstehenden malte sich tiefes Erstaunen über diese Wendung der Dinge; besonders der Greis schien sehr getroffen, indem er bald den einen, bald den andern fragend ansah. Labakan aber sprach mit mühsam errungener Ruhe: »Gnädigster Herr und Vater, laßt Euch nicht irremachen durch diesen Menschen da. Es ist, soviel ich weiß, ein wahnsinniger Schneidergeselle aus Alexandria, Labakan geheißen, der mehr unser Mitleid als unsern Zorn verdient.«

Bis zur Raserei aber brachten diese Worte den Prinzen. Schäumend vor Wut wollte er auf Labakan eindringen, aber die Umstehenden warfen sich dazwischen und hielten ihn fest, und der Fürst sprach: »Wahrhaftig, mein lieber Sohn, der arme Mensch ist verrückt; man binde ihn und setze ihn auf eines unserer Dromedare; vielleicht, daß wir dem Unglücklichen Hilfe schaffen können.«

Die Wut des Prinzen hatte sich gelegt; weinend rief er dem Fürsten zu: »Mein Herz sagt mir, daß Ihr mein Vater seid; bei dem Andenken meiner Mutter beschwöre ich Euch, hört mich an!« »Ei, Gott bewahre uns«, antwortete dieser. »Er fängt schon wieder an, irre zu reden; wie doch der Mensch auf so tolle Gedanken kommen kann!« Damit ergriff er Labakans Arm und ließ sich von ihm den Hügel hinuntergeleiten.

Sie setzten sich beide auf schöne, mit reichen Dekken behängte Pferde und ritten an der Spitze des Zuges über die Ebene hin. Dem unglücklichen Prinzen aber fesselte man die Hände und band ihn auf einem Dromedar fest, und zwei Reiter waren ihm immer zur Seite, die ein wachsames Auge auf jede seiner Bewegungen hatten.

Der fürstliche Greis war Saud, der Sultan der Wahhabiten. Er hatte lange ohne Kinder gelebt; endlich wurde ihm ein Prinz geboren, nach dem er sich so lange gesehnt hatte. Aber die Sterndeuter, welche er um das Schicksal des Knaben befragte, taten den Ausspruch, daß er bis ins zweiundzwanzigste Jahr in Gefahr stehe, von einem Feinde verdrängt zu werden. Deswegen, um recht sicherzugehen, hatte der

Sultan den Prinzen seinem alten, erprobten Freunde Elfi-Bei zum Erziehen gegeben und zweiundzwanzig schmerzliche Jahre auf seinen Anblick geharrt.

Dieses hatte der Sultan seinem vermeintlichen Sohne erzählt und sich ihm außerordentlich zufrieden mit seiner Gestalt und seinem würdevollen Benehmen gezeigt.

Als sie in das Land des Sultans kamen, wurden sie überall von den Einwohnern mit Freudengeschrei empfangen, denn das Gerücht von der Ankunft des Prinzen hatte sich wie Lauffeuer durch alle Städte und Dörfer verbreitet. Auf den Straßen, durch welche sie zogen, waren Bogen von Blumen und Zweigen errichtet, glänzende Teppiche von allen Farben schmückten die Häuser, und das Volk pries laut Gott und seinen Propheten, der ihnen einen so schönen Prinzen gesandt habe.

Alles dies erfüllte das stolze Herz des Schneiders mit Wonne; desto unglücklicher mußte sich aber der echte Omar fühlen, der, noch immer gefesselt, in stiller Verzweiflung dem Zuge folgte. Niemand kümmerte sich um ihn bei dem allgemeinen Jubel, der doch ihm galt. Den Namen Omar riefen tausend und wieder tausend Stimmen, aber ihn, der diesen Namen mit Recht trug, ihn beachtete keiner; höchstens fragte einer oder der andere, wen man denn so fest gebunden mit fortführe, und schrecklich tönte in das Ohr des Prinzen die Antwort seiner Begleiter: Es sei ein wahnsinniger Schneider.

Der Zug war endlich in die Hauptstadt des Sultans gekommen, wo alles noch glänzender zu ihrem Empfang bereitet war als in den übrigen Städten. Die Sultanin, eine ältliche, ehrwürdige Frau, erwartete sie mit ihrem ganzen Hofstaate in dem prachtvollsten

Saale des Schlosses. Der Boden dieses Saales war mit einem ungeheuren Teppich bedeckt, die Wände waren mit hellblauem Tuch geschmückt, das in goldenen Quasten und Schnüren an großen silbernen Haken hing.

Es war schon dunkel, als der Zug anlangte, daher waren im Saale viele kugelrunde farbige Lampen angezündet, welche die Nacht zum Tag erhellten. Am klarsten und vielfarbigsten strahlten sie aber im Hintergrund des Saales, wo die Sultanin auf einem Throne saß. Der Thron stand auf vier Stufen und war von lauterem Golde, mit großen Amethysten ausgelegt. Die vier vornehmsten Emire hielten einen Baldachin von roter Seide über dem Haupte der Sultanin, und der Scheich von Medina fächelte ihr mit einer Windfuchtel von Pfaufedern Kühlung zu.

So erwartete die Sultanin ihren Gemahl und ihren Sohn; auch sie hatte ihn seit seiner Geburt nicht mehr gesehen, aber bedeutsame Träume hatten ihr den Ersehnten gezeigt, daß sie ihn aus Tausenden erkennen wollte. Jetzt hörte man das Geräusch des nahenden Zuges; Trompeten und Trommeln mischten sich in das Zujauchzen der Menge; der Hufschlag der Rosse tönte im Hof des Palastes; näher und näher rauschten die Tritte der Kommenden; die Türen des Saales flogen auf, und durch die Reihen der niederfallenden Diener eilte der Sultan an der Hand seines Sohnes vor den Thron der Mutter. »Hier«, sprach er, »bringe ich dir den, nach welchem du dich so lange gesehnt.«

Die Sultanin aber fiel ihm in die Rede. »Das ist mein Sohn nicht!« rief sie aus. »Das sind nicht die Züge, die mir der Prophet im Traume gezeigt hat!«

Gerade, als ihr der Sultan ihren Aberglauben verweisen wollte, sprang die Tür des Saales auf, Prinz

Omar stürzte herein, verfolgt von seinen Wächtern, denen er sich mit Anstrengung aller seiner Kraft entrissen hatte; er warf sich atemlos vor dem Throne nieder: »Hier will ich sterben! Laß mich töten, grausamer Vater, denn diese Schmach dulde ich nicht länger!«

Alles war bestürzt über diese Reden; man drängte sich um den Unglücklichen her, und schon wollten ihn die herbeieilenden Wachen ergreifen und ihm wieder seine Bande anlegen, als die Sultanin, die in sprachlosem Erstaunen dieses alles mit angesehen hatte, von dem Throne aufsprang. »Haltet ein!« rief sie. »Dieser und kein anderer ist der Rechte; dieser ist's, den meine Augen nie gesehen und den mein Herz doch gekannt hat!«

Die Wächter hatten unwillkürlich von Omar abgelassen, aber der Sultan, entflammt von wütendem Zorn, rief ihnen zu, den Wahnsinnigen zu binden. »Ich habe hier zu entscheiden«, sprach er mit gebietender Stimme; »und hier richtet man nicht nach den Träumen der Weiber, sondern nach gewissen, untrüglichen Zeichen! Dieser hier [indem er auf Labakan zeigte] ist mein Sohn, denn er hat mir das Wahrzeichen meines Freundes Elfi, den Dolch, gebracht.«

»Gestohlen hat er ihn!« schrie Omar. »Mein argloses Vertrauen hat er zum Verrat mißbraucht!«

Der Sultan aber hörte nicht auf die Stimme seines Sohnes, denn er war gewohnt, eigensinnig nur seinem Urteil zu folgen; daher ließ er den unglücklichen Omar mit Gewalt aus dem Saale schleppen. Er selbst aber begab sich mit Labakan in sein Gemach, voll Wut über die Sultanin, seine Gemahlin, mit der er doch seit fünfundzwanzig Jahren in Frieden gelebt hatte.

Die Sultanin aber war voll Kummer über diese Be-

gebenheiten; sie war vollkommen überzeugt, daß ein
Betrüger sich des Herzens des Sultans bemächtigt
hatte, denn jenen Unglücklichen hatten ihr so viele
bedeutsame Träume als ihren Sohn gezeigt.

Als sich ihr Schmerz ein wenig gelegt hatte, sann
sie auf Mittel, um ihren Gemahl von seinem Unrecht
zu überzeugen. Es war dies allerdings schwierig,
denn jener, der sich für ihren Sohn ausgab, hatte das
Erkennungszeichen, den Dolch, überreicht und hatte
auch, wie sie erfuhr, so viel von Omars früherem
Leben von diesem selbst sich erzählen lassen, daß er
seine Rolle, ohne sich zu verraten, spielte.

Sie berief die Männer zu sich, die den Sultan zu
der Säule El-Serujah begleitet hatten, um sich alles
genau erzählen zu lassen, und hielt dann mit ihren
vertrautesten Sklavinnen Rat. Sie wählten und ver-
warfen dies und jenes Mittel; endlich sprach Melech-
salah, eine alte, kluge Tscherkessin: »Wenn ich recht
gehört habe, verehrte Gebieterin, so nannte der
Überbringer des Dolches den, welchen du für deinen
Sohn hältst, Labakan, einen verwirrten Schneider?«

»Ja, so ist es«, antwortete die Sultanin; »aber was
willst du damit?«

»Was meint Ihr«, fuhr jene fort, »wenn dieser Betrüger Eurem Sohn seinen eigenen Namen aufgehef-
tet hätte? Und wenn dies ist, so gibt es ein herrliches
Mittel, den Betrüger zu fangen, das ich Euch ganz im
geheimen sagen will.«

Die Sultanin bot ihrer Sklavin das Ohr, und diese
flüsterte ihr einen Rat zu, der ihr zu behagen schien,
denn sie schickte sich an, sogleich zum Sultan zu gehen.

Die Sultanin war eine kluge Frau, welche wohl die
schwachen Seiten des Sultans kannte und sie zu be-

nutzen verstand. Sie schien daher ihm nachgeben und den Sohn anerkennen zu wollen und bat sich nur eine Bedingung aus; der Sultan, dem sein Aufbrausen gegen seine Frau leid tat, gestand die Bedingung zu, und sie sprach: »Ich möchte gerne den beiden eine Probe ihrer Geschicklichkeit auferlegen. Eine andere würde sie vielleicht reiten, fechten und Speere werfen lassen, aber das sind Sachen, die ein jeder kann; nein, ich will ihnen etwas geben, wozu Scharfsinn gehört. Es soll nämlich jeder von ihnen einen Kaftan und ein Paar Beinkleider verfertigen, und da wollen wir einmal sehen, wer die schönsten macht.«

Der Sultan lachte und sprach: »Ei, da hast du ja etwas recht Kluges ausgesonnen. Mein Sohn soll mit deinem wahnsinnigen Schneider wetteifern, wer den besten Kaftan macht? Nein, das ist nichts.«

Die Sultanin aber berief sich darauf, daß er ihr die Bedingung zum voraus zugesagt habe, und der Sultan, welcher ein Mann von Wort war, gab endlich nach, obgleich er schwor, wenn der wahnsinnige Schneider seinen Kaftan auch noch so schön mache, könne er ihn doch nicht für seinen Sohn erkennen.

Der Sultan ging selbst zu seinem Sohn und bat ihn, sich in die Grillen seiner Mutter zu schicken, die nun einmal durchaus einen Kaftan von seiner Hand zu sehen wünsche. Dem guten Labakan lachte das Herz vor Freude. Wenn es nur an dem fehlt, dachte er bei sich, da soll die Frau Sultanin bald Freude an mir erleben.

Man hatte zwei Zimmer eingerichtet – eines für den Prinzen, das andre für den Schneider –, dort sollten sie ihre Kunst erproben, und man hatte jedem nur ein hinlängliches Stück Seidenzeug, Schere, Nadel und Faden gegeben.

Der Sultan war sehr begierig, was für ein Ding von Kaftan wohl sein Sohn zutage fördern werde; aber auch der Sultanin pochte unruhig das Herz, ob ihre List wohl gelingen werde oder nicht. Man hatte den beiden zwei Tage zu ihrem Geschäft ausgesetzt; am dritten Tage ließ der Sultan seine Gemahlin rufen, und als sie erschienen war, schickte er in jene zwei Zimmer, um die beiden Kaftane und ihre Verfertiger holen zu lassen. Triumphierend trat Labakan ein und breitete seinen Kaftan vor den erstaunten Blikken des Sultans aus. »Sieh her, Vater«, sprach er; »sieh her, verehrte Mutter, ob dies nicht ein Meisterstück von einem Kaftan ist? Da lass' ich es mit dem geschicktesten Hofschneider auf eine Wette ankommen, ob er einen solchen herausbringt.«

Die Sultanin lächelte und wandte sich zu Omar: »Und was hast du herausgebracht, mein Sohn?«

Unwillig warf dieser den Seidenstoff und die Schere auf den Boden. »Man hat mich gelehrt, ein Roß zu bändigen und einen Säbel zu schwingen, und meine Lanze trifft auf sechzig Gänge ihr Ziel – aber die Künste der Nadel sind mir fremd; sie wären auch unwürdig für einen Zögling Elfi-Beis, des Beherrschers von Kairo.«

»O du echter Sohn meines Herrn!« rief die Sultanin. »Ach, daß ich dich umarmen, dich Sohn nennen dürfte! Verzeihet, mein Gemahl und Gebieter«, sprach sie dann, indem sie sich zum Sultan wandte, »daß ich diese List gegen Euch gebraucht habe. Sehet Ihr jetzt noch nicht ein, wer Prinz und wer Schneider ist? Fürwahr, der Kaftan ist köstlich, den Euer Herr Sohn gemacht hat, und ich möchte ihn gern fragen, bei welchem Meister er gelernt habe.«

Der Sultan saß in tiefen Gedanken, mißtrauisch

bald seine Frau, bald Labakan anschauend, der umsonst sein Erröten und seine Bestürzung, daß er sich so dumm verraten habe, zu bekämpfen suchte. »Auch dieser Beweis genügt nicht«, sprach er. »Aber ich weiß – Allah sei es gedankt – ein Mittel, zu erfahren, ob ich betrogen bin oder nicht.«

Er befahl, sein schnellstes Pferd vorzuführen, schwang sich auf und ritt in einen Wald, der nicht weit von der Stadt begann. Dort wohnte nach einer alten Sage eine gütige Fee, Adolzaide geheißen, welche oft schon den Königen seines Stammes in der Stunde der Not mit ihrem Rat beigestanden war; dorthin eilte der Sultan.

In der Mitte des Waldes war ein freier Platz, von hohen Zedern umgeben. Dort wohnte nach der Sage die Fee, und selten betrat ein Sterblicher diesen Platz, denn eine gewisse Scheu davor hatte sich aus alten Zeiten vom Vater auf den Sohn vererbt.

Als der Sultan dort angekommen war, stieg er ab, band sein Pferd an einen Baum, stellte sich in die Mitte des Platzes und sprach mit lauter Stimme: »Wenn es wahr ist, daß du meinen Vätern gütigen Rat erteiltest in der Stunde der Not, so verschmähe nicht die Bitte ihres Enkels und rate mir, so menschlicher Verstand zu kurzsichtig ist.«

Er hatte kaum die letzten Worte gesprochen, als sich eine der Zedern öffnete und eine verschleierte Frau in langen weißen Gewändern hervortrat. »Ich weiß, warum du zu mir kommst, Sultan Saud; dein Wille ist redlich, darum soll dir auch meine Hilfe werden. Nimm diese zwei Kistchen. Laß jene beiden, welche deine Söhne sein wollen, wählen. Ich weiß, daß der, welcher der echte ist, das rechte nicht verfehlen wird.«

So sprach die Verschleierte und reichte ihm zwei kleine Kistchen von Elfenbein, reich mit Gold und Perlen verziert; auf dem Deckel, welchen der Sultan vergebens zu öffnen versuchte, standen Inschriften von eingesetzten Diamanten.

Der Sultan besann sich, als er nach Hause ritt, hin und her, was wohl in den Kistchen sein könnte, welche er mit aller Mühe nicht zu öffnen vermochte. Auch die Aufschrift gab ihm kein Licht in der Sache, denn auf dem einen stand »Ehre und Ruhm«, auf dem andern »Glück und Reichtum«. Der Sultan dachte bei sich, da würde auch ihm die Wahl schwer werden unter diesen beiden Dingen, die gleich anziehend, gleich lockend seien.

Als er in seinen Palast zurückgekommen war, ließ er die Sultanin rufen und sagte ihr den Ausspruch der Fee, und eine wunderbare Hoffnung erfüllte sie, daß jener, zu dem ihr Herz sie hinzog, das Kistchen wählen würde, welches seine königliche Abkunft beweisen sollte.

Vor dem Throne des Sultans wurden zwei Tische aufgestellt; auf sie setzte der Sultan mit eigener Hand die beiden Kistchen, bestieg dann den Thron und winkte einem seiner Sklaven, die Pforte des Saales zu öffnen. Eine glänzende Versammlung von Bassas und Emiren des Reiches, die der Sultan berufen hatte, strömte durch die geöffnete Pforte. Sie ließen sich auf prachtvollen Polstern nieder, welche die Wände entlang aufgestellt waren.

Als sie sich alle niedergelassen hatten, winkte der Sultan zum zweitenmal, und Labakan wurde herbeigeführt. Mit stolzem Schritte ging er durch den Saal, warf sich vor dem Throne nieder und sprach: »Was befiehlt mein Herr und Vater?«

Der Sultan erhob sich auf seinem Thron und sprach: »Mein Sohn, es sind Zweifel an der Echtheit deiner Ansprüche auf diesen Namen erhoben worden. Eines jener Kistchen enthält die Bestätigung deiner echten Geburt; wähle – ich zweifle nicht, du wirst das rechte wählen!«

Labakan erhob sich und trat vor die Kistchen; er erwog lange, was er wählen sollte, endlich sprach er: »Verehrter Vater, was kann es Höheres geben als das Glück, dein Sohn zu sein; was Edleres als den Reichtum deiner Gnade! Ich wähle das Kistchen, das die Aufschrift ›Glück und Reichtum‹ zeigt.«

»Wir werden nachher erfahren, ob du recht gewählt hast; einstweilen setze dich dort auf das Polster zum Bassa von Medina«, sagte der Sultan und winkte seinen Sklaven.

Omar wurde herbeigeführt; sein Blick war düster, seine Miene traurig, und sein Anblick erregte allgemeine Teilnahme unter den Anwesenden. Er warf sich vor dem Throne nieder und fragte nach dem Willen des Sultans.

Der Sultan deutete ihm an, daß er eines der Kistchen zu wählen habe; er stand auf und trat vor den Tisch.

Er las aufmerksam beide Inschriften und sprach: »Die letzten Tage haben mich gelehrt, wie unsicher das Glück, wie vergänglich der Reichtum ist; sie haben mich aber auch gelehrt, daß ein unzerstörbares Gut in der Brust des Tapferen wohnt: die Ehre, und daß der leuchtende Stern des Ruhmes nicht mit dem Glück zugleich vergeht. Und sollte ich einer Krone entsagen, der Würfel liegt: Ehre und Ruhm, ich wähle euch!«

Er setzte seine Hand auf das Kistchen, das er erwählt hatte; aber der Sultan befahl ihm, innezuhalten. Er winkte Labakan, gleich falls vor seinen Tisch zu treten, und auch dieser legte seine Hand auf sein Kistchen.

Der Sultan aber ließ sich ein Becken mit Wasser von dem heiligen Brunnen Zemzem in Mekka bringen, wusch seine Hände, wandte sein Gesicht nach Osten, warf sich nieder und betete: »Gott meiner Väter, der du seit Jahrhunderten unsern Stamm rein und unverfälscht bewahrtest, gibt nicht zu, daß ein Unwürdiger den Namen der Abassiden schände; sei mit deinem Schutze meinem echten Sohne nahe in dieser Stunde der Prüfung!«

Der Sultan erhob sich und bestieg seinen Thron wieder; allgemeine Erwartung fesselte die Anwesenden. Man wagte kaum zu atmen; man hätte ein Mäuschen über den Saal gehen hören können, so still und gespannt waren alle; die Hintersten machten lange Hälse, um über die Vorderen nach den Kistchen sehen zu können. Jetzt sprach der Sultan: »Öffnet die Kistchen«, und diese, die vorher keine Gewalt zu öffnen vermochte, sprangen von selbst auf.

In dem Kistchen, das Omar gewählt hatte, lagen auf einem samtnen Kissen eine kleine goldene Krone und ein Zepter; in Labakans Kistchen – eine große Nadel und ein wenig Zwirn. Der Sultan befahl den beiden, ihre Kistchen vor ihn zu bringen. Er nahm das Krönchen von dem Kissen in seine Hand, und – wunderbar war es anzusehen – wie er es nahm, wurde es größer und größer, bis es die Größe einer rechten Krone erreicht hatte. Er setzte die Krone seinem Sohne Omar, der vor ihm kniete, auf das Haupt, küßte ihn auf die Stirn und hieß ihn, sich zu seiner Rechten niedersetzen.

Zu Labakan aber wandte er sich und sprach: »Es ist ein altes Sprichwort: Der Schuster bleibe bei seinem Leisten! Es scheint, als solltest du bei der Nadel bleiben. Zwar hast du meine Gnade nicht verdient, aber es hat jemand für dich gebeten, dem ich heute nichts abschlagen kann; drum schenke ich dir dein armseliges Leben. Aber wenn ich dir guten Rates bin, so beeile dich, daß du aus meinem Land kommst.«

Beschämt, vernichtet, wie er war, vermochte der arme Schneidergeselle nichts zu erwidern; er warf sich vor dem Prinzen nieder, und Tränen drangen ihm aus den Augen. »Könnt Ihr mir vergeben, Prinz?« sagte er.

»Treue gegen den Freund, Großmut gegen den Feind ist des Abassiden Stolz«, antwortete der Prinz, indem er ihn aufhob; »gehe hin in Frieden.«

»O du mein echter Sohn!« rief gerührt der alte Sultan und sank an die Brust des Sohnes.

Die Emire und Bassas und alle Großen des Reiches standen auf von ihren Sitzen und riefen: »Heil dem neuen Königssohn!«, und unter dem allgemeinen Jubel schlich sich Labakan, sein Kistchen unter dem Arm, aus dem Saal.

Er ging hinunter in die Ställe des Sultans, zäumte sein Roß Murva auf und ritt zum Tore hinaus, Alexandria zu. Sein ganzes Prinzenleben kam ihm wie ein Traum vor, und nur das prachtvolle Kistchen, reich mit Perlen und Diamanten geschmückt, erinnerte ihn, daß er doch nicht geträumt habe.

Als er endlich wieder nach Alexandria kam, ritt er vor das Haus des alten Meisters, stieg ab, band sein Rößlein an die Tür und trat in die Werkstatt. Der Meister, der ihn nicht gleich erkannte, machte ein großes Wesen und fragte, was ihm zu Dienst stehe; als er aber den Gast näher ansah und seinen alten Labakan erkannte, rief er seine Gesellen und Lehrlinge herbei, und alle stürzten sich wie wütend auf den armen Labakan, der keines solchen Empfangs gewärtig war, stießen und schlugen ihn mit Bügeleisen und Ellenmaß, stachen ihn mit Nadeln und zwickten ihn mit scharfen Scheren, bis er erschöpft auf einen Haufen alter Kleider niedersank.

Als er nun so dalag, hielt ihm der Meister eine Strafrede über das gestohlene Kleid. Vergebens versicherte Labakan, daß er nur deswegen wiedergekommen sei, um ihm alles zu ersetzen; vergebens bot er ihm den dreifachen Schadenersatz; der Meister und seine Gesellen fielen wieder über ihn her, schlugen ihn weidlich und warfen ihn zur Tür hinaus.

Zerschlagen und zerfetzt stieg er auf das Roß Murva und ritt in eine Karawanserei. Dort legte er sein müdes, zerschlagenes Haupt nieder und stellte Betrachtungen an über die Leiden der Erde, über das so oft verkannte Verdienst und über die Nichtigkeit und Flüchtigkeit aller Güter. Er schlief mit dem Entschluß ein, aller Größe zu entsagen und ein ehrsamer Bürger zu werden.

Und den andern Tag gereute ihn sein Entschluß nicht, denn die schweren Hände des Meisters und seiner Gesellen schienen alle Hoheit aus ihm herausgeprügelt zu haben. Er verkaufte um einen hohen Preis sein Kistchen an einen Juwelenhändler, kaufte sich ein Haus und richtete sich eine Werkstatt zu seinem Gewerbe ein. Als er alles gut eingerichtet und auch ein Schild mit der Aufschrift »Labakan, Kleidermacher« vor sein Fenster gehängt hatte, setzte er sich und begann mit jener Nadel und dem Zwirn, die er in dem Kistchen gefunden, den Rock zu flicken, welchen ihm sein Meister so grausam zerfetzt hatte.

Er wurde von seinem Geschäft abgerufen, und als er sich wieder an die Arbeit setzen wollte – welch sonderbarer Anblick bot sich ihm dar! Die Nadel nähte emsig fort, ohne von jemand geführt zu werden; sie machte feine, zierliche Stiche, wie sie selbst Labakan in seinen kunstreichsten Augenblicken nicht gemacht hatte!

Wahrlich, auch das geringste Geschenk einer gütigen Fee ist nützlich und von großem Wert! Noch einen andern Wert hatte aber dies Geschenk: nämlich, das Stückchen Zwirn ging nie aus, die Nadel mochte so fleißig sein, wie sie wollte.

Labakan bekam viele Kunden und war bald der berühmteste Schneider weit und breit; er schnitt die Gewänder und machte den ersten Stich mit der Nadel daran, und flugs arbeitete diese weiter, ohne Unterlaß, bis das Gewand fertig war. Meister Labakan hatte bald die ganze Stadt zu Kunden, denn er arbeitete schön und außerordentlich billig, und nur über eines schüttelten die Leute von Alexandria den Kopf: nämlich, daß er ganz ohne Gesellen und bei verschlossenen Türen arbeite.

So war der Spruch des Kistchens, Glück und Reichtum verheißend, in Erfüllung gegangen; Glück und Reichtum begleiteten – wenn auch in bescheidenem Maße – die Schritte des guten Schneiders, und wenn er von dem Ruhm des jungen Sultans Omar, der in aller Munde lebte, hörte; wenn er hörte, daß dieser tapfere der Stolz und die Liebe seines Volkes und der Schrecken seiner Feinde sei, da dachte der ehemalige Prinz bei sich: Es ist doch besser, daß ich ein Schneider geblieben bin, denn um die Ehre und den Ruhm ist es eine gar gefährliche Sache.

So lebte Labakan, zufrieden mit sich, geachtet von seinen Mitbürgern, und wenn die Nadel indes nicht ihre Kraft verloren, so näht sie noch jetzt mit dem ewigen Zwirn der gütigen Fee Adolzaide.

✳

Mit Sonnenuntergang brach die Karawane auf und gelangte bald nach Birket el-Had oder dem Pilgrimsbrunnen, von wo es nur noch drei Stunden Weges nach Kairo war. Man hatte um diese Zeit die Karawane erwartet, und bald hatten die Kaufleute die Freude, ihre Freunde aus Kairo ihnen entgegenkommen zu sehen. Sie zogen in die Stadt durch das Tor Bab el-Falch, denn es wird für eine glückliche Vorbedeutung gehalten, wenn man von Mekka kommt, durch dieses Tor einzuziehen, weil der Prophet hindurchgegangen ist.

Auf dem Markt verabschiedeten sich die vier türkischen Kaufleute von dem Fremden und dem griechischen Kaufmann Zaleukos und gingen mit ihren Freunden nach Haus. Zaleukos aber zeigte dem Fremden eine gute Karawanserei und lud ihn ein, mit ihm das Mittagsmahl zu nehmen. Der Fremde sagte zu und versprach, wenn er nur vorher sich umgekleidet habe, zu erscheinen.

Der Grieche hatte alle Anstalten getroffen, den Fremden, welchen er auf der Reise liebgewonnen hatte, gut zu bewirten, und als die Speisen und Getränke in gehöriger Ordnung aufgestellt waren, setzte er sich, seinen Gast zu erwarten. Langsam und schweren Schrittes hörte er ihn den Gang, der zu seinem Gemach führte, heraufkommen. Er erhob sich, um ihm freundlich entgegenzugehen und ihn an der

Schwelle zu bewillkommnen; aber voll Entsetzen fuhr er zurück, als er die Tür öffnete, denn jener schreckliche Rotmantel trat ihm entgegen. Er warf noch einen Blick auf ihn – es war keine Täuschung; dieselbe hohe, gebietende Gestalt, die Larve, aus welcher ihn die dunklen Augen anblitzten, der rote Mantel mit der goldenen Stickerei waren ihm nur allzuwohl bekannt aus den schrecklichsten Stunden seines Lebens.

Widerstreitende Gefühle wogten in Zaleukos' Brust. Er hatte sich mit diesem Bild seiner Erinnerung längst ausgesöhnt und ihm vergeben, und doch riß sein Anblick alle seine Wunden wieder auf; alle jene qualvollen Stunden der Todesangst, jener Gram, der die Blüte seines Lebens vergiftete, zogen im Flug eines Augenblicks an seiner Seele vorüber.

»Was willst du, Schrecklicher?« rief der Grieche aus, als die Erscheinung noch immer regungslos auf der Schwelle stand. »Weiche schnell von hinnen, daß ich dir nicht fluche!«

»Zaleukos!« sprach eine bekannte Stimme unter der Larve hervor. »Zaleukos, so empfängst du deinen Gastfreund?« Der sprechende nahm die Larve ab, schlug den Mantel zurück – es war Selim Baruch, der Fremde.

Aber Zaleukos schien noch nicht beruhigt. Ihm graute vor dem Fremden, denn nur zu deutlich hatte er in ihm den Unbekannten vom Ponte Vecchio erkannt. Aber die alte Gewohnheit der Gastfreundschaft siegte; er winkte schweigend dem Fremden, sich zu ihm ans Mahl zu setzen.

»Ich errate deine Gedanken«, nahm dieser das Wort, als sie sich gesetzt hatten; »deine Augen sehen fragend auf mich. – Ich hätte schweigen und mich

deinen Blicken nie mehr zeigen können, aber ich bin
dir Rechenschaft schuldig, und darum wagte ich es
auch, auf die Gefahr hin, daß du mir fluchtest, vor
dir in meiner alten Gestalt zu erscheinen. Du sagtest
einst zu mir: ›Der Glaube meiner Väter befiehlt mir,
ihn zu lieben, auch ist er wohl unglücklicher als ich.‹
Glaube dieses, mein Freund, und höre meine Rechtfertigung.

Ich muß weit ausholen, um mich dir ganz ver-
ständlich zu machen. Ich bin in Alexandria von
christlichen Eltern geboren. Mein Vater, der jüngere
Sohn eines alten, berühmten französischen Hauses,
war Konsul seines Landes in Alexandria. Ich wurde
von meinem zehnten Jahre an in Frankreich bei
einem Bruder meiner Mutter erzogen und verließ
erst einige Jahre nach dem Ausbruch der Revolution
mein Vaterland, um mit meinem Oheim, der in dem
Lande seiner Ahnen nicht mehr sicher war, über dem
Meere bei meinen Eltern eine Zuflucht zu suchen.

Voll Hoffnung, die Ruhe und den Frieden, den
uns das empörte Volk der Franzosen entrissen, im
elterlichen Hause wiederzufinden, landeten wir.
Aber ach – ich fand nicht alles in meines Vaters Hause, wie es sein sollte. Die äußeren Stürme der beweg-
ten Zeit waren zwar noch nicht bis hierher gelangt,
desto unerwarteter hatte das Unglück mein Haus im
innersten Herzen heimgesucht.

Mein Bruder, ein junger, hoffnungsvoller Mann,
erster Sekretär meines Vaters, hatte sich erst seit kurzem mit einem jungen Mädchen, der Tochter eines
florentinischen Edelmanns, der in unserer Nachbarschaft wohnte, verheiratet; zwei Tage vor unserer
Ankunft war diese auf einmal verschwunden, ohne
daß weder unsere Familie noch ihr Vater die gering-

ste Spur von ihr finden konnte. Man glaubte endlich, sie habe sich auf einem Spaziergang zu weit gewagt und sei in Räuberhände gefallen. Beinahe tröstlicher wäre dieser Gedanke für meinen armen Bruder gewesen als die Wahrheit, die uns nur zu bald kund wurde. Die Treulose hatte sich mit einem jungen Neapolitaner, den sie im Hause ihres Vaters kennengelernt hatte, eingeschifft. Mein Bruder, aufs äußerste empört über diesen Schritt, bot alles auf, die Schuldige zur Strafe zu ziehen – doch vergebens; seine Versuche, die in Neapel und Florenz Aufsehen erregt hatten, dienten nur dazu, sein und unser aller Unglück zu vollenden.

Der florentinische Edelmann reiste in sein Vaterland zurück; zwar mit dem Vorgeben, meinem Bruder Recht zu verschaffen, der Tat nach aber, um uns zu verderben. Er schlug in Florenz alle jene Untersuchungen, welche mein Bruder angeknüpft hatte, nieder und wußte seinen Einfluß, den er auf alle Art sich verschafft hatte, so gut zu benützten, daß mein Vater und mein Bruder ihrer Regierung verdächtig gemacht, durch die schändlichsten Mittel gefangen, nach Frankreich geführt und dort vom Beil des Henkers getötet wurden. Meine arme Mutter verfiel in Wahnsinn, und erst nach zehn langen Monaten erlöste sie der Tod von ihrem schrecklichen Zustand, der aber in den letzten Tagen zu vollem, klarem Bewußtsein geworden war.

So stand ich jetzt ganz allein in der Welt, aber nur ein Gedanke beschäftigte meine Seele, nur ein Gedanke ließ mich meine Trauer vergessen; es war jene mächtige Flamme, die meine Mutter in ihrer letzten Stunde in mir angefacht hatte.

In den letzten Stunden war, wie ich dir sagte, ihr

Bewußtsein zurückgekehrt; sie ließ mich rufen und sprach mit Ruhe von unserem Schicksal und ihrem Ende. Dann aber ließ sie alle aus dem Zimmer gehen, richtete sich mit feierlicher Miene von ihrem ärmlichen Lager auf und sagte, ich könne mir ihren Segen erwerben, wenn ich ihr schwöre, etwas auszuführen, das sie mir auftragen würde. Ergriffen von den Worten der sterbenden Mutter, gelobte ich mit einem Eide, zu tun, was sie mir sagen werde. Sie brach nun in Verwünschungen gegen den Florentiner und seine Tochter aus und legte mir mit den fürchterlichsten Drohungen ihres Fluches auf, mein unglückliches Haus an ihm zu rächen. Sie starb in meinen Armen.

Jener Gedanke der Rache hatte schon lange in meiner Seele geschlummert; jetzt erwachte er mit aller Macht. Ich sammelte den Rest meines väterlichen Vermögens und schwor mir, alles an meine Rache zu setzen oder selbst mit unterzugehen.

Bald war ich in Florenz, wo ich mich so geheim als möglich aufhielt; mein Plan war um viel erschwert worden durch die Lage, in welcher sich meine Feinde befanden. Der alte Florentiner war Gouverneur geworden und hatte so alle Mittel in der Hand, mich zu verderben, sobald er das geringste ahnte.

Ein Zufall kam mir zu Hilfe. Eines Abends sah ich einen Menschen in bekannter Livree durch die Straßen gehen; sein unsicherer Gang, sein finsterer Blick und das halblaut herausgestoßene »Santo sacramento« und »Maledetto diavolo« ließ mich den alten Pietro, einen Diener des Florentiners, den ich schon in Alexandria gekannt hatte, erkennen. Ich war nicht im Zweifel, daß er über seinen Herrn in Zorn geraten sei, und beschloß, seine Stimmung zu benützen. Er schien sehr überrascht, mich hier zu sehen, klagte mir sein Leiden, daß er seinem Herrn, seit er Gouverneur geworden, nichts mehr recht machen könne, und mein Gold, unterstützt von seinem Zorn, brachte ihn bald auf meine Seite.

Das Schwierigste war jetzt beseitigt; ich hatte einen Mann in meinem Solde, der mir zu jeder Stunde die Tür meines Feindes öffnete, und nun reifte mein Racheplan immer schneller heran. Das Leben des alten Florentiners schien mir ein zu geringes Gewicht dem Untergang meines Hauses gegenüber zu haben. Sein Liebstes mußte er gemordet sehen, und dies war Bianca, seine Tochter. Hatte ja sie so schändlich an meinem Bruder gefrevelt, war ja sie doch die Hauptursache unseres Unglücks.

Gar erwünscht kam sogar meinem rachedürstenden Herzen die Nachricht, daß gerade in dieser Zeit Bianca zum zweitenmal sich vermählen wollte – es war beschlossen: sie mußte sterben. Aber mir selbst graute vor der Tat, und auch Pietro traute ich zuwenig Kraft zu; darum spähten wir umher nach einem Mann, der das Geschäft vollbringen könnte. Unter den Florentinern wagte ich keinen zu dingen, denn gegen den Gouverneur würde keiner etwas solches unternommen haben. Da fiel Pietro der Plan ein, den ich nachher ausgeführt habe; zugleich schlug er dich als Fremden und Arzt als den Tauglichsten vor.

Den Verlauf der Sache weißt du. Nur an deiner übergroßen Vorsicht und Ehrlichkeit schien mein Unternehmen zu scheitern; daher der Zufall mit dem Mantel.

Pietro öffnete uns das Pförtchen an dem Palast des Gouverneurs; er hätte uns auch ebenso heimlich wieder hinausgeleitet, wenn wir nicht, durch den schrecklichen Anblick, der sich uns durch die Türspalte darbot, erschreckt, entflohen wären. Von Schrecken und Reue gejagt, war ich über zweihundert Schritte fortgerannt, bis ich auf den Stufen einer Kirche niedersank. Dort erst sammelte ich mich wieder, und mein erster Gedanke warst du und dein schreckliches Schicksal, wenn man dich in dem Hause fände.

Ich schlich an den Palast, aber weder von Pietro noch von dir konnte ich eine Spur entdecken; das Pförtchen aber war offen, so konnte ich wenigstens hoffen, daß du die Gelegenheit zur Flucht benützt haben könntest.

Als aber der Tag anbrach, ließ mich die Angst vor der Entdeckung und ein unabweisbares Gefühl von Reue nicht mehr in den Mauern von Florenz. Ich eilte nach Rom. Aber denke dir meine Bestürzung, als man dort nach einigen Tagen überall diese Geschichte erzählte, mit dem Beisatz, man habe den Mörder, einen griechischen Arzt, gefangen. Ich kehrte in banger Besorgnis nach Florenz zurück; denn schien mir meine Rache schon vorher zu stark, so verfluchte ich sie jetzt, denn sie war mir durch dein Leben allzu teuer erkauft. Ich kam an demselben Tage an, der dich der Hand beraubte.

Ich schweige von dem, was ich fühlte, als ich dich das Schafott besteigen und so heldenmütig leiden sah. Aber damals, als dein Blut in Strömen aufspritzte, war der Entschluß fest in mir, dir deine übrigen Lebenstage zu versüßen.

Was weiter geschehen ist, weißt du; nur das bleibt mir noch zu sagen übrig, warum ich diese Reise mit dir machte: Als eine schwere Last drückte mich der Gedanke, daß du mir noch immer nicht vergeben habest; darum entschloß ich mich, viele Tage mit dir zu leben und dir endlich Rechenschaft abzulegen von dem, was ich mit dir getan.«

Schweigend hatte der Grieche seinen Gast angehört; mit sanftem Blick bot er ihm, als er geendet hatte, seine Rechte. »Ich wußte wohl, daß du unglücklicher sein müßtest als ich, denn jene grausame Tat wird wie eine dunkle Wolke ewig deine Tage verfinstern; ich vergebe dir von Herzen. Aber erlaube mir noch eine Frage: Wie kommst du unter dieser Gestalt in die Wüste? Was fingst du an, nachdem du mir in Konstantinopel das Haus gekauft hattest?«

»Ich ging nach Alexandria zurück«, antwortete der Gefragte; »Haß gegen alle Menschen tobte in meiner Brust; brennender Haß besonders gegen jene Nationen, die man die gebildeten nennt. Glaube mir, unter meinen Moslems war mir wohler! Kaum war ich einige Monate in Alexandria, als jene Landung meiner Landsleute erfolgte.

Ich sah in ihnen nur die Henker meines Vaters und meines Bruders; darum sammelte ich einige gleichgesinnte junge Leute meiner Bekanntschaft und schloß mich jenen tapferen Mamelucken an, die so oft der Schrecken des französischen Heeres wurden. Als der Feldzug beendet war, konnte ich mich nicht entschließen, zu den Künsten des Friedens zurückzukehren. Ich lebte mit meiner kleinen Anzahl gleichdenkender Freunde ein unstetes, flüchtiges, dem Kampf und der Jagd geweihtes Leben; ich lebe zufrieden unter diesen Leuten, die mich wie ihren Fürsten ehren, denn wenn meine Asiaten auch nicht so gebildet sind wie eure Europäer, so sind sie doch weit entfernt von Neid und Verleumdung, von Selbstsucht und Ehrgeiz.«

Zaleukos dankte dem Fremden für seine Mitteilung, aber er verbarg ihm nicht, daß er es für seinen Stand, für seine Bildung angemessener fände, wenn er in christlichen, in europäischen Ländern leben und wirken würde. Er faßte seine Hand und bat ihn, mit ihm zu ziehen, bei ihm zu leben und zu sterben.

Gerührt sah ihn der Gastfreund an. »Daraus erkenne ich«, sagte er, »daß du mir ganz vergeben hast; daß du mich liebst. Nimm meinen innigsten Dank dafür.« Er sprang auf und stand in seiner ganzen Größe vor dem Griechen, dem vor dem kriegerischen Anstand, den dunklen, blitzenden Augen, der tiefen, geheimnisvollen Stimme seines Gastes beinahe graute. »Dein Vorschlag ist schön«, sprach jener weiter; »er möchte für jeden andern lockend sein, ich – kann ihn nicht benützen. Schon steht mein Roß gesattelt, schon erwarten mich meine Diener; lebe wohl, Zaleukos!«

Die Freunde, die das Schicksal so wunderbar zusammengeführt, umarmten sich zum Abschied. »Und wie nenne ich dich? Wie heißt mein Gastfreund, der auf ewig in meinem Gedächtnis leben wird?« fragte der Grieche.

Der Fremde sah ihn lange an, drückte ihm noch einmal die Hand und sprach: »Man nennt mich den Herrn der Wüste; ich bin der Räuber Orbasan.«

DER SCHEICH VON ALEXANDRIA UND
SEINE SKLAVEN

Der Scheich von Alexandria, Ali Banu, war ein sonderbarer Mann. Wenn er morgens durch die Straßen der Stadt ging, angetan mit einem Turban, aus den köstlichsten Kaschmirs gewunden, mit dem Festkleide und dem reichen Gürtel, der fünfzig Kamele wert war; wenn er einherging langsamen, gravitätischen Schrittes, seine Stirn in finstere Falten gelegt, seine Augenbrauen zusammengezogen, die Augen niedergeschlagen und alle fünf Schritte gedankenvoll seinen langen schwarzen Bart streichelnd – wenn er so hinging nach der Moschee, um, wie es seine Würde forderte, den Gläubigen Vorlesungen über den Koran zu halten, da blieben die Leute auf der Straße stehen, schauten ihm nach und sprachen zueinander: »Er ist doch ein schöner, stattlicher Mann ...«

»Und reich; ein reicher Herr«, setzte wohl ein anderer hinzu; »sehr reich. Hat er nicht ein Schloß am Hafen von Stambul? Hat er nicht Güter und Felder und viele tausend Stück Vieh und viele Sklaven?«

»Ja«, sprach ein dritter, »und der Tatar, der letzthin von Stambul her, vom Großherrn selbst – den der Prophet segnen möge –, an ihn geschickt kam, der sagte mir, daß unser Scheich sehr in Ansehen stehe beim Reis-Effendi, beim Kapidschi-Baschi, bei allen – ja beim Sultan selbst.«

»Ja«, rief ein vierter, »seine Schritte sind gesegnet. Er ist ein reicher, vornehmer Herr, aber – aber – ihr wißt, was ich meine!«

»Ja, ja«, murmelten dann die andern dazwischen, »es ist wahr, er hat auch sein Teil zu tragen; möchten nicht mit ihm tauschen; ist ein reicher, vornehmer Herr, aber, aber –«

Ali Banu hatte ein herrliches Haus auf dem schönsten Platz von Alexandria. Vor dem Hause war eine weite Terrasse mit Marmor ummauert, beschattet von Palmbäumen. Dort saß er oft abends und rauchte seine Wasserpfeife. In ehrerbietiger Entfernung harrten dann zwölf reichgekleidete Sklaven seines Winkes; der eine trug seinen Betel, der andere hielt seinen Sonnenschirm, ein dritter hatte Gefäße von gediegenem Golde, mit köstlichem Sorbett angefüllt, ein vierter trug einen Wedel von Pfauenfedern, um die Fliegen aus der Nähe des Herrn zu verscheuchen; andere waren Sänger und trugen Lauten und Blasinstrumente, um ihn zu ergötzen mit Musik, wenn er es verlangte, und der gelehrteste von allen trug mehrere Rollen, um ihm vorzulesen.

Aber sie harrten vergeblich auf seinen Wink; er verlangte nicht Musik noch Gesang, er wollte keine Sprüche oder Gedichte weiser Dichter der Vorzeit hören, er wollte keinen Sorbett zu sich nehmen noch Betel kauen; ja selbst der mit dem Fächer aus Pfauenfedern hatte vergebliche Arbeit, denn der Herr bemerkte es nicht, wenn ihn eine Fliege summend umschwärmte.

Da blieben oft die Vorübergehenden stehen, staunten über die Pracht des Hauses, über die reichgekleideten Sklaven und über die Bequemlichkeiten, womit alles versehen war; aber wenn sie dann den Scheich ansahen, wie er so ernst und düster unter den Palmen saß, seine Augen nirgends hinwandte als auf die bläulichen Wölkchen seiner Wasserpfeife, da schüttelten sie die Köpfe und sprachen: »Wahrlich, der reiche Mann ist ein armer Mann. Er, der viel hat, ist ärmer, als der, der nichts hat; denn der Prophet hat ihm den Verstand nicht gegeben, es zu genießen.« So sprachen die Leute, lachten über ihn und gingen weiter.

Eines Abends, als der Scheich wiederum vor der Tür seines Hauses unter den Palmen saß, umgeben von allem Glanz der Erde, und traurig und einsam seine Wasserpfeife rauchte, standen nicht ferne davon einige junge Leute, betrachteten ihn und lachten. »Wahrlich«, sprach der eine, »das ist ein törichter Mann, der Scheich Ali Banu. Hätte ich seine Schätze, ich wollte sie anders anwenden. Alle Tage wollte ich Leben herrlich und in Freuden; meine Freunde müßten bei mir speisen in den großen Gemächern des Hauses, und Jubel und Lachen müßten diese traurigen Hallen füllen.«

»Ja«, erwiderte ein anderer, »das wäre nicht übel; aber viele Freunde zehren ein Gut auf, und wäre es so groß als das des Sultans, den der Prophet segne. Aber säße ich abends so unter den Palmen auf dem schönen Platze hier, da müßten mir die Sklaven dort singen und musizieren, meine Tänzer müßten kommen und tanzen und springen und allerlei wunderliche Stücke aufführen. Dazu rauchte ich recht vornehm die Wasserpfeife, ließe mir den köstlichen Sorbett reichen und ergötzte mich an all diesem wie ein König von Bagdad.«

»Der Scheich«, sprach ein dritter dieser jungen Leute, der ein Schreiber war, »der Scheich soll ein gelehrter und weiser Mann sein; und wirklich, seine Vorlesungen über den Koran zeugen von Belesenheit in allen Dichtern und Schriften der Weisheit. Aber ist auch sein Leben so eingerichtet, wie es einem vernünftigen Mann geziemt? Dort steht ein Sklave mit einem ganzen Arm voll Rollen; ich gäbe mein Festkleid dafür, nur eine davon lesen zu dürfen, denn es sind gewiß seltene Sachen. Aber er? Er sitzt und raucht und läßt Bücher Bücher sein. Wäre ich der Scheich Ali Banu, der Kerl müßte mir vorlesen, bis er keinen Atem mehr hätte oder bis die Nacht heraufkäme. Und auch dann noch müßte er mir lesen, bis ich entschlummert wäre.«

»Ha, ihr wißt mir recht, wie man sich ein köstliches Leben ein richtet«, lachte der vierte. »Essen und trinken, singen und tanzen; Sprüche lesen und Gedichte hören von armseligen Dichtern! Nein, ich würde es ganz anders machen. Er hat die herrlichsten Pferde und Kamele und Geld die Menge. Da würde ich an seiner stelle reisen, reisen bis an der Welt Ende, und selbst zu den Moskowitern, selbst zu den Franken. Kein Weg wäre mir zu weit, um die Herrlichkeiten der Welt zu sehen. So würde ich tun, wäre ich jener Mann dort.«

»Die Jugend ist eine schöne Zeit und das Alter, wo man fröhlich ist«, sprach ein alter Mann von unscheinbarem Aussehen, der neben ihnen stand und ihre Reden gehört hatte. »Aber erlaubt mir, daß ich es sage: Die Jugend ist auch töricht und schwatzt hie und da in den Tag hinein, ohne zu wissen, was sie tut.«

»Was wollt Ihr damit sagen, Alter?« fragten verwunden die jungen Leute. »Meint Ihr uns damit? Was geht es Euch an, daß wir die Lebensart des Scheichs tadeln?«

»Wenn einer etwas besser weiß als der andere, so berichtige er seinen Irrtum, so will es der Prophet«, erwiderte der alte Mann. »Der Scheich – es ist wahr – ist gesegnet mit Schätzen und hat alles, wonach das

Herz verlangt, aber er hat Ursache, ernst und traurig zu sein. Meint ihr, er sei immer so gewesen? Nein, ich habe ihn noch vor fünfzehn Jahren gesehen, da war er munter und rüstig wie die Gazelle und lebte fröhlich und genoß sein Leben. Damals hatte er einen Sohn, die Freude seiner Tage, schön und gebildet, und wer ihn sah und sprechen hörte, mußte den Scheich beneiden um diesen Schatz, denn er war erst zehn Jahre alt, und doch war er schon so gelehrt wie ein anderer kaum im achtzehnten.«

»Und er ist ihm gestorben? Der arme Scheich!« rief der junge Schreiber.

»Es wäre tröstlich für ihn, zu wissen, daß er heimgegangen ist in die Wohnungen des Propheten, wo er besser lebte als hier in Alexandria; aber das, was er erfahren mußte, ist viel schlimmer. Es war damals die Zeit, wo die Franken wie hungrige Wölfe herüberkamen in unser Land und Krieg mit uns führten. Sie hatten Alexandria überwältigt und zogen von da aus weiter und immer weiter und bekriegten die Mamelucken.

Der Scheich war ein kluger Mann und wußte sich gut mit ihnen zu vertragen. Aber sei es, weil sie lüstern waren nach seinen Schätzen, sei es, weil er sich seiner gläubigen Brüder annahm – ich weiß es nicht genau –, kurz, sie kamen eines Tages in sein Haus und beschuldigten ihn, die Mamelucken heimlich mit Waffen, Pferden und Lebensmitteln unterstützt zu haben. Er mochte seine Unschuld beweisen, wie er wollte, es half nichts, denn die Franken sind ein rohes, hartherziges Volk, wenn es darauf ankommt, Geld zu erpressen. Sie nahmen also seinen jungen Sohn, Kairam geheißen, als Geisel in ihr Lager. Er bot ihnen viel Geld für ihn, aber sie gaben ihn nicht los und wollten ihn zu noch höherem Gebot steigern.

Da kam ihnen auf einmal von ihrem Bassa – oder was er war – der Befehl, sich einzuschiffen. Niemand in Alexandria wußte ein Wort davon, und – plötzlich waren sie auf der hohen See, und den kleinen Kairam, Ali Banus Sohn, schleppten sie wohl mit sich, denn man hat nie wieder etwas von ihm gehört.«

»Oh, der arme Mann, wie hat ihn doch Allah geschlagen!« riefen einmütig die jungen Leute und schauten mitleidig hin nach dem Scheich, der, umgeben von Herrlichkeit, trauernd und einsam unter den Palmen saß.

»Sein Weib, das er sehr geliebt hat, starb ihm aus Kummer um ihren Sohn. Er selbst aber kaufte sich ein Schiff, rüstete es aus und bewog den fränkischen Arzt, der dort unten am Brunnen wohnt, mit ihm nach Frankistan zu reisen, um den verlorenen Sohn zu suchen. Sie schifften sich ein und waren lange Zeit auf dem Meere und kamen endlich in das Land jener Giaurs, jener Ungläubigen, die in Alexandria gewesen waren.

Aber dort soll es gerade schrecklich zugegangen sein. Sie hatten ihren Sultan umgebracht, und die Paschas und die Reichen und die Armen schlugen einander die Köpfe ab, und es war keine Ordnung mehr im Lande. Vergeblich suchten sie in jeder Stadt nach dem kleinen Kairam; niemand wollte von ihm wissen, und der fränkische Doktor riet endlich dem Scheich, sich einzuschiffen, weil sie sonst wohl selbst noch um ihre Köpfe kommen könnten.

So kamen sie wieder zurück, und seit seiner Ankunft hat der Scheich gelebt wie an diesem Tage, denn er trauert um seinen Sohn, und er hat recht. Muß er nicht, wenn er ißt und trinkt, denken: Jetzt muß vielleicht mein armer Kairam hungern und dürsten? Und wenn er sich bekleidet mit reichen Schals und Festkleidern, wie es sein Amt und seine Würde wollen, muß er nicht denken: Jetzt hat er wohl nichts, womit er seine Blöße deckt? Und wenn er umgeben ist von Sängern und Tänzern und Vorlesern, seinen Sklaven, denkt er da nicht: Jetzt muß wohl mein armer Sohn seinem fränkischen Gebieter Sprünge vormachen und musizieren, wie er es haben will? Und was ihm den größten Kummer macht: er glaubt, der kleine Kairam werde, so weit vom Lande seiner Väter und mitten unter Ungläubigen, die seiner spotten, abtrünnig werden vom Glauben seiner Väter, und er werde ihn einst nicht umarmen können in den Gärten des Paradieses!

Darum ist er auch so mild gegen seine Sklaven und gibt große Summen an die Armen, denn er denkt, Allah werde es vergelten und das Herz seiner fränkischen Herren rühren, daß sie seinen Sohn mild behandeln. Auch gibt er jedesmal, wenn der Tag kommt, an welchem ihm sein Sohn entrissen wurde, zwölf Sklaven frei.«

»Davon habe ich auch schon gehört«, entgegnete der Schreiber; »aber man trägt sich mit wunderlichen Reden. Von seinem Sohn wurde dabei nichts erwähnt, wohl aber sagt man, er sei ein sonderbarer Mann und ganz besonders erpicht auf Erzählungen. Da soll er jedes Jahr unter seinen Sklaven einen Wettstreit anstellen, und wer am besten erzählt, den gibt er frei.«

»Verlaßt euch nicht auf das Gerede der Leute«, sagte der alte Mann; »es ist so, wie ich es sage, und ich weiß es genau. Möglich ist, daß er sich an diesem schweren Tage aufheitern will und sich Geschichten erzählen läßt; doch gibt er sie frei um seines Sohnes willen. Doch der Abend wird kühl, und ich muß weitergehen. Salem aleikum; Friede sei mit euch, ihr jungen Herren, und denkt in Zukunft besser von dem guten Scheich!«

Die jungen Leute dankten dem Alten für seine Nachrichten, schauten noch einmal nach dem trauernden Vater und gingen die Straße hinab, indem sie zueinander sprachen: »Ich möchte doch nicht der Scheich Ali Banu sein.«

Nicht lange Zeit, nachdem diese jungen Leute mit dem alten Mann über den Scheich Ali Banu gesprochen hatten, traf es sich, daß sie um die Zeit des Morgengebets wieder diese Straße gingen. Da fielen ihnen der alte Mann und seine Erzählung ein, und sie beklagten zusammen den Scheich und blickten nach seinem Hause. Aber wie staunten sie, als sie dort alles aufs herrlichste ausgeschmückt fanden! Von dem Dache, wo geputzte Sklavinnen spazierengingen, wehten Wimpeln und Fahnen; die Halle des Hauses war mit köstlichen Teppichen belegt, Seidenstoff schloß sich an diese an, der über die breiten Stufen der Treppe gelegt war, und selbst auf der Straße war noch schönes, feines Tuch ausgebreitet, wovon sich mancher wünschen mochte zu einem Festkleid oder zu einer Decke für die Füße.

»Ei, wie hat sich doch der Scheich geändert in den wenigen Tagen!« sprach der junge Schreiber. »Will er ein Fest geben? Will er seine Sänger und Tänzer anstrengen? Seht mir diese Teppiche! Hat sie einer so schön in ganz Alexandria? Und dieses Tuch auf dem gemeinen Boden; wahrlich, es ist schade dafür!«

»Weißt du, was ich denke?« sprach ein anderer.

»Er empfängt sicherlich einen hohen Gast; denn das sind Vorbereitungen, wie man sie macht, wenn ein Herrscher von großen Ländern oder ein Effendi des Großherrn ein Haus mit seinem Besuche segnet. Wer mag wohl heute hierherkommen?«

»Siehe da – geht dort unten nicht unser Alter von letzthin? Ei, der weiß ja alles und muß auch darüber Aufschluß geben können. Heda, alter Herr! Wolltet Ihr nicht ein wenig zu uns treten?«

So riefen sie; der alte Mann aber bemerkte ihre Winke und kam zu ihnen, denn er erkannte sie als die jungen Leute, mit welchen er vor einigen Tagen gesprochen. Sie machten ihn aufmerksam auf die Zurüstungen im Hause des Scheichs und fragten ihn, ob er nicht wisse, welch hoher Gast wohl erwartet werde.

»Ihr glaubt wohl«, erwiderte er, »Ali Banu feiere ein großes Freudenfest, oder der Besuch eines großen Mannes beehre sein Haus? Dem ist nicht also; aber heute ist der zwölfte Tag des Monats Ramadan, wie ihr wißt, und an diesem Tag wurde sein Sohn ins Lager geführt.«

»Aber beim Bart des Propheten!« rief einer der jungen Leute. »Das sieht ja alles aus wie Hochzeit und Festlichkeiten – und doch ist es sein berühmter Trauertag! Wie reimt Ihr das zusammen? Gesteht, der Scheich ist denn doch etwas zerrüttet im Verstand.«

»Urteilt Ihr noch immer so schnell, mein junger Freund?« fragte der Alte lächelnd. »Auch diesmal war Euer Pfeil wohl spitzig und scharf, die Sehne Eures Bogens straff angezogen, und doch habt ihr weitab vom Ziele geschossen. Wisset, daß heute der Scheich seinen Sohn erwartet.«

»So ist er gefunden?« riefen die Jünglinge und freuten sich.

»Nein, und er wird sich wohl lange nicht finden; aber wisset: Vor acht oder zehn Jahren, als der Scheich auch einmal mit Trauern und Klagen diesen Tag beging, auch Sklaven freigab und viele Arme speiste und tränkte, da traf es sich, daß er auch einem Derwisch, der müde und matt im Schatten jenes Hauses lag, Speise und Trank reichen ließ.

Der Derwisch aber war ein heiliger Mann und erfahren in Prophezeiungen und im Sterndeuten. Der trat, als er gestärkt war durch die milde Hand des Scheichs, zu ihm und sprach: ›Ich kenne die Ursache deines Kummers; ist nicht heute der zwölfte Ramadan, und hast du nicht an diesem Tage deinen Sohn verloren? Aber sei getrost, dieser Tag der Trauer wird dir zum Festtag werden; denn wisse, an diesem Tage wird einst dein Sohn zurückkehren.‹

So sprach der Derwisch; es wäre Sünde für jeden Muselmanen, an der Rede eines solchen Mannes zu zweifeln. Der Gram Alis wurde zwar darum nicht gemildert, aber doch harrt er an diesem Tage immer auf die Rückkehr seines Sohnes und schmückt sein Haus und seine Halle und die Treppen, als könne jener zu jeder Stunde anlangen.«

»Wunderbar!« erwiderte der Schreiber. »Aber zusehen möchte ich doch, wie alles so herrlich bereitet ist, wie er selbst in dieser Herrlichkeit trauert; und hauptsächlich möchte ich zuhören, wie er sich von seinen Sklaven erzählen läßt.«

»Nichts leichter als dies«, antwortete der Alte. »Der Aufseher der Sklaven jenes Hauses ist mein Freund seit langen Jahren und gönnt mir an diesem Tage immer ein Plätzchen in dem Saal, wo man unter der Menge der Diener und Freunde des Scheichs den einzelnen nicht bemerkt. Ich will mit ihm reden, daß er euch einläßt; ihr seid ja nur vier, und da kann es schon gehen. Kommt um die neunte Stunde auf diesen Platz, und ich will euch Antwort geben.« So sprach der Alte; die jungen Leute aber dankten ihm und entfernten sich, voll Begierde, zu sehen, wie sich dies alles begeben würde.

Sie kamen zur bestimmten Stunde auf den Platz vor dem Hause des Scheichs und trafen da den Alten, der ihnen sagte, daß der Aufseher der Sklaven erlaubt habe, sie einzuführen. Er ging voran, doch nicht durch die reichgeschmückten Treppen und Tore, sondern durch ein Seitenpförtchen, das er sorgfältig wieder verschloß. Dann führte er sie durch mehrere Gänge, bis sie in den großen Saal kamen. Hier war ein großes Gedränge von allen Seiten; da waren reichgekleidete Männer, angesehene Herren der Stadt und Freunde des Scheichs, die gekommen waren, ihn in seinem Schmerz zu trösten; da waren Sklaven aller Art und aller Nationen. Aber alle sahen kummervoll aus, denn sie liebten ihren Herrn und trauerten mit ihm. Am Ende des Saales, auf einem reichen Diwan, saßen die vornehmsten Freunde Alis und wurden von den Sklaven bedient.

Neben ihnen auf dem Boden saß der Scheich, denn die Trauer um seinen Sohn erlaubte ihm nicht, auf dem Teppich der Freude zu sitzen. Er hatte sein Haupt in die Hand gestützt und schien wenig auf die Tröstungen zu hören, die ihm seine Freunde zuflüsterten. Ihm gegenüber saßen einige alte und junge Männer in Sklaventracht. Der Alte belehrte seine jungen Freunde, daß dies die Sklaven seien, die Ali Banu an diesem Tage freigebe. Es waren unter ihnen auch einige Franken, und der Alte machte besonders auf einen von ihnen aufmerksam, der von ausgezeichne-

ter Schönheit und noch sehr jung war. Der Scheich
hatte ihn erst einige Tage zuvor einem Sklavenhänd-
ler von Tunis um eine große Summe abgekauft und
gab ihn dennoch jetzt schon frei, weil er glaubte, je
mehr Franken er in ihr Vaterland zurückschicke, desto früher werde der Prophet seinen Sohn erlösen.

Nachdem man überall Erfrischungen umherge-
reicht hatte, gab der Scheich dem Aufseher der Sklaven ein Zeichen. Dieser stand auf, und es ward tiefe
Stille im Saal. Er trat vor die Sklaven, welche freigelassen werden sollten, und sprach mit vernehmlicher Stimme: »Ihr Männer, die ihr heute frei sein
werdet durch die Gnade meines Herrn Ali Banu,
des Scheichs von Alexandria, tut nun, wie es Sitte ist
an diesem Tag in seinem Hause, und hebt an zu erzählen.«

Sie flüsterten untereinander. Dann aber nahm ein
alter Sklave das Wort und fing an zu erzählen.

DER ZWERG NASE

Herr, diejenigen tun sehr unrecht, welche glauben,
es habe nur zu Zeiten Harun Al-Raschids, des Beherrschers von Bagdad, Feen und Zauberer gegeben,
oder die gar behaupten, jene Berichte von dem Treiben der Genien und ihrer Fürsten, welche man von
den Erzählern auf den Märkten der Stadt hört, seien
unwahr. Noch heute gibt es Feen, und es ist nicht so
lange her, daß ich selbst Zeuge einer Begebenheit
war, wo offenbar die Genien im Spiel waren, wie ich
euch berichten werde.

In einer bedeutenden Stadt meines lieben Vaterlandes Deutschland lebte vor vielen Jahren ein Schu-

ster mit seiner Frau schlicht und recht. Er saß bei Tage an der Ecke der Straße und flickte Schuhe und Pantoffeln und machte wohl auch neue, wenn ihm einer welche anvertrauen mochte; doch mußte er dann das Leder erst einkaufen, denn er war arm und hatte keine Vorräte. Seine Frau verkaufte Gemüse und Früchte, die sie in einem kleinen Gärtchen vor dem Tore pflanzte, und viele Leute kauften gerne bei ihr, weil sie reinlich und sauber gekleidet war und ihr Gemüse auf gefällige Art auszubreiten und zu legen wußte.

Die beiden Leutchen hatten einen schönen Knaben, angenehm von Gesicht, wohlgestaltet und für das Alter von zwölf Jahren schon ziemlich groß. Er pflegte gewöhnlich bei der Mutter auf dem Gemüsemarkt zu sitzen, und den Weibern oder Köchen, die viel bei der Schustersfrau eingekauft hatten, trug er wohl auch einen Teil der Früchte nach Hause, und selten kam er von einem solchen Gang zurück ohne eine schöne Blume oder ein Stückchen Geld oder Kuchen; denn die Herrschaften dieser Köche sahen es gerne, wenn man den schönen Knaben mit nach Hause brachte, und beschenkten ihn immer reichlich.

Eines Tages saß die Frau des Schusters wieder wie gewöhnlich auf dem Markte; sie hatte vor sich einige Körbe mit Kohl und anderem Gemüse, allerlei Kräuter und Sämereien, auch in einem kleineren Körbchen frühe Birnen, Äpfel und Aprikosen. Der kleine Jakob, so hieß der Knabe, saß neben ihr und rief mit heller Stimme die Waren aus: »Hierher, ihr Herren, seht, welch schöner Kohl, wie wohlriechend diese Kräuter; frühe Birnen, ihr Frauen, frühe Äpfel und Aprikosen, wer kauft? Meine Mutter gibt es wohlfeil.« So rief der Knabe.

Da kam ein altes Weib über den Markt her; sie sah etwas zerrissen und zerlumpt aus, hatte ein kleines, spitziges Gesicht, vom Alter ganz eingefurcht, rote Augen und eine spitzige, gebogene Nase, die gegen das Kinn hinabstrebte. Sie ging an einem langen Stock, und doch konnte man nicht sagen, wie sie ging, denn sie hinkte und rutschte und wankte; es war, als habe sie Räder in den Beinen und könne alle Augenblicke umstülpen und mit der spitzigen Nase aufs Pflaster fallen.

Die Frau des Schusters betrachtete dieses Weib aufmerksam. Es waren jetzt doch schon sechzehn Jahre, daß sie täglich auf dem Markte saß, und nie hatte sie diese sonderbare Gestalt bemerkt. Aber sie erschrak unwillkürlich, als die Alte auf sie zuhinkte und an ihren Körben stillstand.

» Seid Ihr Hanne, die Gemüsehändlerin?« fragte das alte Weib mit unangenehmer, krächzender Stimme, indem sie beständig den Kopf hin und her schüttelte.

»Ja, die bin ich«, antwortete die Schustersfrau; »ist Euch etwas gefällig?«

»Wollen sehen, wollen sehen! Kräutlein schauen, Kräutlein schauen; ob du hast, was ich brauche«, antwortete die Alte, beugte sich nieder vor den Körben und fuhr mit ein Paar dunkelbraunen, häßlichen Händen in den Kräuterkorb hinein, packte die Kräutlein, die so schön und zierlich ausgebreitet waren, mit ihren langen Spinnenfingern, brachte sie dann eines um das andere hinauf an die lange Nase und beroch sie hin und her.

Der Frau des Schusters wollte es fast das Herz abdrücken, wie sie das alte Weib also mit ihren seltenen Kräutern hantieren sah; aber sie wagte nichts zu sagen, denn es war das Recht des Käufers, die Ware zu prüfen, und überdies empfand sie ein sonderbares Grauen vor dem Weibe.

Als jene den ganzen Korb durchgemustert hatte, murmelte sie: »Schlechtes Zeug, schlechtes Kraut; nichts von allem, was ich will; war viel besser vor fünfzig Jahren; schlechtes Zeug, schlechtes Zeug!«

Solche Reden verdrossen nun den kleinen Jakob. »Höre, du bist ein unverschämtes altes Weib!« rief er unmutig. »Erst fährst du mit deinen garstigen braunen Fingern in die schönen Kräuter hinein und drückst sie zusammen, dann hältst du sie an deine lange Nase, daß sie niemand mehr kaufen mag, wer zugesehen, und jetzt schimpfst du noch unsere Ware schlechtes Zeug – und doch kauft selbst der Koch des Herzogs alles bei uns!«

Das alte Weib schielte den mutigen Knaben an, lachte widerlich und sprach mit heiserer Stimme: »Söhnchen, Söhnchen! Also gefällt dir meine Nase, meine schöne, lange Nase? Sollst auch eine haben mitten im Gesicht, bis übers Kinn herab.« Während sie so sprach, rutschte sie an den andern Korb, in welchem Kohl ausgelegt war. Sie nahm die herrlichsten weißen Kohlhäupter in die Hand, drückte sie zusammen, daß sie ächzten, warf sie dann wieder unordentlich in den Korb und sprach auch hier: »Schlechte Ware, schlechter Kohl!«

»Wackle nur nicht so garstig mit dem Kopf hin und her!« rief der Kleine ängstlich. »Dein Hals ist ja so dünn wie ein Kohlstengel; der könnte leicht abbrechen, und dann fiele dein Kopf hinein in den Korb; wer wollte dann noch kaufen?«

»Gefallen sie dir nicht, die dünnen Hälse?« murmelte die Alte lachend. »Sollst gar keinen haben;

Kopf muß in den Schultern stecken, daß er nicht her-
abfällt vom kleinen Körperlein!«

»Schwatzt doch nicht so unnützes Zeug mit dem
Kleinen da«, sagte endlich die Frau des Schusters im
Unmut über das lange Prüfen, Mustern und Berie-
chen; »wenn Ihr etwas kaufen wollt, so sputet Euch,
Ihr verscheucht mir ja sonst die anderen Kunden.«

»Gut, es sei, wie du sagst«, rief die Alte mit grimmigem Blick; »ich will dir diese sechs Kohlhäupter abkaufen! Aber siehe – ich muß mich auf den Stab stützten und kann nichts tragen; erlaube deinem Söhnlein, daß es mir die Ware nach Hause bringt, ich will
es dafür belohnen.«

Der Kleine wollte nicht mitgehen und weinte,
denn ihm graute vor der häßlichen Frau; aber die
Mutter befahl es ihm ernstlich, weil sie es doch für
eine Sünde hielt, der alten, schwächlichen Frau diese
Last allein aufzubürden. Halb weinend tat er, wie sie
befohlen, raffte die Kohlhäupter in ein Tuch zusammen und folgte dem alten Weib über den Markt hin.

Es ging nicht sehr schnell bei ihr, und sie brauchte beinahe dreiviertel Stunden, bis sie in einen ganz
entlegenen Teil der Stadt kam und endlich vor
einem kleinen baufälligen Hause stillhielt. Dort zog
sie einen alten, rostigen Haken aus der Tasche, fuhr
damit geschickt in ein kleines Loch in der Tür, und
plötzlich sprang diese krachend auf.

Aber wie war der kleine Jakob überrascht, als er
eintrat! Das Innere des Hauses war prachtvoll ausgeschmückt; von Marmor war die Decke und die Wände, die Gerätschaften vom schönsten Ebenholz, mit
Gold und geschliffenen Steinen eingelegt; der Boden
aber war von Glas und so glatt, daß der Kleine einige
Male ausglitt und umfiel.

Die Alte aber zog ein silbernes Pfeifchen aus der Tasche und pfiff eine Weise darauf, die gellend durch das Haus tönte; da kamen sogleich einige Meerschweinchen die Treppe herab. Dem Jakob wollte es aber ganz sonderlich dünken, daß sie aufrecht auf zwei Beinen gingen, Nußschalen statt Schuhen an den Pfoten trugen, menschliche Kleider angelegt und sogar Hüte nach der neuesten Mode auf die Köpfe gesetzt hatten. »Wo habt ihr meine Pantoffeln, schlechtes Gesindel?« rief die Alte und schlug mit dem Stock nach ihnen, daß sie jammernd in die Höhe sprangen. »Wie lange soll ich noch so dastehen?«

Sie sprangen schnell die Treppe hinauf und kamen wieder mit ein Paar Schalen von Kokosnuß, mit Leder gefüttert, welche sie der Alten geschickt an die Füße steckten.

Jetzt war alles Hinken und Rutschen vorbei. Sie warf den Stab von sich und glitt mit großer Schnelligkeit über den Glasboden hin, indem sie den kleinen Jakob an der Hand mit fortzog. Endlich hielt sie in einem Zimmer stille, das, mit allerlei Gerätschaften ausgeputzt, beinahe einer Küche glich, obgleich die Tische von Mahagoniholz und die Sofas, mit reichen Teppichen behängt, mehr zu einem Prunkgemach paßten. »Setz dich!« sagte die Alte recht freundlich, indem sie ihn in die Ecke eines Sofas drückte und einen Tisch so vor ihn hinstellte, daß er nicht mehr hervorkommen konnte. »Setz dich; du hast gar schwer zu tragen gehabt; die Menschenköpfe sind nicht so leicht, nicht so leicht.« »Aber Frau, was sprecht Ihr so wunderlich?« rief der Kleine. »Müde bin ich zwar, aber es waren ja Kohlköpfe, die ich getragen; Ihr habt sie meiner Mutter abgekauft.«

»Ei, das weißt du falsch«, lachte das Weib, deckte

den Deckel des Korbes auf und brachte einen Men-
schenkopf hervor, den sie am Schopf gefaßt hatte.

Der Kleine war vor Schrecken außer sich. Er konnte nicht fassen, wie dies alles zuging, aber er dachte
an seine Mutter; wenn jemand von diesen Menschenköpfen etwas erfahren würde, dachte er bei sich, würde man gewiß meine Mutter dafür anklagen.

»Muß dir nun auch etwas geben zum Lohn, weil
du so artig bist«, murmelte die Alte. »Gedulde dich
nur ein Weilchen; will dir ein Süppchen einbrocken,
an das du dein Leben lang denken wirst.« So sprach
sie und pfiff wieder.

Da kamen zuerst viele Meerschweinchen in
menschlichen Kleidern; sie hatten Küchenschürzen
umgebunden und im Gürtel Rührlöffel und Tran-
chiermesser. Nach diesen kam eine Menge Eichhörnchen hereingehüpft; sie hatten weite türkische Beinkleider an, gingen aufrecht, und auf dem Kopf trugen sie grüne Mützchen von Samt. Diese schienen die
Küchenjungen zu sein, denn sie kletterten mit großer
Geschwindigkeit an den Wänden hinauf und brachten Pfannen und Schüsseln, Eier und Butter, Kräuter
und Mehl herab und trugen es auf den Herd. Dort
aber fuhr die alte Frau auf ihren Pantoffeln von Ko-
kosschalen beständig hin und her, und der Kleine
sah, daß sie es sich recht angelegen sein lasse, ihm
etwas Gutes zu kochen. Jetzt knisterte das Feuer höher empor, jetzt rauchte und sott es in der Pfanne; ein
angenehmer Geruch verbreitete sich im Zimmer. Die
Alte aber rannte auf und ab, die Eichhörnchen und
Meerschweine ihr nach, und sooft sie am Herde vor-
beikam, guckte sie mit ihrer langen Nase in den
Topf. Endlich fing es an zu sprudeln und zu zischen,
Dampf stieg aus dem Topf hervor, und der Schaum

floß herab ins Feuer. Da nahm sie ihn weg, goß davon in eine silberne Schale und setzte sie dem kleinen Jakob vor.

»So, Söhnchen, so«, sprach sie, »iß nur dieses Süppchen, dann hast du alles, was dir an mir so gefallen hat. Sollst auch ein geschickter Koch werden, daß du doch etwas bist; aber Kräutlein, nein, das Kräutlein sollst du nimmer finden – warum hat es deine Mutter nicht in ihrem Korb gehabt?«

Der Kleine verstand nicht recht, was sie sprach, desto aufmerksamer behandelte er die Suppe, die ihm ganz trefflich schmeckte. Seine Mutter hatte ihm manche schmackhafte Speise bereitet, aber so gut war ihm noch nichts geworden. Der Duft von feinen Kräutern und Gewürzen stieg aus der Suppe auf; dabei war sie so süß und säuerlich zugleich und sehr stark. Während er noch die letzten Tropfen der köstlichen Speise austrank, zündeten die Meerschweinchen arabischen Weihrauch an, der in bläulichen Wolken durch das Zimmer schwebte; dichter und immer dichter wurden diese Wolken und sanken herab. Der Geruch des Weihrauchs wirkte betäubend auf den Kleinen; er mochte sich zurufen, sooft er wollte, daß er zu seiner Mutter zurückkehren müsse; wenn er sich ermannte, sank er immer wieder von neuem in den Schlaf zurück und schlief endlich wirklich auf dem Sofa des alten Weibes ein.

Sonderbare Träume kamen über ihn. Es war ihm, als ziehe ihm die Alte seine Kleider aus und umhülle ihn dafür mit einem Eichhörnchenbalg. Jetzt konnte er Sprünge machen und klettern wie ein Eichhörnchen; er ging mit den übrigen Eichhörnchen und Meerschweinchen, die sehr artige, gesittete Leute waren, um und hatte mit ihnen den Dienst bei der alten

Frau. Zuerst wurde er nur zu den Diensten eines Schuhputzers gebraucht, das heißt, er mußte die Kokosnüsse, welche die Frau statt der Pantoffeln trug, mit Öl salben und durch Reiben glänzend machen; da er nun in seines Vaters Hause zu ähnlichen Geschäften oft angehalten worden war, so ging es ihm flink von der Hand.

Etwa nach einem Jahre, träumte er weiter, wurde er zu feineren Geschäften gebraucht; er mußte nämlich mit noch einigen Eichhörnchen Sonnenstäubchen fangen und, wenn sie genug hatten, solche durch das feinste Haarsieb sieben. Die Frau hielt nämlich die Sonnenstäubchen für das Allerfeinste, und weil sie nicht gut beißen konnte – denn sie hatte keinen Zahn mehr –, so ließ sie ihr Brot aus Sonnenstäubchen zubereiten.

Wiederum nach einem Jahre wurde er zu den Dienern versetzt, die das Trinkwasser für die Alte sammelten. Man denke nicht, daß sie sich hierzu etwa eine Zisterne hatte graben lassen oder ein Faß in den Hof stellte, um das Regenwasser darin aufzufangen – da ging es viel feiner zu: Die Eichhörnchen, und Jakob mit ihnen, mußten mit Haselnußschalen den Tau aus den Rosen schöpfen, und das war das Trinkwasser der Alten. Da sie nun bedeutend viel trank, so hatten die Wasserträger schwere Arbeit.

Nach einem Jahre wurde er zum innern Dienst des Hauses bestellt; er hatte nämlich das Amt, die Böden rein zu machen. Da nun diese von Glas waren, worin man jeden Hauch sah, war es keine geringe Arbeit. Sie mußten sie bürsten und altes Tuch an die Füße schnallen und auf diesem kunstvoll im Zimmer umherfahren.

Im vierten Jahre ward er endlich zur Küche versetzt. Es war dies ein Ehrenamt, zu welchem man nur nach langer Prüfung gelangen konnte. Jakob diente dort vom Küchenjungen aufwärts bis zum ersten Pastetenmacher und erreichte eine so ungemeine Geschicklichkeit und Erfahrung in allem, was die Küche betrifft, daß er sich oft über sich selbst wundern mußte; die schwierigsten Sachen, Pasteten von zweihunderterlei Essenzen, Kräutersuppen, von allen Kräutlein der Erde zusammengesetzt – alles lernte er, alles verstand er schnell und kräftig zu machen.

So waren etwa sieben Jahre im Dienste des alten Weibes vergangen, da befahl sie ihm eines Tages, indem sie die Kokosschuhe auszog, Korb und Krückenstock zur Hand nahm, um auszugehen, er solle ein Hühnlein rupfen, mit Kräutern füllen und solches schön bräunlich und gelb rösten, bis sie wiederkäme. Er tat dies nach den Regeln der Kunst. Er drehte dem Hühnlein den Kragen um, brühte es in heißem Wasser, zog ihm geschickt die Federn aus, schabte ihm nachher die Haut, daß sie glatt und fein wurde, und nahm ihm die Eingeweide heraus. Sodann fing er an, die Kräuter zu sammeln, womit er das Hühnlein füllen sollte.

In der Kräuterkammer gewahrte er aber diesmal ein Wandschränkchen, dessen Tür halb geöffnet war und das er sonst nie bemerkt hatte. Er ging neugierig näher, um zu sehen, was es enthalte, und siehe da – es standen viele Körbe darinnen, von welchen ein starker, angenehmer Geruch ausging. Er öffnete eines dieser Körbchen und fand darin Kräutlein von ganz besonderer Gestalt und Farbe. Die Stengel und Blätter waren blaugrün und trugen oben eine kleine Blume von brennendem Rot, mit Gelb verbrämt; er betrachtete sinnend diese Blume, beroch sie, und sie strömte denselben starken Geruch aus, von dem einst jene Suppe, die ihm die Alte gekocht, geduftet hatte. Aber so stark war der Geruch, daß er zu niesen anfing, immer heftiger niesen mußte und – am Ende niesend erwachte.

Da lag er auf dem Sofa des alten Weibes und blickte verwundert umher. »Nein, wie man aber so lebhaft träumen kann!« sprach er zu sich. »Hätte ich jetzt doch schwören wollen, daß ich ein schnödes Eichhörnchen, ein Kamerad von Meerschweinen und anderem Ungeziefer, dabei aber ein großer Koch geworden sei. Wie wird die Mutter lachen, wenn ich ihr alles erzähle! Aber wird sie nicht auch schmälen, daß ich in einem fremden Hause einschlafe, statt ihr zu helfen auf dem Markte?«

Mit diesem Gedanken raffte er sich auf, um wegzugehen. Noch waren seine Glieder vom Schlafe ganz steif; besonders sein Nacken, denn er konnte den Kopf nicht recht hin und her bewegen; er mußte auch selbst über sich lächeln, daß er so schlaftrunken war, denn alle Augenblicke, ehe er es sich versah, stieß er mit der Nase an einen Schrank oder an die Wand oder schlug sie, wenn er sich schnell umwandte, an einen Türpfosten. Die Eichhörnchen und Meerschweinchen liefen winselnd um ihn her, als wollten sie ihn begleiten. Er lud sie auch wirklich ein, als er auf der Schwelle war, denn es waren niedliche Tierchen; aber sie fuhren auf ihren Nußschalen schnell ins Haus zurück, und er hörte sie nur noch in der Ferne heulen.

Es war ein ziemlich entlegener Teil der Stadt, wohin ihn die Alte geführt hatte, und er konnte sich kaum aus den engen Gassen herausfinden; auch war dort ein großes Gedränge, denn es mußte sich, wie

ihm dünkte, gerade in der Nähe ein Zwerg sehen
lassen; überall hörte er rufen: »Ei, seht den häßlichen
Zwerg! Wo kommt der Zwerg her? Ei, was hat er doch
für eine lange Nase, und wie ihm der Kopf in den
Schultern steckt; und die braunen, häßlichen Hände!« Zu einer andern Zeit wäre er wohl auch nachge-
laufen, denn er sah für sein Leben gern Riesen oder
Zwerge oder seltsame, fremde Trachten, aber so
mußte er sich sputen, um zur Mutter zu kommen.

Es war ihm ganz ängstlich zumute, als er auf den
Markt kam. Die Mutter saß noch da und hatte noch
ziemlich viele Früchte im Korb; lange konnte er also
nicht geschlafen haben. Aber doch kam es ihm von
weitem schon vor, als sei sie sehr traurig, denn sie rief
die Vorübergehenden nicht an, einzukaufen, sondern hatte den Kopf in die Hand gestützt, und als er
näher kaum, glaubte er auch, sie sei bleicher als sonst.
Er zauderte, was er tun sollte; endlich faßte er sich ein
Herz, schlich sich hinter sie hin, legte traulich seine
Hand auf ihren Arm und sprach: »Mütterchen, was
fehlt dir? Bist du böse auf mich?«

Die Frau wandte sich um nach ihm, fuhr aber mit
einem Schrei des Entsetzens zurück: »Was willst du
von mir, häßlicher Zwerg?« rief sie. »Fort, fort! Ich
kann dergleichen Possenspiele nicht leiden.«

»Aber Mutter, was hast du denn?« fragte Jakob
ganz erschrocken. »Dir ist gewiß nicht wohl; warum
willst du denn deinen Sohn von dir jagen?«

»Ich habe dir schon gesagt, geh deines Weges!«
entgegnete Frau Hanne zürnend. »Bei mir verdienst
du kein Geld durch deine Gaukeleien, häßliche Mißgeburt.«

»Wahrhaftig, Gott hat ihr das Licht des Verstandes
geraubt!« sprach der Kleine bekümmert zu sich.

»Was fange ich nur an, um sie nach Hause zu bringen? Lieb Mütterchen, so sei doch nur vernünftig; sieh mich doch nur recht an; ich bin ja dein Sohn, dein Jakob.«

»Nein, jetzt wird mir der Spaß zu unverschämt!« rief Hanne ihrer Nachbarin zu. »Seht nur den häßlichen Zwerg da; da steht er und vertreibt mir gewiß alle Käufer, und mit meinem Unglück wagt er zu spotten. Spricht zu mir: ›Ich bin ja dein Sohn, dein Jakob‹, der Unverschämte!«

Da erhoben sich die Nachbarinnen und fingen an zu schimpfen, so arg sie konnten – und Marktweiber, wisset ihr wohl, verstehen es –, und schalten ihn, daß er des Unglücks der armen Hanne spotte, der vor sieben Jahren ihr bildschöner Knabe gestohlen worden sei, und drohten insgesamt über ihn herzufallen und ihn zu zerkratzen, wenn er nicht alsobald ginge.

Der arme Jakob wußte nicht, was er von diesem allem denken sollte. War er doch, wie er glaubte, heute früh wie gewöhnlich mit der Mutter auf den Markt gegangen, hatte ihr die Früchte aufstellen helfen, war nachher mit dem alten Weib in ihr Haus gekommen, hatte ein Süppchen verzehrt, ein Schläfchen gemacht und war jetzt wieder da; und doch sprachen die Mutter und die Nachbarinnen von sieben Jahren! Und sie nannten ihn einen garstigen Zwerg! Was war denn nun mit ihm vorgegangen?

Als er sah, daß die Mutter gar nichts mehr von ihm hören wollte, traten ihm die Tränen in die Augen, und er ging trauernd die Straße hinab nach der Bude, wo sein Vater den Tag über Schuhe flickte. Ich will doch sehen, dachte er bei sich, ob er mich auch nicht kennen will; unter die Tür will ich mich stellen und mit ihm sprechen.

Als er an der Bude des Schusters angekommen war, stellte er sich unter die Tür und schaute hinein. Der Meister war so emsig mit seiner Arbeit beschäftigt, daß er ihn gar nicht sah; als er aber einmal zufällig einen Blick nach der Tür warf, ließ er Schuhe, Draht und Pfriem auf die Erde fallen und rief mit Entsetzen: »Um Gottes willen, was ist das? Was ist das?«

»Guten Abend, Meister!« sprach der Kleine, indem er vollends in den Laden trat. »Wie geht es Euch?«

»Schlecht, schlecht, kleiner Herr!« antwortete der Vater zu Jakobs großer Verwunderung; denn er schien ihn auch nicht zu kennen. »Das Geschäft will mir nicht mehr von der Hand. Bin so allein und werde jetzt alt, und doch ist mir ein Geselle zu teuer.«

»Aber habt Ihr denn kein Söhnlein, das Euch nach und nach an die Hand gehen könnte bei der Arbeit?« forschte der Kleine weiter.

»Ich hatte einen, der hieß Jakob und müßte jetzt ein schlanker, gewandter Bursche von zwanzig Jahren sein, der mir tüchtig unter die Arme greifen könnte. Ha, das müßte ein Leben sein; schon als er zwölf Jahre alt war, zeigte er sich so anstellig und geschickt und verstand schon manches vom Handwerk, und hübsch und angenehm war er auch; der hätte mir eine Kundschaft hergelockt, daß ich bald nicht mehr geflickt, sondern nichts als Neues geliefert hätte! Aber so geht's in der Welt!«

»Wo ist denn aber Euer Sohn?« fragte Jakob mit zitternder Stimme seinen Vater.

» Das weiß Gott«, antwortete er. »Vor sieben Jahren – ja, so lange ist's jetzt her – wurde er uns vom Markte weggestohlen.«

»Vor sieben Jahren?« rief Jakob mit Entsetzen.

»Ja, kleiner Herr, vor sieben Jahren. Ich weiß noch wie heute, wie mein Weib nach Hause kam, heulend und schreiend, das Kind sei den ganzen Tag nicht zurückgekommen, sie habe überall geforscht und gesucht und es nicht gefunden. Ich habe es immer gedacht und gesagt, daß es so kommen würde; der Jakob war ein schönes Kind, das muß man sagen, da war nun meine Frau stolz auf ihn und sah es gerne, wenn ihn die Leute lobten, und schickte ihn oft mit Gemüse und dergleichen in vornehme Häuser. Das war schon recht; er wurde allemal reichlich beschenkt; ›aber‹, sagte ich, ›gib acht! Die Stadt ist groß; viele schlechte Leute wohnen da; gib mir auf den Jakob acht!‹

Und so war es, wie ich sagte. Kommt einmal ein altes, häßliches Weib auf den Markt, feilscht um Früchte und Gemüse und kauft am Ende so viel, daß sie es nicht selbst tragen kann. Mein Weib, die mitleidige Seele, gibt ihr den Jungen mit und – hat ihn von Stund an nicht mehr gesehen.«

»Und das ist jetzt sieben Jahre, sagt Ihr?«

»Sieben Jahre wird es im Frühling. Wir ließen ihn ausrufen, wir gingen von Haus zu Haus und fragten; manche hatten den hübschen Jungen gekannt und liebgewonnen und suchten jetzt mit uns – alles vergeblich. Auch die Frau, welche das Gemüse gekauft hatte, wollte niemand kennen; aber ein steinaltes Weib, die schon neunzig Jahre gelebt hatte, sagte, es könne wohl die böse Fee Kräuterweis gewesen sein, die alle fünfzig Jahre einmal in die Stadt komme, um sich allerlei einzukaufen.«

So sprach Jakobs Vater und klopfte dabei seine Schuhe weidlich und zog den Draht mit beiden Fäusten weit hinaus.

Dem Kleinen aber wurde es nach und nach klar, was mit ihm vorgegangen, daß er nämlich nicht geträumt, sondern daß er sieben Jahre bei der bösen Fee als Eichhörnchen gedient habe. Zorn und Gram erfüllte sein Herz so sehr, daß es beinahe zerspringen wollte. Sieben Jahre seiner Jugend hatte ihm die Alte gestohlen, und was hatte er für Ersatz dafür? Daß er Pantoffeln von Kokosnüssen blank putzen, daß er ein Zimmer mit gläsernem Fußboden rein machen konnte? Daß er von den Meerschweinchen alle Geheimnisse der Küche gelernt hatte?

Er stand eine gute Weile so da und dachte über sein Schicksal nach, da fragte ihn endlich sein Vater: »Ist Euch vielleicht etwas von meiner Arbeit gefällig, junger Herr? Etwa ein Paar neue Pantoffeln oder«, setzte er lächelnd hinzu, »vielleicht ein Futteral für Eure Nase?«

»Was wollt Ihr nur mit meiner Nase?« fragte Jakob. »Warum sollte ich denn ein Futteral dazu brauchen?«

»Nun«, entgegnete der Schuster, »jeder nach seinem Geschmack aber das muß ich Euch sagen: Hätte ich diese schreckliche Nase, ein Futteral ließe ich mir darüber machen von rosenfarbigem Glanzleder. Schaut, da habe ich ein schönes Stückchen zur Hand. Freilich würde man eine Elle wenigstens dazu brauchen; aber wie gut wäret Ihr verwahrt, kleiner Herr! So, weiß ich gewiß, stoßt Ihr Euch an jeden Türpfosten, an jeden Wagen, dem Ihr ausweichen wollet.«

Der Kleine stand stumm vor Schrecken; er betastete seine Nase – sie war dick und wohl zwei Hände lang! So hatte also die Alte auch seine Gestalt verwandelt; darum kannte ihn also die Mutter nicht, darum schalt man ihn einen häßlichen Zwerg! »Meister«, sprach er halb weinend zu dem Schuster, »habt Ihr keinen Spiegel bei der Hand, worin ich mich beschauen könnte?«

»Junger Herr«, erwiderte der Vater mit Ernst, »Ihr habt nicht gerade eine Gestalt empfangen, die Euch eitel machen könnte, und Ihr habt nicht Ursache, alle Stunden in den Spiegel zu gucken. Gewöhnt es Euch ab; es ist besonders bei Euch eine lächerliche Gewohnheit.«

»Ach, so laßt mich doch in den Spiegel schauen!« rief der Kleine. »Gewiß, es ist nicht aus Eitelkeit!«

»Laßt mich in Ruhe, ich hab' keinen im Vermögen; meine Frau hat ein Spiegelchen, ich weiß aber nicht, wo sie es verborgen hält. Müßt Ihr aber durchaus in den Spiegel gucken, nun, über der Straße hin wohnt Urban, der Barbier, der hat einen Spiegel, zweimal so groß als Euer Kopf; gucket dort hinein – und indessen guten Morgen!«

Mit diesen Worten schob ihn der Vater ganz gelinde zur Bude hinaus, schloß die Tür hinter ihm zu und setzte sich wieder zur Arbeit. Der Kleine aber ging sehr niedergeschlagen über die Straße zu Urban, dem Barbier, den er noch aus früheren Zeiten wohl kannte. »Guten Morgen, Urban«, sprach er zu ihm, »ich komme, Euch um eine Gefälligkeit zu bitten: Seid so gut, und laßt mich ein wenig in Euren Spiegel schauen.«

»Mit Vergnügen; dort steht er!« rief der Barbier lachend, und seine Kunden, denen er den Bart scheren sollte, lachten weidlich mit. »Ihr seid ein hübsches Bürschchen, schlank und fein; ein Hälschen wie ein Schwan, Händchen wie eine Königin und ein Stumpfnäschen, man kann es nicht schöner sehen. Ein wenig eitel seid Ihr darauf, das ist wahr; aber beschauet Euch immer, man soll nicht von mir sagen, ich habe Euch aus Neid nicht in meinen Spiegel schauen lassen.«

So sprach der Barbier, und wieherndes Gelächter füllte die Baderstube. Der Kleine aber war indes vor den Spiegel getreten und hatte sich beschaut. Tränen traten ihm in die Augen. »Ja, so konntest du freilich deinen Jakob nicht wiedererkennen, liebe Mutter«, sprach er zu sich; »so war er nicht anzuschauen in den Tagen der Freude, wo du gerne mit ihm prangtest vor den Leuten!«

Seine Augen waren klein geworden wie die der Schweine; seine Nase war ungeheuer und hing über Mund und Kinn herunter; der Hals schien gänzlich weggenommen worden zu sein, denn sein Kopf stak tief in den Schultern, und nur mit den größten schmerzen konnte er ihn rechts und links bewegen; sein Körper war noch so groß als vor sieben Jahren, da er zwölf Jahre alt war. Aber wenn andere vom zwölften bis ins zwanzigste in die Höhe wachsen, so wuchs er in die Breite: der Rücken und die Brust waren weit ausgebogen und waren anzusehen wie ein kleiner, aber sehr dick gefüllter Sack; dieser dicke Oberleib saß auf kleinen, schwachen Beinchen, die dieser Last nicht gewachsen schienen. Aber um so größer waren die Arme, die ihm am Leib herabhingen; sie hatten die Größe wie die eines wohlgewachsenen Mannes; seine Hände waren grob und braungelb, seine Finger lang und spinnenartig, und wenn er sie recht ausstreckte, konnte er damit auf den Boden reichen, ohne daß er sich bückte. So sah er aus, der kleine Jakob; zum mißgestalten Zwerg war er geworden.

Jetzt gedachte er auch jenes Morgens, an welchem

das alte Weib an die Körbe seiner Mutter getreten war. Alles, was er damals an ihr getadelt hatte – die lange Nase, die häßlichen Finger –, alles hatte sie ihm angetan, und nur den langen, zitternden Hals hatte sie gänzlich weggelassen.

»Nun, habt Ihr Euch jetzt genug beschaut, mein Prinz?« sagte der Barbier, indem er zu ihm trat und ihn lachend betrachtete. »Wahrlich, wenn man sich dergleichen träumen lassen wollte, so komisch könnte es einem im Traume nicht vorkommen. Doch ich will Euch einen Vorschlag machen, kleiner Mann: Mein Barbierzimmer ist zwar sehr besucht, aber doch seit neuerer Zeit nicht so, wie ich wünsche. Das kommt daher, weil mein Nachbar, der Barbier Schaum, irgendwo einen Riesen gefunden hat, der ihm die Kunden ins Haus lockt. Nun, ein Riese zu werden ist gerade keine Kunst, aber so ein Männchen wie Ihr, ja, das ist schon ein ander Ding. Tretet bei mir in Dienste, kleiner Mann, Ihr sollt Wohnung, Essen, Trinken, Kleider – alles sollt Ihr haben; dafür stellt Ihr Euch morgens unter meine Tür und ladet die Leute ein, hereinzukommen. Ihr schlagt den Seifenschaum, reicht den Kunden das Handtuch, und, seid versichert, wir stehen uns beide gut dabei; ich bekomme mehr Kunden als jener mit dem Riesen, und jeder gibt Euch gerne noch ein Trinkgeld.«

Der Kleine war in seinem Innern empört über den Vorschlag, als Lockvogel für einen Barbier zu dienen. Aber mußte er sich nicht diesen Schimpf geduldig gefallen lassen? Er sagte dem Barbier daher ganz ruhig, daß er nicht Zeit habe zu dergleichen Diensten, und ging weiter.

Hatte das böse alte Weib seine Gestalt unterdrückt, so hatte sie doch seinem Geist nichts anhaben können, das fühlte er wohl, denn er dachte und fühlte nicht mehr, wie er vor sieben Jahren getan, nein, er glaubte in diesem Zeitraum weiser, verständiger geworden zu sein; er trauerte nicht um seine verlorene Schönheit, nicht über diese häßliche Gestalt, sondern nur darüber, daß er wie ein Hund von der Tür seines Vaters gejagt werde. Darum beschloß er, noch einen Versuch bei seiner Mutter zu machen.

Er trat zu ihr auf den Markt und bat sie, ihm ruhig zuzuhören. Er erinnerte sie an jenen Tag, an welchem er mit dem alten Weib gegangen; er erinnerte sie an alle einzelnen Vorfälle seiner Kindheit, erzählte ihr dann, wie er sieben Jahre als Eichhörnchen gedient habe bei der Fee und wie sie ihn verwandelte, weil er sie damals getadelt.

Die Frau des Schusters wußte nicht, was sie denken sollte. Alles traf zu, was er ihr von seiner Kindheit erzählte, aber wenn er davon sprach, daß er sieben Jahre lang ein Eichhörnchen gewesen sei, da sprach sie: »Es ist unmöglich, und es gibt keine Feen.« Und wenn sie ihn ansah, so verabscheute sie den häßlichen Zwerg und glaubte nicht, daß dies ihr Sohn sein könne.

Endlich hielt sie es fürs beste, mit ihrem Manne darüber zu sprechen. Sie raffte also ihre Körbe zusammen und hieß ihn mitgehen. So kamen sie zu der Bude des Schusters. »Sieh einmal«, sprach sie zu diesem, »der Mensch da will unser verlorener Jakob sein. Er hat mir alles erzählt, wie er uns vor sieben Jahren gestohlen wurde und wie er von einer Fee bezaubert worden sei.«

»So?« unterbrach sie der Schuster mit Zorn. »Hat er dies erzählt? Warte, du Range! Ich habe ihm alles erzählt noch vor einer Stunde, und jetzt geht er hin,

dich so zu foppen! Bezaubert bist du worden, mein
Söhnchen? Warte doch, ich will dich wieder entzaubern.« Dabei nahm er einen Bündel Riemen, die er
eben zugeschnitten harte, sprang auf den Kleinen zu
und schlug ihn auf den hohen Rücken und auf die
langen Arme, daß der Kleine vor Schmerz aufschrie
und weinend davonlief.

In jener Stadt gibt es – wie überall – wenige mitleidige Seelen, die einen Unglücklichen, der zugleich
etwas Lächerliches an sich trägt, unterstützen. Daher
kam es, daß der unglückliche Zwerg den ganzen Tag
ohne Speise und Trank blieb und abends die Treppen einer Kirche, so hart und kalt sie waren, zum
Nachtlager wählen mußte.

Als ihn aber am nächsten Morgen die ersten Strahlen der Sonne erweckten, da dachte er ernstlich darüber nach, wie er sein Leben fristen könne, da ihn
Vater und Mutter verstoßen. Er fühlte sich zu stolz,
um als Aushängeschild eines Barbiers zu dienen; er
wollte nicht zu einem Possenreißer sich verdingen
und sich um Geld sehen lassen; was sollte er anfangen? Da fiel ihm ein, daß er als Eichhörnchen große
Fortschritte in der Kochkunst gemacht habe; er
glaubte nicht mit Unrecht, hoffen zu dürfen, daß er
es mit manchem Koch aufnehmen könne; er beschloß, seine Kunst zu benutzen.

Sobald es daher lebhafter wurde auf den Straßen
und der Morgen ganz heraufgekommen war, trat er
zuerst in die Kirche und verrichtete sein Gebet. Dann
trat er seinen Weg an. Der Herzog, der Herr des Landes, war ein bekannter Schlemmer und Lecker, der
eine gute Tafel liebte und seine Köche in allen Welt-
teilen suchte; zu seinem Palast begab sich der Kleine.
Als er an die äußerste Pforte kam, fragten die Türhü-

ter nach seinem Begehr und hatten ihren Spott mit ihm; er aber verlangte nach dem Oberküchenmeister. Sie lachten und führten ihn durch die Vorhöfe, und wo er hinkam, blieben die Diener stehen, schauten nach ihm, lachten weidlich und schlossen sich an, so daß nach und nach ein ungeheurer Zug von Dienern aller Art sich die Treppe des Palastes hinaufbewegte. Die Stallknechte warfen ihre Striegel weg, die Läufer liefen, was sie konnten, die Teppichbreiter vergaßen die Teppiche auszuklopfen, alles drängte und trieb sich; es war ein Gewühl, als sei der Feind vor den Toren, und das Geschrei: »Ein Zwerg! Ein Zwerg! Habt ihr den Zwerg gesehen?« füllte die Lüfte.

Da erschien der Aufseher des Hauses mit grimmigem Gesicht, eine ungeheure Peitsche in der Hand, in der Tür. »Um des Himmels willen, ihr Hunde, was macht ihr solchen Lärm? Wißt ihr nicht, daß der Herr noch schläft?« Und dabei schwang er die Geißel und ließ sie unsanft auf den Rücken einiger Stallknechte und Türhüter niederfallen.

»Ach, Herr«, riefen sie, »seht Ihr denn nicht? Da bringen wir einen Zwerg; einen Zwerg, wie Ihr noch keinen gesehen.«

Der Aufseher des Palastes zwang sich mit Mühe, nicht laut aufzulachen, als er des Kleinen ansichtig wurde, denn er fürchtete, durch Lachen seiner Würde zu schaden. Er trieb daher mit der Peitsche die übrigen hinweg, führte den Kleinen ins Haus und fragte nach seinem Begehr. Als er hörte, jener wolle zum Küchenmeister, erwiderte er: »Du irrst dich, mein Söhnchen; zu mir, dem Aufseher des Hauses, willst du; du willst Leibzwerg werden beim Herzog – ist es nicht also?«

»Nein, Herr!« antwortete der Zwerg. »Ich bin ein geschickter Koch und erfahren in allerlei seltenen Speisen; wollt mich zum Oberküchenmeister bringen; vielleicht kann er meine Kunst brauchen.«

»Jeder nach seinem Willen, kleiner Mann; übrigens bist du doch ein unbesonnener Junge. In die Küche! Als Leibzwerg hättest du keine Arbeit gehabt und Essen und Trinken nach Herzenslust und schöne Kleider. Doch wir wollen sehen; deine Kochkunst wird schwerlich soweit reichen, als ein Mundkoch des Herrn nötig hat; und zum Küchenjungen bist du zu gut.« Bei diesen Worten nahm ihn der Aufseher des Palastes bei der Hand und führte ihn in die Gemächer des Oberküchenmeisters

»Gnädiger Herr«, sprach dort der Zwerg und verbeugte sich so tief, daß er mit der Nase den Fußteppich berührte, »braucht Ihr keinen geschickten Koch?«

Der Oberküchenmeister betrachtete ihn vom Kopf bis zu den Füßen, brach dann in lautes Lachen aus und sprach: »Wie?« rief er. »Du ein Koch? Meinst du, unsere Herde seien so niedrig, daß du nur auf einen hinaufschauen kannst, wenn du dich auf die Zehen stellst und den Kopf recht aus den Schultern herausarbeitest? Oh, lieber Kleiner! Wer dich zu mir geschickt hat, um dich als koch zu verdingen, der hat dich zum Narren gehabt.«

So sprach der Oberküchenmeister und lachte weidlich, und mit ihm lachten der Aufseher des Palastes und alle Diener, die im Zimmer waren.

Der Zwerg aber ließ sich nicht aus der Fassung bringen. »Was liegt an einem Ei oder zweien, an ein wenig Sirup und Wein, an Mehl und Gewürz in einem Hause, wo man dessen genug hat?« sprach er.

»Gebt mir irgendeine leckerhafte Speise zu bereiten auf, schafft mir, was ich dazu brauche, und sie soll vor Euren Augen schnell bereitet sein, und Ihr sollt sagen müssen: Er ist ein Koch nach Regel und Recht.«

Solche und ähnliche Reden führte der Kleine, und es war wunderlich anzuschauen, wie es dabei aus seinen kleinen Äuglein hervorblitzte, wie seine lange Nase sich hin und her schlängelte und seine dünnen Spinnenfinger seine Rede begleiteten.

»Wohlan!« rief der Küchenmeister und nahm den Aufseher des Palastes unter dem Arm. »Wohlan, es sei um des Spaßes willen; laßt uns zur Küche gehen!«

Sie gingen durch mehrere Säle und Gänge und kamen endlich in die Küche. Es war dies ein großes, weitläufiges Gebäude, herrlich eingerichtet; auf zwanzig Herden brannten beständig Feuer, ein klares Wasser, das zugleich zum Fischbehälter diente, floß mitten durch sie; in Schränken von Marmor und köstlichem Holz waren die Vorräte aufgestellt, die man immer zur Hand haben mußte, und zur Rechten und Linken waren zehn Säle, in welchen alles aufgespeichert war, was man in allen Ländern von Frankistan und selbst im Morgenlande Köstliches und Leckeres für den Gaumen erfunden. Küchenbediente aller Art liefen umher und rasselten und hantierten mit Kesseln und Pfannen, mit Gabeln und Schaumlöffeln; als aber der Oberküchenmeister in die Küche eintrat, blieben sie alle regungslos stehen, und nur das Feuer hörte man noch knistern und das Bächlein rieseln.

»Was hat der Herr heute zum Frühstück befohlen?« fragte der Meister den ersten Frühstückmacher, einen alten Koch.

»Herr, die Dänische Suppe hat er geruht zu befehlen und rote Hamburger Klößchen.«

»Gut«, sprach der Küchenmeister weiter; »hast du gehört, was der Herr speisen will? Getraust du dich, diese schwierigen Speisen zu bereiten? Die Klößchen bringst du auf keinen Fall heraus, das ist ein Geheimnis.«

»Nichts leichter als dies«, erwiderte zu allgemeinem Erstaunen der Zwerg, denn er hatte diese Speisen als Eichhörnchen oft gemacht, »nichts leichter. Man gebe mir zu der Suppe die und die Kräuter, dies und jenes Gewürz, Fett von einem wilden Schwein, Wurzeln und Eier. Zu den Klößchen aber«, sprach er leiser, daß es nur der Küchenmeister und der Frühstückmacher hören konnten, »zu den Klößchen brauche ich viererlei Fleisch, etwas Wein, Entenschmalz, Ingwer und ein gewisses Kraut, das man Magentrost heißt.«

»Ha! Bei Sankt Benedikt! Bei welchem Zauberer hast du gelernt?« rief der Koch mit Staunen. »Alles bis auf ein Haar hat er gesagt, und das Kräutlein Magentrost haben wir selbst nicht gewußt – ja, das muß es noch angenehmer machen. O du Wunder von einem Koch!«

»Das hätte ich nicht gedacht!« sagte der Oberküchenmeister. »Doch lassen wir ihn die Probe machen. Gebt ihm die Sachen, die er verlangt, Geschirr und alles, und laßt ihn das Frühstück bereiten.«

Man tat, wie er befohlen, und rüstete alles auf dem Herde zu; aber da fand es sich, daß der Zwerg kaum mit der Nase bis an den Herd reichen konnte. Man setzte daher ein paar Stühle zusammen, legte eine Marmorplatte darüber und lud den kleinen Wundermann ein, sein Kunststück zu beginnen. In einem großen Kreise standen die Köche, Küchenjungen, Diener und allerlei Volk umher und sahen zu und staunten, wie ihm alles so flink und fertig von der Hand ging, wie er alles so reinlich und niedlich bereitete.

Als er mit der Zubereitung fertig war, befahl er, beide Schüsseln ans Feuer zu setzen und genauso lange kochen zu lassen, bis er rufen werde; dann fing er an zu zählen eins, zwei, drei und so fort, und gerade, als er fünfhundert gezählt hatte, rief er: »Halt!« Die Töpfe wurden weggesetzt, und der Kleine lud den Küchenmeister ein, zu kosten.

Der Mundkoch ließ sich von einem Küchenjungen einen goldenen Löffel reichen, spülte ihn im Bach und überreichte ihn dem Oberküchenmeister; dieser trat mit feierlicher Miene an den Herd, nahm von den Speisen, kostete, drückte die Augen zu, schnalzte vor Vergnügen mit der Zunge und sprach dann: »Köstlich; bei des Herzogs Leben, köstlich! Wollt Ihr nicht auch ein Löfflein zu Euch nehmen, Aufseher des Palastes?«

Dieser verbeugte sich, nahm den Löffel, kostete und war vor Vergnügen und Lust außer sich. »Eure Kunst in Ehren, lieber Frühstückmacher, Ihr seid ein erfahrener Koch; aber so herrlich habt Ihr weder die Suppe noch die Hamburger Klöße machen können!«

Auch der Koch kostete jetzt, schüttelte dann dem Zwerg ehrfurchtsvoll die Hand und sagte: »Kleiner, du bist Meister in der Kunst; ja, das Kräutlein Magentrost, das gibt allem einen ganz eigenen Reiz.«

In diesem Augenblick kam der Kammerdiener des Herzogs in die Küche und berichtete, daß der Herr das Frühstück verlange. Die Speisen wurden nun auf silberne Platten gelegt und dem Herzog zugeschickt; der Oberküchenmeister aber nahm den Kleinen in sein Zimmer und unterhielt sich mit ihm. Kaum waren sie aber halb so lange da, als man ein Paternoster spricht (es ist dies das Gebet der Franken, o Herr, und dauert nicht halb so lange als das Gebet der Gläubigen), so kam schon ein Bote und rief den Oberküchenmeister zum Herrn. Der kleidete sich schnell in sein Festkleid und folgte dem Boten.

Der Herzog sah sehr vergnügt aus. Er hatte alles aufgezehrt, was auf den silbernen Schüsseln gewesen war, und wischte sich eben den Bart ab, als der Oberküchenmeister zu ihm eintrat. »Höre, Küchenmeister«, sprach er, »ich bin mit deinen Köchen bisher immer sehr zufrieden gewesen; aber sage mir, wer hat heute mein Frühstück bereitet? So köstlich war es nie, seit ich auf dem Thron meiner Väter sitze; sage an, wie er heißt, der Koch, daß wir ihm einige Dukaten zum Geschenke schicken.«

»Herr, das ist eine wunderbare Geschichte«, antwortete der Oberküchenmeister und erzählte, wie man ihm heute früh einen Zwerg gebracht, der durchaus Koch werden wollte, und wie sich dies alles begeben hatte.

Der Herzog verwunderte sich höchlich, ließ den Zwerg vor sich rufen und fragte ihn aus, wer er sei und woher er komme. Da konnte nun der arme Jakob freilich nicht sagen, daß er verzaubert worden sei und früher als Eichhörnchen gedient habe; doch blieb er bei der Wahrheit, indem er erzählte, er sei jetzt ohne Vater und Mutter und habe bei einer alten Frau kochen gelernt.

Der Herzog fragte nicht weiter, sondern ergötzte sich an der sonderbaren Gestalt seines neuen Kochs. »Willst du bei mir bleiben«, sprach er, »so will ich dir jährlich fünfzig Dukaten, ein Festkleid und überdies zwei Paar Beinkleider reichen lassen. Da für mußt du aber täglich mein Frühstück selbst bereiten, mußt angeben, wie das Mittagessen gemacht werden soll, und überhaupt dich meiner Küche annehmen. Da jeder in meinem Palast seinen eigenen Namen von mir empfängt, so sollst du Nase heißen und die Würde eines Unterküchenmeisters bekleiden.«

Der Zwerg Nase fiel nieder vor dem mächtigen Herzog in Frankenland, küßte ihm die Füße und versprach, ihm treu zu dienen.

So war nun der Kleine fürs erste versorgt, und er machte seinem Amt Ehre, denn man kann sagen, daß der Herzog ein ganz anderer Mann war, während der Zwerg Nase sich in seinem Hause aufhielt. Sonst hatte es ihm oft beliebt, die Schüsseln oder Platten, die man ihm auftrug, den Köchen an den Kopf zu werfen; ja dem Oberküchenmeister selbst warf er im Zorn einmal einen gebackenen Kalbsfuß, der nicht weich genug geworden war, so heftig an die Stirn, daß er umfiel und drei Tage zu Bette liegen mußte. Der Herzog machte zwar, was er im Zorn getan, durch einige Händevoll Dukaten wieder gut, aber dennoch war nie ein Koch ohne Zittern und Zagen mit den Speisen zu ihm gekommen. Seit der Zwerg im Hause war, schien alles wie durch Zauber umgewandelt. Der Herr aß jetzt statt dreimal des Tages fünfmal, um sich an der Kunst seines kleinsten Dieners recht zu laben, und dennoch verzog er nie eine Miene zum Unmut. Nein, er fand alles neu, trefflich, war leutselig und angenehm und wurde von Tag zu Tag fetter.

Oft ließ er mitten unter der Tafel den Küchenmeister und den Zwerg Nase rufen, setzte den einen rechts, den andern links zu sich und schob ihnen mit seinen eigenen Fingern einige Bissen der köstlichsten

Speisen in den Mund – eine Gnade, welche sie beide wohl zu schätzen wußten.

Der Zwerg war das Wunder der Stadt. Man erbat sich flehentlich Erlaubnis vom Oberküchenmeister, den Zwerg kochen zu sehen, und einige der vornehmsten Männer hatten es so weit gebracht beim Herzog, daß ihre Diener in der Küche beim Zwerg Unterrichtsstunden genießen durften, was nicht wenig Geld eintrug, denn jeder zahlte täglich einen halben Dukaten. Und um die übrigen Köche bei guter Laune zu erhalten und sie nicht neidisch auf ihn zu machen, überließ ihnen Nase dieses Geld, das die Herren für den Unterricht ihrer Köche zahlen mußten.

So lebte Nase beinahe zwei Jahre in äußerlichem Wohlleben und Ehre, und nur der Gedanke an seine Eltern betrübte ihn. So lebte er, ohne etwas Merkwürdiges zu erfahren, bis sich folgender Vorfall ereignete:

Der Zwerg Nase war besonders geschickt und glücklich in seinen Einkäufen, daher ging er, sooft es ihm die Zeit erlaubte, immer selbst auf den Markt, um Geflügel und Früchte einzuhandeln. Eines Morgens ging er auch auf den Gänsemarkt und forschte nach schweren, fetten Gänsen, wie sie der Herr liebte. Er war musternd schon einige Male auf und ab gegangen. Seine Gestalt, weit entfernt, hier Lachen und Spott zu erregen, gebot Ehrfurcht, denn man erkannte ihn als den berühmten Mundkoch des Herzogs, und jede Gänsefrau fühlte sich glücklich, wenn er ihr die Nase zuwandte.

Da sah er ganz am Ende einer Reihe in einer Ecke eine Frau sitzen, die auch Gänse feil hatte, aber nicht wie die übrigen ihre Ware anpries und nach Käufern schrie. Zu dieser trat er und maß und wog ihre Gänse. Sie waren, wie er sie wünschte, und er kaufte drei samt dem Käfig, lud sie auf seine breiten Schultern und trat den Rückweg an.

Da kam es ihm sonderbar vor, daß nur zwei von diesen Gänsen schnatterten und schrien, wie rechte Gänse zu tun pflegen, die dritte aber ganz still und in sich gekehrt dasaß und Seufzer ausstieß und ächzte wie ein Mensch. »Die ist halb krank«, sprach er vor sich hin; »ich muß eilen, daß ich sie umbringe und zurichte.« Aber die Gans antwortete ganz deutlich und laut:

>»Stichst du mich,
>So beiß’ ich dich.
>Drückst du mir die Kehle ab,
>Bring’ ich dich ins frühe Grab.«

Ganz erschrocken setzte der Zwerg Nase seinen Käfig nieder, und die Gans sah ihn mit schönen, klugen Augen an und seufzte.

»Ei der Tausend!« rief Nase. »Sie kann sprechen, Jungfer Gans? das hätte ich nicht gedacht. Na, sei Sie nur nicht ängstlich! Man weiß zu leben und wird einem so seltenen Vogel nicht zu Leibe gehen. Aber ich wollte wetten, Sie ist nicht von jeher in diesen Federn gewesen; war ich ja selbst einmal ein schnödes Eichhörnchen.«

»Du hast recht«, erwiderte die Gans, »wenn du sagst, ich sei nicht in dieser schmachvollen Hülle geboren worden. Ach, an meiner wiege wurde es mir nicht gesungen, daß Mimi, des großen Wetterbocks Tochter, in der Küche eines Herzogs getötet werden soll!«

»Sei Sie doch ruhig, liebe Jungfer Mimi«, tröstete der Zwerg. »So wahr ich ein ehrlicher Kerl und Unterküchenmeister Seiner Durchlaucht bin, es soll Ihr keiner an die Kehle. Ich will Ihr in meinen eigenen Gemächern einen Stall anweisen; Futter soll Sie genug haben, und meine freie Zeit werde ich Ihrer Unterhaltung widmen. Den übrigen Küchenmenschen werde ich sagen, daß ich eine Gans mit besonderen Kräutern für den Herzog mäste, und sobald sich Gelegenheit findet, setze ich Sie in Freiheit.«

Die Gans dankte ihm mit Tränen; der Zwerg aber tat, wie er versprochen, schlachtete die zwei anderen Gänse, für Mimi aber baute er einen eigenen Stall unter dem Vorwande, sie für den Herzog ganz besonders zuzurichten. Er gab ihr auch kein gewöhnliches Gänsefutter, sondern versah sie mit Backwerk und süßen Speisen. Sooft er freie Zeit hatte, ging er hin, sich mit ihr zu unterhalten und sie zu trösten. Sie erzählten sich auch gegenseitig ihre Geschichten, und Nase erfuhr auf diesem Wege, daß die Gans eine Tochter des Zauberers Wetterbock sei, der auf der Insel Gotland lebe. Er sei in Streit geraten mit einer alten Fee, die ihn durch Ränke und List überwunden und sie zur Rache in eine Gans verwandelt und weit hinweg, bis hierher, gebracht habe.

Als der Zwerg Nase ihr seine Geschichte ebenfalls erzählt hatte, sprach sie: »Ich bin nicht unerfahren in diesen Sachen; mein Vater hat mir und meinen Schwestern einige Anleitung gegeben, so viel er nämlich davon mitteilen durfte. Die Geschichte mit dem Streit am Kräuterkorb, deine plötzliche Verwandlung, als du an jenem Kräutlein rochst, auch wenige Worte der Alten, die du mir sagtest, beweisen mir, daß du auf Kräuter bezaubert bist, das heißt: Wenn du das Kraut findest, das sich die Fee bei deiner Verzauberung gedacht hat, so kannst du erlöst werden.«

Dies war ein geringer Trost für den Kleinen; wo sollte er das Kraut finden? Doch dankte er ihr und schöpfte einige Hoffnung.

Um diese Zeit bekam der Herzog einen Besuch von einem benachbarten Fürsten, seinem Freunde. Er ließ daher seinen Zwerg Nase vor sich kommen und sprach zu ihm: »Jetzt ist die Zeit gekommen, wo du zeigen mußt, ob du mir treu dienst und Meister deiner Kunst bist. Dieser Fürst, der bei mir zu Besuch ist, speist bekanntlich außer mir am besten und ist ein großer Kenner einer feinen Küche und ein weiser Mann. Sorge nun dafür, daß meine Tafel täglich also besorgt werde, daß er immer mehr in Erstaunen gerät. Dabei darfst du, bei meiner Ungnade, solange er da ist, keine Speise zweimal bringen. Dafür kannst du dir von meinem Schatzmeister alles reichen lassen, was du nur brauchst. Und wenn du Gold und Diamanten in Schmalz backen mußt, so tu es. Ich will lieber ein armer Mann werden, als erröten vor ihm.«

So sprach der Herzog. Der Zwerg aber sagte, indem er sich anständig verbeugte: »Es sei, wie du sagst, o Herr! So es Gott gefällt, werde ich alles so machen, daß es diesem Fürsten der Gutschmecker wohlgefällt.«

Der kleine Koch suchte nun seine ganze Kunst hervor. Er schonte die Schätze seines Herrn nicht; noch weniger aber sich selbst, denn man sah ihn den ganzen Tag in eine Wolke von Rauch und Feuer eingehüllt, und seine Stimme hallte beständig durch das Gewölbe der Küche, denn er befahl als Herrscher den Küchenjungen und niederen Köchen.

Herr, ich könnte es machen wie die Kameltreiber

von Aleppo, wenn sie in ihren Geschichten, die sie den Reisenden erzählen, die Menschen herrlich speisen lassen. Sie führen eine ganze Stunde lang all die Gerichte an, die aufgetragen worden sind, und erwecken dadurch große Sehnsucht und noch größeren Hunger in ihren Zuhörern, so daß diese unwillkürlich die Vorräte öffnen und eine Mahlzeit halten und den Kameltreibern reichlich mitteilen – doch ich tue nicht also.

Der fremde Fürst war schon vierzehn Tage beim Herzog und lebte herrlich und in Freuden. Sie speisten des Tages nicht weniger als fünfmal, und der Herzog war zufrieden mit der Kunst des Zwerges, denn er sah Zufriedenheit auf der Stirn seines Gastes. Am fünfzehnten Tage aber begab es sich, daß der Herzog den Zwerg zur Tafel rufen ließ, ihn seinem Gast, den Fürsten, vorstellte und diesen fragte, wie er mit dem Zwerg zufrieden sei.

»Du bist ein wunderbarer Koch«, antwortete der fremde Fürst, »und weißt, was anständig essen heißt. Du hast in der ganzen Zeit, da ich hier bin, nicht eine einzige Speise wiederholt und alles trefflich bereitet. Aber sage mir doch, warum bringst du so lange nicht die Königin der Speisen, die Pastete Suzeräne?«

Der Zwerg war sehr erschrocken, denn er hatte von dieser Pastetenkönigin nie gehört; doch faßte er sich und antwortete: »O Herr, noch lange, hoffte ich, sollte dein Angesicht leuchten an diesem Hoflager, darum wartete ich mit dieser Speise. Denn womit sollte dich denn der Koch begrüßen am Tage des Scheidens als mit der Königin der Pasteten?«

»So?« entgegnete der Herzog lachend. »Und bei mir wolltest du wohl warten bis an meinen Tod, um mich dann noch zu begrüßen? Denn auch mir hast du die Pastete noch nie vorgesetzt. Doch denke auf einen anderen Scheidegruß, denn morgen mußt du die Pastete auf die Tafel setzen.«

»Es sei, wie du sagst, Herr!« antwortete der Zwerg und ging. Aber er ging nicht vergnügt, denn der Tag seiner Schande und seines Unglücks war gekommen – er wußte nicht, wie er die Pastete machen sollte. Er ging daher in seine Kammer und weinte über sein Schicksal.

Da trat die Gans Mimi, die in seinem Gemach umhergehen durfte, zu ihm und fragte ihn nach der Ursache seines Jammers. » Stille deine Tränen«, antwortete sie, als sie von der Pastete Suzeräne hörte; »dieses Gericht kam oft auf meines Vaters Tisch, und ich weiß ungefähr, was man dazu braucht. Du nimmst dies und jenes soundsoviel, und wenn es auch nicht durchaus alles ist, was eigentlich dazu nötig, die Herren werden keinen so feinen Geschmack haben.«

So sprach Mimi. Der Zwerg aber sprang auf vor Freuden, segnete den Tag, an welchem er die Gans gekauft hatte, und schickte sich an, die Königin der Pasteten zuzurichten. Er machte zuerst einen kleinen Versuch, und siehe – es schmeckte trefflich, und der Oberküchenmeister, dem er davon zu kosten gab, pries aufs neue seine ausgebreitete Kunst.

Den andern Tag setzte er die Pastete in größerer Form auf und schickte sie, warm, wie sie aus dem Ofen kam, nachdem er sie mit Blumenkränzen geschmückt hatte, auf die Tafel. Er selbst aber zog sein bestes Festkleid an und ging in den Speisesaal.

Als er eintrat, war der Obervorschneider gerade damit beschäftigt, die Pastete zu zerschneiden und auf einem silbernen Schäufelein dem Herzog und seinem Gaste hinzureichen. Der Herzog tat einen tüchtigen Biß hinein, schlug die Augen auf zur Decke und sprach, nachdem er geschluckt hatte: »Ah, ah, ah! Mit Recht nennt man dies die Königin der Pasteten; aber mein Zwerg ist auch der König aller Köche – nicht also, lieber Freund?«

Der Gast nahm einige kleine Bissen zu sich, kostete und prüfte aufmerksam und lächelte dabei höhnisch und geheimnisvoll. »Das Ding ist recht artig gemacht«, antwortete er, indem er den Teller hinwegrückte, »aber die Suzeräne ist es denn doch nicht ganz; das habe ich mir wohl gedacht.«

Da runzelte der Herzog vor Unmut die Stirn und errötete vor Beschämung: »Hund von einem Zwerg!« rief er. »Wie wagst du es, deinem Herrn dies anzutun? Soll ich dir deinen großen Kopf abhacken lassen zur Strafe für deine schlechte Kocherei?«

»Ach Herr, um des Himmels willen, ich habe das Gericht doch zubereitet nach den Regeln der Kunst; es kann gewiß nichts fehlen!« So sprach der Zwerg und zitterte.

»Es ist eine Lüge, du Bube!« erwiderte der Herzog und stieß ihn mit dem Fuße von sich. »Mein Gast würde sonst nicht sagen, es fehlt etwas. Dich selbst will ich zerhacken und backen lassen in eine Pastete!«

»Habt Mitleid!« rief der Kleine und rutschte auf den Knien zu dem Gast, dessen Füße er umfaßte. »Sagt, was fehlt an dieser Speise, daß sie Eurem Gaumen nicht zusagt? Lasset mich nicht sterben wegen einer Handvoll Fleisch und Mehl.«

»Das wird dir wenig helfen, mein lieber Nase«, antwortete der Fremde mit Lachen. »Das habe ich mir schon gestern gedacht, daß du diese Speise nicht machen kannst wie mein Koch. Wisse, es fehlt ein Kräutlein, das man hierzulande gar nicht kennt, das

Kraut Niesmitlust; ohne dieses bleibt die Pastete ohne Würze, und dein Herr wird sie nie essen wie ich.«

Da geriet der Herzog in Frankistan in Wut. »Und doch werde ich sie essen!« rief er mit funkelnden Augen. »Denn ich schwöre auf meine fürstliche Ehre, entweder zeige ich Euch morgen die Pastete, wie Ihr sie verlanget – oder den Kopf dieses Burschen, aufgespießt auf dem Tor meines Palastes. Geh, du Hund; noch einmal gebe ich dir vierundzwanzig Stunden Zeit.«

So rief der Herzog. Der Zwerg aber ging wieder in sein Kämmerlein und klagte der Gans sein Schicksal und daß er sterben müsse, denn von dem Kraut habe er nie gehört.

»Ist es nur dies«, sprach sie, »da kann ich dir schon helfen; denn mein Vater lehrte mich alle Kräuter kennen. Wohl wärst du vielleicht zu einer andern Zeit des Todes gewesen, aber glücklicherweise ist es gerade Neumond, und um diese Zeit blüht das Kräutlein. Doch sage an, sind alte Kastanienbäume in der Nähe des Palastes?«

»O ja«, erwiderte Nase mit leichterem Herzen; »am See, zweihundert Schritte vom Haus, steht eine ganze Gruppe – doch warum diese?«

»Nur am Fuße alter Kastanien blüht das Kräutlein«, sagte Mimi; »darum laß uns keine Zeit versäumen und suchen, was du brauchst. Nimm mich auf deinen Arm, und setze mich im Freien nieder; ich will dir suchen.«

Er tat, wie sie gesagt, und ging mit ihr zur Pforte des Palastes. Dort aber streckte der Türhüter sein Gewehr vor und sprach: »Mein guter Nase, mit dir ist's vorbei. Aus dem Hause darfst du nicht; ich habe den strengsten Befehl darüber.«

»Aber in den Garten kann ich doch wohl gehen?«
erwiderte der Zwerg. »Sei so gut und schicke einen
deiner Gesellen zum Aufseher des Palastes und frage, ob ich nicht in den Garten gehen und Kräuter
suchen dürfe.«

Der Türhüter tat also, und es wurde erlaubt, denn
der Garten hatte hohe Mauern, und es war an kein
Entkommen daraus zu denken. Als aber Nase mit der
Gans Mimi ins Freie gekommen war, setzte er sie be-
hutsam nieder, und sie ging schnell vor ihm her dem
See zu, wo die Kastanien standen. Er folgte ihr nur
mit beklommenem Herzen; denn es war ja seine letzte, einzige Hoffnung; fand sie das Kräutlein nicht, so
stand sein Entschluß fest: Er stürzte sich dann lieber
in den See, als daß er sich Köpfen ließ. Die Gans
suchte aber vergebens; sie wandelte unter allen Kastanien, sie wandte mit dem Schnabel jedes Gräschen
um – es wollte sich nichts zeigen; und sie fing aus
Mitleid und Angst an zu weinen, denn schon wurde
der Abend dunkler, und die Gegenstände umher waren schwerer zu erkennen.

Da fielen die Blicke des Zwerges über den See hin,
und plötzlich rief er: »Siehe, siehe! Dort über dem See
steht noch ein großer, alter Baum; laß uns dort hingehen und suchen, vielleicht blüht dort mein Glück.«

Die Gans hüpfte und flog voran, und er lief nach,
so schnell seine kleinen Beine konnten. Der Kastani-
enbaum warf einen großen Schatten, und es war dunkel umher; fast war nichts mehr zu erkennen; aber da
blieb plötzlich die Gans stillstehen, schlug vor Freuden mit den Flügeln, fuhr dann schnell mit dem Kopf
ins hohe Gras und pflückte etwas ab, das sie dem
erstaunten Nase zierlich mit dem Schnabel überreichte, und sprach: »Das ist das Kräutlein; und hier wächst

eine Menge davon, so daß es dir nie daran fehlen wird.«

Der Zwerg betrachtete das Kraut sinnend; ein süßer Duft strömte ihm daraus entgegen, der ihn unwillkürlich an die Szene seiner Verwandlung erinnerte; die Stengel, die Blätter waren bläulichgrün, sie trugen eine brennendrote Blume mit gelbem Rande.

»Gelobt sei Gott!« rief er endlich aus. »Welches Wunder! Wisse, ich glaube, es ist dies dasselbe Kraut, das mich aus einem Eichhörnchen in diese schändliche Gestalt umwandelte; soll ich den Versuch machen?«

»Noch nicht«, bat die Gans. »Nimm von diesem Kraut eine Handvoll mit dir, laß uns auf dein Zimmer gehen und dein Geld und was du sonst hast zusammenraffen, und dann wollen wir die Kraft des Krautes versuchen.«

Sie taten also und gingen auf seine Kammer zurück, und das Herz des Zwerges pochte hörbar vor Erwartung. Nachdem er fünfzig oder sechzig Dukaten, die er erspart, einige Kleider und Schuhe zusammen in ein Bündel geknüpft hatte, sprach er: »So es Gott gefällig ist, werde ich diese Bürde loswerden«, streckte seine Nase tief in die Kräuter und sog ihren Duft ein.

Da zog und knackte es in allen seinen Gliedern; er fühlte, wie sich sein Kopf aus den Schultern hob; er schielte herab auf seine Nase und sah sie kleiner und kleiner werden; sein Rücken und seine Brust fingen an, sich zu ebnen, und seine Beine wurden länger. Die Gans sah mit Erstaunen diesem allem zu. »Ha, was du groß, was du schön bist!« rief sie. »Gott sei gedankt, es ist nichts mehr an dir von allem, was du vorher warst!«

Da freute sich Jakob sehr, und er faltete die Hände und betete. Aber seine Freude ließ ihn nicht vergessen, welchen Dank er der Gans Mimi schuldig sei. Zwar drängte ihn sein Herz, zu seinen Eltern zu gehen, doch besiegte er aus Dankbarkeit diesen Wunsch und sprach: »Wem anders als dir habe ich es zu danken, daß ich mir selbst wiedergeschenkt bin? Ohne dich hätte ich dieses Kraut nimmer gefunden, hätte also ewig in jener Gestalt bleiben oder vielleicht gar unter dem Beile des Henkers sterben müssen. Wohlan, ich will es dir vergelten. Ich will dich zu deinem Vater bringen; er, der so erfahren ist in jedem Zauber, wird dich leicht entzaubern können.«

Die Gans vergoß Freudentränen und nahm sein Anerbieten an. Jakob kam glücklich und unerkannt mit der Gans aus dem Palast und machte sich auf den Weg nach dem Meeresstrand, Mimis Heimat zu.

Was soll ich noch weiter erzählen, als daß sie ihre Reise glücklich vollendeten, daß Wetterbock seine Tochter entzauberte und den Jakob mit Geschenken beladen entließ; daß er in seine Vaterstadt zurückkam und daß seine Eltern in dem schönen jungen Mann mit Vergnügen ihren verlorenen Sohn erkannten; daß er von den Geschenken, die er von Wetterbock mitbrachte, sich einen Laden kaufte und reich und glücklich wurde.

Nur so viel will ich noch sagen, daß nach seiner Entfernung aus dem Palast des Herzogs große Unruhe entstand; denn als am andern Tag der Herzog seinen Schwur erfüllen und dem Zwerg, wenn er die Kräuter nicht gefunden hätte, den Kopf abschlagen lassen wollte, war er nirgends zu finden. Der Fürst aber behauptete, der Herzog habe ihn heimlich ent-

kommen lassen, um sich nicht seines besten Kochs zu
berauben, und klagte ihn an, daß er wortbrüchig sei.
Dadurch entstand denn ein großer Krieg zwischen
beiden Fürsten, der in der Geschichte unter dem Namen »Kräuterkrieg« wohlbekannt ist; es wurde manche Schlacht geschlagen, aber am Ende doch Friede
gemacht, und diesen Frieden nennt man bei uns den
»Pastetenfrieden«, weil beim Versöhnungsfest durch
den Koch des Fürsten die Suzeräne, die Königin der
Pasteten, zubereitet wurde, welche sich der Herr
Herzog trefflich schmecken ließ.

So führen oft die kleinsten Ursachen zu großen
Folgen; und dies, o Herr, ist die Geschichte des Zwerges Nase.

✻

So erzählte der Sklave aus Frankistan. Nachdem er
geendet hatte, ließ der Scheich Ali Banu ihm und den
anderen Sklaven Früchte reichen, sich zu erfrischen,
und unterhielt sich, während sie aßen, mit seinen
Freunden. Die jungen Männer aber, die der Alte eingeführt hatte, waren voll Lobes über den Scheich,
sein Haus und alle seine Einrichtungen. »Wahrlich«,
sprach der junge Schreiber, »es gibt keinen angeneh-
meren Zeitvertreib, als Geschichten anzuhören. Ich
könnte tagelang so hinsitzen, die Beine untergeschla-
gen, einen Arm aufs Kissen gestützt, die Stirn in die
Hand gelegt und, wenn es ginge, des Scheichs große
Wasserpfeife in der Hand, und Geschichten anhören
– so ungefähr stelle ich mir das Leben vor in den
Gärten Mohammeds.«

»Solange Ihr jung seid und arbeiten könnt«,
sprach der Alte, »kann ein solcher träger Wunsch

nicht Euer Ernst sein. Aber das gebe ich Euch zu, daß ein eigener Reiz darin liegt, etwas erzählen zu hören. So alt ich bin – und ich gehe nun ins siebenundsiebzigste Jahr –, soviel ich in meinem Leben schon gehört habe, so verschmähe ich es doch nicht, wenn an der Ecke ein Geschichtenerzähler sitzt und um ihn in großem Kreis die Zuhörer, mich ebenfalls hinzusetzen und zuzuhören. Man träumt sich ja in die Begebenheiten hinein, die erzählt werden; man lebt mit diesen Menschen, mit diesen wundervollen Geistern, mit Feen und dergleichen Leuten, die uns nicht alle Tage begegnen, und hat nachher, wenn man einsam ist, Stoff, sich alles zu wiederholen – wie der Wanderer, der sich gut versehen hat, wenn er durch die Wüste reist.«

»Ich habe nie so darüber nachgedacht«, erwiderte ein anderer der jungen Leute, »worin der Reiz solcher Geschichten eigentlich liegt; aber mir geht es wie Euch. Schon als Kind konnte man mich, wenn ich ungeduldig war, durch eine Geschichte zum Schweigen bringen. Es war mir anfangs gleichgültig, von was es handelte, wenn es nur erzählt war, wenn nur etwas geschah. Wie oft habe ich, ohne zu ermüden, jene Fabeln angehört, die weise Männer erfunden und in welche sie einen Kern ihrer Weisheit gelegt haben; vom Fuchs und vom törichten Raben, vom Fuchs und vom Wolf, viele Dutzend Geschichten vom Löwen und den übrigen Tieren. Als ich älter wurde und mehr unter die Menschen kam, genügten mir jene kurzen Geschichten nicht mehr; sie mußten schon länger sein, mußten von Menschen und ihren wunderbaren Schicksalen Handeln.«

»Ja, ich entsinne mich noch wohl dieser Zeit«, unterbrach ihn einer seiner Freunde. »Du warst es, der

uns diesen Drang nach Erzählungen aller Art bei-
brachte. Einer eurer Sklaven wußte so viel zu erzählen, als ein Kameltreiber von Mekka nach Medina
spricht; wenn er fertig war mit seiner Arbeit, mußte
er sich zu uns setzen auf den Grasboden vor dem
Hause, und da baten wir so lange, bis er zu erzählen
anfing, und das ging fort und fort, bis die Nacht heraufkam.«

»Und erschloß sich uns«, entgegnete der Schreiber, »erschloß sich uns da nicht ein neues, nie ge-
kanntes Reich, das Land der Genien und Feen, be-
baut mit allen Wundern der Pflanzenwelt, mit reichen Palästen von Smaragden und Rubinen, mit rie-
senhaften Sklaven bevölkert, die erscheinen, wenn
man einen Ring hin und wider dreht oder die Wun-
derlampe reibt oder das Wort Salomos ausspricht,
und in goldenen Schalen herrliche Speisen bringen?
Wir fühlten uns unwillkürlich in jenes Land versetzt;
wir machten mit Sindbad seine wunderbaren Fahr-
ten; wir gingen mit Harun al-Raschid, dem weisen
Beherrscher der Gläubigen, abends spazieren; wir
kannten Giaffar, seinen Wesir, so gut als uns selbst –
kurz, wir lebten in jenen Geschichten, wie man
nachts in Träumen lebt, und es gab keine schönere
Tageszeit für uns als den Abend, wo wir uns einfan-
den auf dem Rasenplatz und der alte Sklave uns erzählte. Aber sage uns, Alter, worin liegt es denn eigentlich, daß wir damals so gern erzählen hörten, daß
es noch jetzt für uns keine angenehmere Unterhaltung gibt?«

Die Bewegung, die im Zimmer entstand, und die
Aufforderung zur Aufmerksamkeit, die der Sklaven-
aufseher gab, verhinderte den Alten zu antworten.
Die jungen Leute wußten nicht, ob sie sich freuen

sollten, daß sie eine neue Geschichte anhören durften, oder ungehalten sein darüber, daß ihr anziehen-
des Gespräch mit dem Alten unterbrochen worden
war; aber ein zweiter Sklave erhob sich bereits und
begann:

ABNER, DER JUDE, DER NICHTS GESEHEN HAT

Herr, ich bin aus Mogador, am Strande des großen
Meeres, und als der großmächtigste Kaiser Muley Is-
mael über Fes und Marokko herrschte, hat sich die
Geschichte zugetragen, die du vielleicht nicht ungern
hören wirst. Es ist die Geschichte von Abner, dem
Juden, der nichts gesehen hat.

Juden, wie du weißt, gibt es überall, und sie sind
überall Juden: pfiffig, mit Falkenaugen für den
kleinsten Vorteil begabt, verschlagen; desto verschla-
gener, je mehr sie mißhandelt werden; ihrer Ver-
schlagenheit sich bewußt und sich etwas darauf ein-
bildend. Daß aber doch zuweilen ein Jude durch seine Pfiffe zu schaden kommt, bewies Abner, als er
eines Abends zum Tor von Marokko hinaus spazie-
renging.

Er schreitet einher, mit der spitzigen Mütze auf
dem Kopf, in den bescheidenen, nicht übermäßig
reinlichen Mantel gehüllt, nimmt von Zeit zu Zeit eine
verstohlene Prise aus der goldenen Dose, die er nicht
gerne sehen läßt, streichelt sich den Knebelbart; und
trotz der umherrollenden Augen, welche ewige
Furcht und Besorgnis und die Begierde, etwas zu er-
spähen, womit etwas zu machen wäre, keinen Augenblick ruhen lassen, leuchtet Zufriedenheit aus seiner
beweglichen Miene. Er muß diesen Tag gute Geschäf-

te gemacht haben – und so ist es auch. Er ist Arzt, ist Kaufmann, ist alles, was Geld einträgt; er hat heute einen Sklaven mit einem heimlichen Fehler verkauft, wohlfeil eine Kamelladung Gummi gekauft und einem reichen, kranken Mann den letzten Trank – nicht vor einer Genesung, sondern vor seinem Hintritt – bereitet.

Eben war er auf seinem Spaziergang aus einem kleinen Gehölz von Palmen und Datteln getreten, da hörte er lautes Geschrei herbeilaufender Menschen hinter sich; es war ein Haufe kaiserlicher Stallknechte, den Oberstallmeister an der Spitze, die nach allen Seiten unruhige Blicke umherwarfen wie Menschen, die etwas Verlorenes eifrig suchen.

»Philister«, rief ihm keuchend der Oberstallmeister zu, »hast du nicht ein kaiserlich Pferd mit Sattel und Zeug vorüberrennen sehen?«

Abner antwortete: »Der beste Galoppläufer, den es gibt; zierlich klein ist sein Huf, seine Hufeisen sind von vierzehnlötigem Silber, sein Haar leuchtet golden gleich dem großen Sabbatleuchter in der Schule, fünfzehn Fäuste ist er hoch, sein Schweif ist dreiundeinhalb Fuß lang, und die Stangen seines Gebisses sind von dreiundzwanzigkarätigem Golde?«

»Er ist's!« rief der Oberstallmeister.

»Er ist's!« rief der Chor der Stallknechte.

»Es ist der Emir!« rief ein alter Bereiter. »Ich habe es dem Prinzen Abdallah zehnmal gesagt, er solle den Emir in der Trense reiten; ich kenne den Emir, ich habe es vorausgesagt, daß er ihn abwerfen würde; und sollte ich seine Rückenschmerzen mit dem Kopfe bezahlen müssen – ich habe es vorausgesagt. – Aber schnell, wohinzu ist er gelaufen?«

»Habe ich doch gar kein Pferd gesehen«, erwider-

te Abner lächelnd; »wie kann ich sagen, wohin es gelaufen ist, des Kaisers Pferd?«

Erstaunt über diesen Widerspruch, wollten die
Herren vom Stalle eben weiter in Abner dringen, da
kam ein anderes Ereignis dazwischen.

Durch einen sonderbaren Zufall, wie es deren so
viele gibt, war gerade zu dieser Zeit auch der Leib-
schoßhund der Kaiserin entlaufen.

Ein Haufe schwarzer Sklaven kam herbeigerannt,
und sie schrien schon von weitem: »Habt ihr den
Schoßhund der Kaiserin nicht gesehen?«

»Es ist kein Hund, den ihr suchet, meine Herren«,
sagte Abner; »es ist eine Hündin!«

»Allerdings!« rief der erste Eunuch hocherfreut.
»Aline, wo bist du?«

»Ein kleiner Wachtelhund«, fuhr Abner fort, »der
vor kurzem Junge geworfen; langes Behänge, Feder-
schwanz, hinkt auf dem rechten vorderen Bein.«

»Sie ist's, wie sie leibt und lebt!« rief der Chor der
Schwarzen. »Es ist Aline! Die Kaiserin ist in Krämpfe
verfallen, sobald sie vermißt wurde. Aline, wo bist
du? Was soll aus uns werden, wenn wir ohne dich in
den Harem zurückkehren? Sprich geschwind, wohin
hast du sie laufen sehen?«

»Ich habe gar keinen Hund gesehen; weiß ich
doch nicht einmal, daß meine Kaiserin, welche Gott
erhalte, einen Wachtelhund besitzt.«

Da ergrimmten die Leute vom Stalle und vom Harem über Abners Unverschämtheit, wie sie es nannten, über kaiserliches Eigentum seinen Scherz zu treiben, und zweifelten keinen Augenblick – so unwahr-
scheinlich dies auch war –, daß er Hund und Pferd
gestohlen habe. Während die anderen ihre Nachfor-
schungen fortsetzten, packten der Stallmeister und

der erste Eunuch den Juden und führten den halb pfiffig, halb ängstlich Lächelnden vor das Angesicht des Kaisers.

Aufgebracht berief Muley Ismael, als er den Hergang vernommen, den gewöhnlichen Rat des Palastes und führte in Betracht der Wichtigkeit des Gegenstandes selbst den Vorsitz. Zur Eröffnung der Sache wurde dem Angeschuldigten ein halbes Hundert Streiche auf die Fußsohlen zuerkannt. Abner mochte schreien oder winseln, seine Unschuld beteuern oder versprechen, alles zu erzählen, wie es sich zugetragen, Sprüche aus der Schrift oder dem Talmud anführen, mochte rufen: »Die Ungnade des Königs ist wie das Brüllen eines jungen Löwen, aber seine Gnade ist Tau auf dem Grase!« oder: »Laß nicht zuschlagen deine Hand, wenn dir Augen und Ohren verschlossen sind« – Muley Ismael winkte und schwor bei des Propheten Bart und seinem eigenen, der Philister solle die Schmerzen des Prinzen Abdallah und die Krämpfe der Kaiserin mit dem Kopfe bezahlen, wenn die Flüchtigen nicht wieder beigebracht würden.

Noch erschallte der Palast des Kaisers von Marokko von dem Schmerzgeschrei des Patienten, als die Nachricht einlief, Hund und Pferd seien wiedergefunden. Aline überraschte man in der Gesellschaft einiger Möpse – sehr anständiger Leute, die sich aber für sie als Hofdame durchaus nicht schickten –, und Emir hatte, nachdem er sich müde gelaufen, das duftende Gras auf den grünen Wiesen am Bache Tara wohlschmeckender gefunden als den kaiserlichen Hafer; gleich dem ermüdeten fürstlichen Jäger, der, auf der Parforcejagd verirrt, über dem schwarzen Brot und der Butter in der Hütte des Landmanns alle Leckereien seiner Tafel vergißt.

Muley Ismael verlangte nun von Abner eine Erklä-
rung seines Betragens, und dieser sah sich nun, wie-
wohl etwas spät, imstande, sich zu verantworten, was
er, nachdem er vor Seiner Hoheit Thron dreimal die
Erde mit der Stirn berührt, in folgenden Worten tat:
»Großmächtigster Kaiser, König der Könige, Herr
des Westens, Stern der Gerechtigkeit, Spiegel der
Wahrheit, Abgrund der Weisheit, der du so glänzend
bist wie Gold, so strahlend wie der Diamant, so hart
wie das Eisen – höre mich, weil es deinem Sklaven
vergönnt ist, vor deinem strahlenden Angesichte seine Stimme zu erheben. Ich schwöre bei dem Gott
meiner Väter, bei Moses und den Propheten, daß ich
dein heiliges Pferd und meiner gnädigen Kaiserin
liebenswürdigen Hund mit meines Leibes Augen
nicht gesehen habe. Höre aber, wie sich die Sache
begeben:

Ich spazierte, um mich von des Tages Last und
Arbeit zu erholen, nichts denkend in dem kleinen
Gehölze, wo ich die Ehre gehabt habe, Seiner Herrlichkeit, dem Oberstallmeister, und Seiner Wachsam-
keit, dem schwarzen Aufseher deines gesegneten Ha-
rems, zu begegnen; da gewahrte ich im feinen Sande
zwischen den Palmen die Spuren eines Tieres. Ich,
dem die Spuren der Tiere überaus gut bekannt sind,
erkenne sie alsbald für die Fußstapfen eines kleinen
Hundes; feine, langgezogene Furchen liefen über die
kleinen Unebenheiten des Sandbodens zwischen diesen Spuren hin. Es ist eine Hündin, dachte ich bei mir
selbst, und sie hat hängende Zitzen und hat Junge
geworfen vor soundso langer Zeit. Andere Spuren
neben den Vordertatzen, wo der Sand leicht wegge-
fegt zu sein schien, sagten mir, daß das Tier mit schönen, weit herabhängenden Ohren begabt sei; und da

ich bemerkt, wie in längeren Zwischenräumen der Sand bedeutender aufgewühlt war, dachte ich: Einen schönen, langbehaarten Schwanz hat die kleine, und er muß anzusehen sein als ein Federbusch, und es hat ihr beliebt, zuweilen den Sand damit zu peitschen; auch entging mir nicht, daß eine Pfote sich beständig weniger tief in den Sand eindrückte. Leider konnte mir da nicht verborgen bleiben, daß die Hündin meiner gnädigsten Frau – wenn es erlaubt ist, es auszusprechen – etwas hinke.

Was das Roß deiner Hoheit betrifft, so wisse, daß ich, als ich in einem Gange des Gebüsches hinwandelte, auf die Spuren eines Pferdes aufmerksam wurde. Kaum hatte ich den edlen, kleinen Huf, den feinen und doch starken Strahl bemerkt, so sagte ich in meinem Herzen: Da ist gewesen ein Roß von der Rasse Tschenner, die da ist die vornehmste von allen. Ist es ja noch nicht vier Monate, hat mein gnädigster Kaiser einem Fürsten im Frankenland eine ganze Koppel von dieser Rasse verkauft, und mein Bruder Ruben ist dabeigewesen, wie sie sind handelseinig geworden, und mein gnädigster Kaiser hat dabei gewonnen soundsoviel.

Als ich sah, wie die Spuren so weit und so gleichmäßig voneinander entfernt waren, mußte ich denken: Das galoppiert schön, vornehm, und ist bloß mein Kaiser wert, solch ein Tier zu besitzen, und ich gedachte des Streitrosses, von dem geschrieben steht bei Hiob: ›Es strampfet auf den Boden und ist freudig mit Kraft und zeucht aus, den Geharnischten entgegen; es spottet der Furcht und erschricket nicht und fleucht vor dem Schwert nicht, wenngleich widerklinget der Köcher und glänzen beide, Spieß und Lanzen.‹ Und ich bückte mich, da ich etwas glänzen sah auf dem Boden, wie ich immer tue, und siehe – es war ein Marmelstein, darauf hatte das Hufeisen des eilenden Rosses einen Strich gezogen, und ich erkannte, daß es Hufeisen haben mußte von vierzehnlötigem Silber; muß ich doch den Strich kennen von jeglichem Metall, sei es echt oder unecht.

Der Baumgang, in dem ich spazierte, war sieben Fuß weit, und hie und da sah ich den Staub von den Palmen gestreift. Der Gaul hat mit dem Schweif gefochten, dachte ich, und er ist lang dreiundeinhalb Fuß. Unter Bäumen, deren Krone etwa fünf Fuß vom Boden anfing, sah ich frisch abgestreifte Blätter – seiner Schnelligkeit Rücken mußte sie abgestreift haben –; da haben wir ein Pferd von fünfzehn Fäusten. Siehe da – unter denselben Bäumen kleine Büschel goldglänzender Haare, und siehe da – es ist ein Goldfuchs!

Eben trat ich aus dem Gebüsche, da fiel an einer Felswand ein Goldstrich in mein Auge. Diesen Strich solltest du kennen, dachte ich; und was war's? Ein Probierstein war eingesprengt in dem Gestein, und ein haarfeiner Goldstrich darauf, wie ihn das Männchen mit dem Pfeilbündel auf den Füchsen der sieben vereinten Provinzen von Holland nicht feiner, nicht reiner ziehen kann. Der Strich muß von den Gebißstangen des flüchtigen Rosses rühren, die es im Vorbeispringen gegen dieses Gestein gerieben; kennt man ja doch deine erhabene Prachtliebe, König der Könige, weiß man ja doch, daß sich das geringste deiner Rosse schämen würde, auf einen andern als einen goldenen Zaum zu beißen. Also hat es sich begeben, und wenn –«

»Nun, bei Mekka und Medina«, rief Muley Ismael, »das heiße ich Augen! Solche Augen könnten dir nicht schaden, Oberjägermeister; sie würden dir eine Koppel Schweißhunde ersparen; du, Polizeiminister, könntest damit weiter sehen als alle deine Schergen und Aufpasser. Nun, Philister, wir wollen dich in Betracht deines ungemeinen Scharfsinns, der uns wohl gefallen hat, gnädig behandeln: Die fünfzig Prügel, die du richtig erhalten hast, sind fünfzig Zechinen wert; sie ersparen dir fünfzig, denn du zahlst jetzt bloß noch fünfzig bar. Zieh deinen Beutel, und enthalte dich für die Zukunft, unseres kaiserlichen Eigentums zu spotten; wir bleiben dir übrigens in Gnaden gewogen.«

Der ganze Hof bewunderte Abners Scharfsinn, denn Seine Majestät hatte geschworen, er sei ein geschickter Bursche; aber dies bezahlte ihm seine Schmerzen nicht, tröstete ihn nicht für seine teuren Zechinen. Während er stöhnend und seufzend eine nach der andern aus dem Beutel führte, jede noch zum Abschiede auf der Fingerspitze wog, höhnte ihn noch Schnuri, der kaiserliche Spaßmacher, fragte ihn, ob seine Zechinen alle auf dem Steine sich bewährten, auf dem der Goldfuchs des Prinzen Abdallah sein Gebiß probiert habe. »Deine Weisheit hat heute Ruhm geerntet«, sprach er; »ich wollte aber noch fünfzig Zechinen wetten, es wäre dir lieber, du hättest geschwiegen. Aber wie spricht der Prophet? ›Ein entschlüpftes Wort holt kein Wagen ein, und wenn er mit vier flüchtigen Rossen bespannt wäre.‹ Auch kein Windspiel holt es ein, Herr Abner; auch wenn es nicht hinkt.«

Nicht lange nach diesem für Abner schmerzlichen Ereignis ging er wieder einmal in einem der grünen Täler zwischen den Vorbergen des Atlas spazieren. Da wurde er, gerade wie damals, von einem einherstürmenden Haufe Bewaffneter eingeholt, und der Anführer schrie ihn an: »He, guter Freund, hast du nicht Goro, den schwarzen Leibschützen des Kaisers, vorbeilaufen sehen? Er ist entflohen; er muß diesen Weg genommen haben ins Gebirge.«

»Kann nicht dienen, Herr General«, antwortete Abner.

»Ach, bist du nicht der pfiffige Jude, der den Fuchsen und den Hund nicht gesehen hat? Mach nur keine Umstände; hier muß der Sklave vorbeigekommen sein; riechst du vielleicht noch den Duft seines Schweißes in der Luft? Siehst du noch die Spuren seines flüchtigen Fußes im hohen Grase? Sprich! Der Sklave muß herbei; er ist einzig im Sperlingschießen mit dem Blaserohr, und dies ist Seiner Majestät Lieblingszeitvertreib. Sprich, oder ich lasse dich sogleich krumm fesseln.«

»Kann ich doch nicht sagen, ich habe gesehen, was ich doch nicht hab' gesehen!«

»Jude, zum letztenmal: Wohin ist der Sklave gelaufen? Denk an deine Fußsohlen; denk an deine Zechinen!«

»O weh geschrien! Nun, wenn Ihr absolut haben wollt, daß ich soll gesehen haben den Sperlingschützen, so lauft dorthin; ist er dort nicht, so ist er anderswo.«

»Du hast ihn also gesehen?« brüllte ihn der Soldat an.

»Ja denn, Herr Offizier, weil Ihr es so haben wollt.«

Die Soldaten verfolgten eilig die angewiesene Richtung. Abner aber ging, innerlich über seine List zufrieden, nach Hause. Kaum aber war er vierundzwanzig Stunden älter geworden, so drang ein Haufe

von der Wache des Palastes in sein Haus und verun-
reinigte es – denn es war Sabbat – und schleppte ihn
vor das Angesicht des Kaisers von Marokko.

»Hund von einem Juden«, schnaubte ihn der Kaiser an, »du wagst es, kaiserliche Bediente, die einen
flüchtigen Sklaven verfolgen, auf falsche Spur ins
Gebirge zu schicken, während der Flüchtling der
Meeresküste zueilt und beinahe auf einem spani-
schen Schiffe entkommen wäre? Greift ihn, Soldaten! Hundert auf die Sohlen! Hundert Zechinen aus
dem Beutel! Um wieviel die Sohlen schwellen unter
den Hieben, um soviel soll der Beutel einschnurren!«

Du weißt es, o Herr, im Reiche des Fes und in
Marokko liebt man schnelle Gerechtigkeit, und so
wurde der arme Abner geprügelt und besteuert,
ohne daß man ihn zuvor um seine Einwilligung be-
fragt hätte. Er aber verfluchte sein Geschick, das ihn
dazu verdammte, daß seine Sohlen und sein Beutel es
hart empfinden sollten, sooft Seine Majestät geruh-
ten, etwas zu verlieren.

Als er aber brummend und seufzend unter dem
Gelächter des rohen Hofvolks aus dem Saale hinkte, sprach zu ihm Schnuri, der Spaßmacher: »Gib
dich zufrieden, Abner, undankbarer Abner; ist es
nicht Ehre genug für dich, daß jeder Verlust, den
unser gnädiger Kaiser, den Gott erhalte, erleidet,
auch dir empfindlichen Kummer verursachen muß?
Versprichst du mir aber ein gut Trinkgeld, so komme
ich jedesmal eine Stunde, bevor der Herr des Westens etwas verliert, an deine Bude in der Judengasse
und spreche: ›Gehe nicht aus deiner Hütte, Abner,
du weißt schon warum; schließe dich ein in dein
Kämmerlein bis zu Sonnenuntergang, beides unter
Schloß und Riegel.‹«

Dies, o Herr, ist die Geschichte von Abner, der
nichts gesehen hat.

*

Als der Sklave geendet hatte und es wieder stille im
Saale geworden war, erinnerte der junge Schreiber
den Alten, daß sie den Faden ihrer Unterhaltung abgebrochen hatten, und bat, ihnen zu erklären, worin
denn eigentlich der mächtige Reiz des Märchens liege.

»Das will ich Euch jetzt sagen«, erwiderte der Alte.
»Der menschliche Geist ist noch leichter und beweg-li-
cher als das Wasser, das doch in alle Formen sich
schmiegt und nach und nach auch die dichtesten Gegenstände durchdringt. Er ist leicht und frei wie die
Luft und wird wie diese, je höher er sich von der Erde
hebt, desto leichter und reiner. Daher ist ein Drang in
jedem Menschen, sich hinauf über das Gewöhnliche
zu erheben und sich in höheren Räumen leichter und
freier zu bewegen, sei es auch nur in Träumen. Ihr
selbst, mein junger Freund, sagtet: ›Wir lebten in jenen Geschichten, wir dachten und fühlten mit jenen
Menschen‹ – und daher kommt der Reiz, den sie für
Euch hatten. Indem Ihr den Erzählungen des Sklaven zuhörtet, die nur Dichtungen waren, die einst ein
anderer erfand, habt Ihr selbst auch mitgedichtet. Ihr
bliebet nicht stehen bei den Gegenständen um Euch,
bei Euren gewöhnlichen Gedanken – nein, Ihr erleb-
tet alles mit, Ihr waret es selbst, dem dies und jenes
Wunderbare begegnete, so sehr nahmet Ihr Teil an
dem Mann, von dem man Euch erzählte. So erhob
sich Euer Geist am Faden einer solchen Geschichte
über die Gegenwart, die Euch nicht so schön, nicht so

anziehend dünkte; so bewegte sich dieser Geist in fremden, höheren Räumen freier und ungebundener, das Märchen wurde Euch zur Wirklichkeit, oder, wenn Ihr lieber wollet, die Wirklichkeit wurde zum Märchen, weil Euer Dichten und Sein im Märchen lebte.«

»Ganz verstehe ich Euch nicht«, erwiderte der junge Kaufmann; »aber Ihr habt recht mit dem, was Ihr sagtet: Wir lebten im Märchen oder das Märchen in uns. Sie ist mir noch wohl erinnerlich, jene schöne Zeit. Wenn wir Muße dazu hatten, träumten wir wachend; wir stellten uns vor, an wüste, unwirtbare Inseln verschlagen zu sein; wir berieten uns, was wir beginnen sollten, um unser Leben zu fristen, und oft haben wir im dichten Weidengebüsch uns Hütten gebaut, haben von elenden Früchten ein kärgliches Mahl gehalten, obgleich wir hundert Schritte weit zu Haus das Beste hätten haben können; ja es gab Zeiten, wo wir auf die Erscheinung einer gütigen Fee oder eines wunderbaren Zwerges warteten, die zu uns treten und sagen würden: ›Die Erde wird sich alsobald auftun; wollt dann nur gefälligst herabsteigen in meinen Palast von Bergkristall und euch belieben lassen, was meine Diener, die Meerkatzen, euch auftischen.‹«

Die jungen Leute lachten, gaben aber ihrem Freunde zu, daß er wahr gesprochen habe. »Noch jetzt«, fuhr ein anderer fort, »noch jetzt beschleicht mich hie und da dieser Zauber; ich würde mich zum Beispiel nicht wenig ärgern über die dumme Fabel, wenn mein Bruder zur Tür hereingestürzt käme und sagte: ›Weißt du schon das Unglück von unserem Nachbar, dem dicken Bäcker? Er hat Händel gehabt mit einem Zauberer, und dieser hat ihn aus Rache in einen Bären verwandelt, und jetzt liegt er in seiner Kammer und heult entsetzlich.‹ Ich würde mich ärgern und ihn einen Lügner schelten. Aber wie anders, wenn mir erzählt würde, der dicke Nachbar hab' eine weite Reise in ein fernes, unbekanntes Land unternommen; sei dort einem Zauberer in die Hände gefallen, der ihn in einen Bären verwandelte. Ich würde mich nach und nach in die Geschichte versetzt fühlen, würde mit dem dicken Nachbar reisen, Wunderbares erleben, und es würde mich nicht sehr überraschen, wenn er in ein Fell gesteckt würde und auf allen Vieren gehen müßte.«

»Und doch«, sprach der Alte, »gibt es eine sehr ergötzliche Art von Erzählung, wo weder Fee noch Zauberer erscheint, kein Schloß von Kristall, keine Genien, die wunderbare Speisen bringen, kein Vogel Rock, kein Zauberpferd – eine andere Art als die, welche man gewöhnlich Märchen nennt.«

»Wie versteht Ihr dies? Erklärt uns deutlicher, was Ihr meint. Eine andere Art als das Märchen?« sprachen die Jünglinge.

»Ich denke, man muß einen gewissen Unterschied machen zwischen Märchen und Erzählungen, die man im gemeinen Leben Geschichten nennt. Wenn ich euch sage, ich will euch ein Märchen erzählen, so werdet ihr zum voraus darauf rechnen, daß es eine Begebenheit ist, die von dem gewöhnlichen Gang des Lebens abschweift und sich in einem Gebiet bewegt, das nicht mehr durchaus irdischer Natur ist. Oder, um deutlicher zu sein, ihr werdet bei dem Märchen auf die Erscheinung anderer Wesen als allein sterblicher Menschen rechnen können; es greifen in das Schicksal der Person, von welcher das Märchen handelt, fremde Mächte wie Feen und Zauberer, Genien und Geisterfürsten ein; die ganze Erzählung nimmt eine außergewöhnliche, wunderbare Gestalt an und ist ungefähr anzuschauen wie die Gewebe unserer Teppiche oder viele Gemälde unserer besten Meister, welche die Franken Arabesken nennen. Es ist dem echten Muselmanen verboten, den Menschen, das Geschöpf Allahs, sündigerweise wiederzuschöpfen in Farben und Gemälden, daher sieht man auf jenen Geweben wunderbar verschlungene Bäume und Zweige mit Menschenköpfen, Menschen, die in einen Fisch oder Strauch ausgehen – kurz Figuren, die an das gewöhnliche Leben erinnern und dennoch ungewöhnlich sind; ihr versteht mich doch?

»Ich glaube Eure Meinung zu erraten«, sagte der Schreiber, »doch fahrt weiter fort.«

»Von dieser Art ist nun das Märchen: fabelhaft, ungewöhnlich, überraschend; weil es dem gewöhnlichen Leben fremd ist, wird es oft in fremde Länder oder in ferne, längst vergangene Zeiten verschoben. Jedes Land, jedes Volk hat solche Märchen; die Türken so gut als die Perser, die Chinesen wie die Mongolen; selbst in Frankenland soll es viele geben – wenigstens erzählte mir einst ein gelehrter Giaur davon –, doch sind sie nicht so schön als die unsrigen, denn statt schöner Feen, die in prachtvollen Palästen wohnen, haben sie zauberhafte Weiber, die sie Hexen nennen, heimtückisches, häßliches Volk, das in elenden Hütten wohnt, und statt in einem Muschelwagen, von Greifen gezogen, durch die blauen Lüfte zu fahren, reiten sie auf einem Besen durch den Nebel. Sie haben auch Gnomen und Erdgeister; das sind kleine, verwachsene Kerlchen, die allerlei Spuk machen. Das sind nun die Märchen; ganz anders ist es aber mit den Erzählungen, die man gemeinhin Geschichten nennt. Diese bleiben ganz ordentlich auf der Erde, tragen sich im gewöhnlichen Leben zu, und wunderbar ist an ihnen meistens nur die Verkettung der Schicksale eines Menschen, der nicht durch Zauber, Verwünschung oder Feenspuk wie im Märchen, sondern durch sich selbst oder die sonderbare Fügung der Umstände reich oder arm, glücklich oder unglücklich wird.«

»Richtig!« erwiderte einer der jungen Leute. »Solche reine Geschichten finden sich auch in den herrlichen Erzählungen der Scheherazade, die man Tausendundeine Nacht nennt. Die meisten Begebenheiten des Königs Harun al-Raschid und seines Wesirs sind dieser Art. Sie gehen verkleidet aus und sehen diesen oder jenen höchst sonderbaren Vorfall, der sich nachher ganz natürlich auflöst.«

»Und dennoch werdet ihr gestehen müssen«, fuhr der Alte fort, »daß jene Geschichten nicht der schlechteste Teil der Tausendundeine Nacht sind. Und doch – wie verschieden sind sie in ihren Ursachen, in ihrem Gang, in ihrem ganzen Wesen von den Märchen eines Prinzen Biribinker oder der drei Derwische mit einem Auge oder des Fischers, der den Kasten, verschlossen mit dem Siegel Salomos, aus dem Meer zieht! Aber am Ende ist es dennoch eine Grundursache, die beiden ihren eigentümlichen Reiz gibt, nämlich das, daß wir etwas Auffallendes, Außergewöhnliches miterleben. Bei dem Märchen liegt dieses Außergewöhnliche in jener Einmischung eines fabelhaften Zaubers in das gewöhnliche Menschenleben; bei den Geschichten geschieht etwas zwar nach natürlichen Gesetzen, aber auf überraschende, ungewöhnliche Weise.«

»Sonderbar!« rief der Schreiber. »Sonderbar, daß

uns dann dieser natürliche Gang der Dinge ebenso anzieht wie der übernatürliche im Märchen. Worin mag dies wohl liegen?«

»Das liegt in der Schilderung des einzelnen Menschen«, antwortete der Alte. »Im Märchen häuft sich das Wunderbare so sehr, der Mensch handelt so wenig mehr aus eigenem Trieb, daß die einzelnen Figuren und ihr Charakter nur flüchtig gezeichnet werden können. Anders bei der gewöhnlichen Erzählung, wo die Art, wie jeder seinem Charakter gemäß spricht und handelt, die Hauptsache und das Anziehende ist.«

»Wahrlich, Ihr habt recht!« erwiderte der junge Kaufmann. »Ich habe mir nie Zeit genommen, so recht darüber nachzudenken, habe alles nur so gesehen und an mir vorübergehen lassen, habe mich an dem einen ergötzt, das andere langweilig gefunden, ohne gerade zu wissen, warum. Aber Ihr gebt uns da einen Schlüssel der uns das Geheimnis öffnet; einen Probierstein, worauf wir die Probe machen und richtig urteilen können.«

»Tuet das immer«, antwortete der Alte, »und euer Genuß wird sich vergrößern, wenn ihr nachdenken lernt über das, was ihr gehört. Doch siehe, dort erhebt sich wieder ein neuer, um zu erzählen.«

So war es; und der andere begann:

DER JUNGE ENGLÄNDER

»Herr, ich bin ein Deutscher von Geburt und habe mich in Euren Landen zu kurz aufgehalten, als daß ich ein persisches Märchen oder eine ergötzliche Geschichte von Sultanen und Wesiren erzählen könnte;

Ihr müßt mir daher schon erlauben, daß ich etwas aus meinem Vaterland erzähle, was Euch vielleicht auch einigen Spaß macht. Leider sind unsere Geschichten nicht immer so vornehm wie die Euren, das heißt, sie Handeln nicht von Sultanen oder unseren Königen, nicht von Wesiren und Paschas – was man bei uns Justiz- und Finanzminister, auch Geheimräte und der gleichen nennt –, sondern sie leben, wenn sie nicht von Soldaten handeln, gewöhnlich ganz bescheiden und unter den Bürgern.

Im südlichen Teil von Deutschland liegt das Städtchen Grünwiesel, wo ich geboren und erzogen bin. Es ist ein Städtchen, wie sie alle sind. In der Mitte ein kleiner Marktplatz mit einem Brunnen, an der Seite ein kleines, altes Rathaus, umher auf dem Markt die Häuser des Friedensrichters und der angesehensten Kaufleute, und in ein paar engen Straßen wohnen die übrigen Menschen. Alles kennt sich, jedermann weiß, wie es da und dort zugeht, und wenn der Oberpfarrer oder der Bürgermeister oder der Arzt ein Gericht mehr auf der Tafel hat, so weiß es schon am Mittagessen die ganze Stadt. Nachmittags kommen dann die Frauen zueinander in die Visite, wie man es nennt, besprechen sich bei starkem Kaffee und süßem Kuchen über diese große Begebenheit, und der Schluß ist, daß der Oberpfarrer wahrscheinlich in die Lotterie gesetzt und unchristlich viel gewonnen habe, daß der Bürgermeister sich ›schmieren‹ lasse oder daß der Doktor vom Apotheker einige Goldstücke bekommen habe, um recht teure Rezepte zu verschreiben.

Ihr könnt Euch denken, Herr, wie unangenehm es für eine so wohleingerichtete Stadt wie Grünwiesel sein mußte, als ein Mann dorthin zog, von dem niemand wußte, woher er kam, was er wollte, von was er lebte. Der Bürgermeister hatte zwar seinen Paß gesehen, ein Papier, das bei uns jedermann haben muß –« »Ist es denn so unsicher auf den Straßen«, unterbrach den Sklaven der Scheich, »daß ihr einen Fernan eures Sultans haben müßt, um die Räuber in Respekt zu setzen?«

»Nein, Herr«, entgegnete jener, »diese Papiere halten keinen Dieb von uns ab, sondern es ist nur der Ordnung wegen, daß man überall weiß, wen man vor sich hat.

Nun, der Bürgermeister hatte den Paß untersucht und in einer Kaffeegesellschaft bei Doktors geäußert, der Paß sei zwar ganz richtig visiert von Berlin bis Grünwiesel, aber es stecke doch was dahinter, denn der Mann sehe etwas verdächtig aus.

Der Bürgermeister hatte das größte Ansehen in der Stadt; kein Wunder, daß von da an der Fremde als eine verdächtige Person angesehen wurde. Und sein Lebenswandel konnte meine Landsleute nicht von dieser Meinung abbringen. Der fremde Mann mietete sich für einige Goldstücke ein ganzes Haus, das bisher öde gestanden, ließ einen ganzen Wagen voll sonderbarer Gerätschaften – als Öfen, Kunstherde, große Tiegel und dergleichen – hineinschaffen und lebte von da an ganz für sich allein. Ja er kochte sich sogar selbst, und es kam keine menschliche Seele in sein Haus als ein alter Mann aus Grünwiesel, der ihm seine Einkäufe in Brot, Fleisch und Gemüse besorgen mußte. Doch auch dieser durfte nur in den Flur des Hauses kommen, und dort nahm der fremde Mann das Gekaufte in Empfang.«

*

Ich war ein Knabe von zehn Jahren, als der Mann in meiner Vaterstadt einzog, und ich kann mir noch heute, als wäre es gestern geschehen, die Unruhe denken, die dieser Mann im Städtchen verursachte. Er kam nachmittags nicht wie andere Männer auf die Kegelbahn; er kam abends nicht ins Wirtshaus, um wie die übrigen bei einer Pfeife Tabak über die Zeitung zu sprechen. Umsonst luden ihn nach der Reihe der Bürgermeister, der Friedensrichter, der Doktor und der Oberpfarrer zum Essen oder Kaffee ein – er ließ sich immer entschuldigen. Daher hielten ihn einige für verrückt, andere für einen Juden, eine dritte Partei behauptete steif und fest, er sei ein Zauberer oder Hexenmeister.

Ich wurde achtzehn, zwanzig Jahre alt, und noch immer hieß der Mann in der Stadt »der fremde Herr«.

Es begab sich aber eines Tages, daß Leute mit fremden Tieren in die Stadt kamen. Es ist dies hergelaufenes Gesindel, das ein Kamel hat, welches sich verbeugen kann, einen Bären, der tanzt, einige Hunde und Affen, die in menschlichen Kleidern komisch genug aussehen und allerlei Künste machen. Diese Leute durchziehen gewöhnlich die Stadt, halten an den Kreuzstraßen und Plätzen, machen mit einer kleinen Trommel und einer Pfeife eine übeltönende Musik, lassen ihre Truppe tanzen und springen und sammeln dann in den Häusern Geld ein. Die Truppe aber, die sich diesmal in Grünwiesel sehen ließ, zeichnete sich durch einen ungeheuren Orang-Utan aus, der beinahe Menschengröße hatte, auf zwei Beinen ging und allerlei artige Künste zu machen verstand.

Diese Hunds- und Affenkomödie kam auch vor das Haus des fremden Herrn. Er erschien, als die

Trommel und die Pfeife ertönte, von Anfang ganz
unwillig hinter den dunklen, vom Alter angelaufe-
nen Fenstern. Bald aber wurde er freundlicher,
schaute zu jedermanns Verwundern zum Fenster
heraus und lachte herzlich über die Künste des
Orang-Utans, ja er gab für den Spaß ein so großes
Silberstück, daß die ganze Stadt davon sprach.

Am andern Morgen zog die Tierbande weiter. Das
Kamel mußte viele Körbe tragen, in welchen die
Hunde und die Affen ganz bequem saßen; die Tier-
treiber aber und der große Affe gingen hinter dem
Kamel. Kaum aber waren sie einige Stunden zum
Tore hinaus, so schickte der fremde Herr auf die
Post, verlangte zu großer Verwunderung des Post-
meisters einen Wagen und Extrapost und fuhr zu
demselben Tor hinaus, den Weg hin, den die Tiere
genommen hatten. Das ganze Städtchen ärgerte sich,
daß man nicht erfahren konnte, wohin er gereist sei.

Es war schon Nacht, als der fremde Herr wieder
im Wagen vor dem Tor ankam. Es saß aber noch eine
Person im Wagen, die den Hut tief ins Gesicht gedrückt und um Mund und Ohren ein seidenes Tuch
gebunden hatte. Der Torschreiber hielt es für seine
Pflicht, den andern Fremden anzureden und um seinen Paß zu bitten; er antwortete aber sehr grob, indem er in einer ganz unverständlichen Sprache
brummte.

»Es ist mein Neffe«, sagte der fremde Mann
freundlich zum Torschreiber, indem er ihm einige
Silbermünzen in die Hand drückte; »es ist mein Neffe, und er versteht bis dato noch wenig Deutsch. Er
hat soeben in seiner Mundart ein wenig geflucht, daß
wir hier aufgehalten werden.«

»Ei, wenn es dero Neffe ist«, antwortete der Torschreiber, »so kann er wohl ohne Paß hereinkommen. Er wird wohl ohne Zweifel bei Ihnen wohnen?«

»Allerdings«, sagte der Fremde; »und hält sich wahrscheinlich längere Zeit hier auf.«

Der Torschreiber hatte keine weitere Einwendung mehr, und der fremde Herr und sein Neffe fuhren ins Städtchen.

Der Bürgermeister und die ganze Stadt waren übrigens nicht sehr zufrieden mit dem Torschreiber. Er hätte doch wenigstens einige Worte von der Sprache des Neffen sich merken sollen, daraus hätte man dann leicht erfahren, was für ein Landeskind er und der Onkel wäre.

Der Torschreiber versicherte aber, daß es weder Französisch noch Italienisch sei, wohl aber habe es so breit geklungen wie Englisch, und wenn er nicht irre, so habe der junge Herr gesagt: »God damn!«

So half der Torschreiber sich selbst aus der Not und dem jungen Mann zu einem Namen, denn man sprach jetzt nur von dem jungen Engländer im Städtchen. Aber auch der junge Engländer wurde nicht sichtbar; weder auf der Kegelbahn noch im Bierkeller; wohl aber gab er den Leuten auf andere Weise viel zu schaffen. Es begab sich nämlich oft, daß in dem sonst so stillen Hause des Fremden ein schreckliches Geschrei und ein Lärm ausging, daß die Leute haufenweise vor dem Hause stehenblieben und hinaufsahen. Man sah den jungen Engländer, angetan mit einem roten Frack und grünen Beinkleidern, mit struppigem Haar und schrecklicher Miene, unglaublich schnell an den Fenstern hin und her durch alle Zimmer laufen; der alte Fremde lief ihm in einem roten Schlafrock, eine Hetzpeitsche in der Hand, nach, verfehlte ihn oft; aber einige Male kam es doch der Menge auf der Straße vor, als müsse er den Jungen erreicht haben, denn man hörte klägliche Angsttöne und klatschende Peitschenhiebe die Menge.

An dieser grausamen Behandlung des fremden jungen Mannes nahmen die Frauen des Städtchens so lebhaften Anteil, daß sie endlich den Bürgermeister bewogen, einen Schritt in der Sache zu tun. Er schrieb dem fremden Herrn ein Billett, worin er ihm die unglimpfliche Behandlung seines Neffen in ziemlich derben Ausdrücken vorwarf und ihm drohte, wenn noch ferner solche Szenen vorfielen, den jungen Mann unter seinen besonderen Schutz zu nehmen.

Wer war aber mehr erstaunt als der Bürgermeister, wie er den Fremden selbst – zum erstenmal seit zehn Jahren – bei sich eintreten sah! Der alte Herr entschuldigte sein Verfahren mit dem besonderen Auftrag der Eltern des Jünglings, die ihm solchen zu erziehen gegeben; er sei sonst ein kluger, anstelliger Junge, äußerte er, aber die Sprachen erlerne er sehr schwer. Er wünsche so sehnlich, seinem Neffen das Deutsche recht geläufig beizubringen, um sich nachher die Freiheit zu nehmen, ihn in die Gesellschaften von Grünwiesel einzuführen, und dennoch gehe dem selben diese Sprache so schwer ein, daß man oft nichts Besseres tun könne, als ihn gehörig durchzupeitschen.

Der Bürgermeister fand sich durch diese Mitteilung völlig befriedigt, riet dem Alten zur Mäßigung und erzählte abends im Bierkeller, daß er selten einen so unterrichteten, artigen Mann gefunden als den Fremden. »Es ist nur schade«, setzte er hinzu, »daß er so wenig in Gesellschaft kommt; doch ich denke, wenn der Neffe erst ein wenig Deutsch spricht, besucht er meine Cercles öfter.«

Durch diesen einzigen Vorfall war die Meinung des Städtchens völlig umgeändert. Man hielt den Fremden für einen artigen Mann, sehnte sich nach seiner näheren Bekanntschaft und fand es ganz in der Ordnung, wenn hie und da in dem öden Hause ein gräßliches Geschrei aufging. »Er gibt dem Neffen Unterricht in der deutschen Sprache«, sagten die Grünwieseler und blieben nicht mehr stehen.

Nach einem Vierteljahr ungefähr schien der Unterricht im Deutschen beendet, denn der Alte ging jetzt um eine Stufe weiter vor. Es lebte ein alter, gebrechlicher Franzose in der Stadt, der den jungen Leuten Unterricht im Tanzen gab; diesen ließ der Fremde zu sich rufen und sagte ihm, daß er seinen Neffen im Tanzen unterrichten lassen wolle. Er gab ihm zu verstehen, daß derselbe zwar sehr gelehrig, aber, was das Tanzen betreffe, etwas eigensinnig sei; er habe nämlich früher bei einem andern Meister tanzen gelernt, und zwar nach so sonderbaren Touren, daß er sich füglich nicht in der Gesellschaft produzieren könne; der Neffe halte sich aber deswegen für einen großen Tänzer, obgleich sein Tanz nicht die entfernteste Ähnlichkeit mit Walzer oder Galopp (Tänze, die man in meinem Vaterlande tanzt, o Herr!), nicht einmal Ähnlichkeit mit Ekossaise oder Française habe. Er versprach übrigens einen Taler für die Stunde, und der Tanzmeister war mit Vergnügen bereit, den Unterricht des eigensinnigen Zöglings zu unternehmen.

Es gab, wie der Franzose unter der Hand versicherte, auf der Welt nichts so Sonderbares als diese Tanzstunden. Der Neffe, ein ziemlich großer, schlanker junger Mann, der nur etwas sehr kurze Beine hatte, erschien in einem roten Frack, schön frisiert, in

grünen, weiten Beinkleidern und glacierten Handschuhen. Er sprach wenig und mit fremdem Akzent,
war von Anfang ziemlich artig und anstellig; dann
verfiel er aber oft plötzlich in fratzenhafte Sprünge,
tanzte die kühnsten Touren, wobei er Entrechats
machte, daß dem Tanzmeister Hören und Sehen verging. Wollte er ihn zurechtweisen, so zog er die zierli-
chen Tanzschuhe von den Füßen, warf sie dem Franzosen an den Kopf und setzte nun auf allen vieren im
Zimmer umher.

Bei diesem Lärm fuhr dann der alte Herr plötzlich
in einem weiten roten Schlafrock, eine Mütze von
Goldpapier auf dem Kopf, aus seinem Zimmer heraus und ließ die Hetzpeitsche ziemlich unsanft auf
den Rücken des Neffen niederfallen. Der Neffe fing
dann an, schrecklich zu heulen, sprang auf Tische
und hohe Kommoden, ja selbst an den Kreuzstöcken
der Fenster hinauf, und sprach eine fremde, seltsame
Sprache. Der Alte im roten Schlafrock aber ließ sich
nicht irremachen, faßte ihn am Bein, riß ihn herab,
bläute ihn durch und zog ihm mittels einer Schnalle
die Halsbinde fester an, worauf er immer wieder artig und manierlich wurde und die Tanzstunde ohne
Störung weiterging.

Als aber der Tanzmeister seinen Zögling so weit
gebracht hatte, daß man Musik zu der Stunde nehmen konnte, da war der Neffe wie umgewandelt. Ein
Stadtmusikant wurde gemietet, der sich im Saal des
öden Hauses auf einen Tisch setzen mußte. Der
Tanzmeister stellte dann die Dame dar, indem ihm
der alte Herr einen Frauenrock von Seide und einen
ostindischen Schal anziehen ließ; der Neffe forderte
ihn auf und fing nun an, mit ihm zu tanzen und zu
walzen. Er war aber ein unermüdlicher, rasender

Tänzer; er ließ den Meister nicht aus seinen langen
Armen, ob er ächzte und schrie, er mußte tanzen, bis
er ermattet umsank oder bis dem Stadtmusikus der
Arm lahm wurde an der Geige. Den Tanzmeister
brachten diese Unterrichtsstunden beinahe unter
den Boden, aber der Taler, den er jedesmal richtig
ausgezahlt bekam, der gute Wein, den der Alte auf-
wartete, machten, daß er immer wiederkam, wenn er
auch den Tag zuvor sich fest vorgenommen hatte,
nicht mehr in das öde Haus zu gehen.

Die Leute in Grünwiesel sahen aber die Sache
ganz anders an als der Franzose. Sie fanden, daß der
junge Mann viel Anlagen zum Gesellschaftlichen
habe, und die Frauenzimmer im Städtchen freuten
sich, bei dem großen Mangel an Herren, einen so
flinken Tänzer für den nächsten Winter zu bekommen.

Eines Morgens berichteten die Mägde, die vom
Markte heimkehrten, ihren Herrschaften ein wunderbares Ereignis. Vor dem öden Hause sei ein
prächtiger Glaswagen gestanden, mit schönen Pferden bespannt, und ein Bedienter in reicher Livree
habe den Schlag gehalten. Da sei die Tür des öden
Hauses aufgegangen und zwei schön gekleidete Herren herausgetreten, wovon der eine der alte Fremde
und der andere wahrscheinlich der junge Herr gewesen, der so schwer Deutsch gelernt und so rasend
tanze. Die beiden seien in den Wagen gestiegen, der
Bediente hinten aufs Brett gesprungen, und der Wagen – man stelle sich vor! – sei geradezu auf Bürgermeisters Haus zugefahren.

Als die Frauen solches von ihren Mägden erzählen
hörten, rissen sie eilends die Küchenschürzen und
die etwas unsauberen Hauben ab und versetzten sich

in Staat. »Es ist nichts gewisser«, sagten sie zu ihrer Familie, indem alles umherrannte, um das Besuchszimmer, das zugleich zu sonstigem Gebrauch diente, aufzuräumen; »es ist nichts gewisser, als daß der Fremde jetzt seinen Neffen in die Welt einführt. Der alte Narr war seit zehn Jahren nicht so artig, einen Fuß in unser Haus zu setzen; aber es sei ihm wegen des Neffen verziehen, der ein scharmanter Mensch sein soll.«

So sprachen sie und ermahnten ihre Söhne und Töchter, recht manierlich auszusehen, wenn die Fremden kämen, sich gerade zu halten und sich auch einer besseren Aussprache zu bedienen als gewöhnlich. Und die klugen Frauen im Städtchen hatten nicht unrecht geraten, denn nach der Reihe fuhr der alte Herr mit seinem Neffen umher, sich und ihn in die Gewogenheit der Familien zu empfehlen.

Man war überall ganz erfüllt von den beiden Fremden und bedauerte, nicht schon früher diese angenehme Bekanntschaft gemacht zu haben. Der alte Herr zeigte sich als ein würdiger, sehr vernünftiger Mann, der zwar bei allem, was er sagte, ein wenig lächelte, so daß man nicht gewiß war, ob es ihm Ernst sei oder nicht, aber er sprach über das Wetter, über die Gegend, über das Sommervergnügen auf dem Keller am Berge so klug und durchdacht, daß jedermann davon bezaubert war.

Aber der Neffe! Er bezauberte alles; er gewann alle Herzen für sich. Man konnte zwar, was sein Äußeres betraf, sein Gesicht nicht schön nennen – der untere Teil, besonders die Kinnlade, stand allzusehr hervor, und der Teint war sehr bräunlich; auch machte er zuweilen allerlei sonderbare Grimassen, drückte die Augen zu und fletschte mit den Zähnen –, aber dennoch fand man den Schnitt seiner Züge ungemein interessant. Es konnte nichts Beweglicheres, Gewandteres geben als seine Gestalt. Die Kleider hingen ihm zwar etwas sonderbar am Leib, aber es stand ihm alles trefflich; er fuhr mit großer Lebendigkeit im Zimmer umher, warf sich hier in ein Sofa, dort in einen Lehnstuhl und streckte die Beine von sich – aber was man bei einem andern jungen Mann höchst gemein und unschicklich gefunden hätte, galt bei dem Neffen für Genialität. »Er ist ein Engländer«, sagte man; »so sind sie alle. Ein Engländer kann sich aufs Kanapee legen und einschlafen, während zehn Damen keinen Platz haben und umherstehen müssen; einem Engländer kann man so etwas nicht übelnehmen.«

Gegen den alten Herrn, seinen Oheim, war er sehr fügsam, denn wenn er anfing, im Zimmer umherzuhüpfen oder, wie er gerne tat, die Füße auf den Sessel hinaufzuziehen, so reichte ein ernsthafter Blick hin, ihn zur Ordnung zu bringen. Und wie konnte man ihm so etwas übelnehmen, als vollends der Onkel in jedem Haus zu der Dame sagte: »Mein Neffe ist noch ein wenig roh und ungebildet, aber ich verspreche mir viel von der Gesellschaft; die wird ihn gehörig formen und bilden, und ich empfehle ihn namentlich Ihnen aufs angelegenste.«

So war der Neffe also in die Welt eingeführt, und ganz Grünwiesel sprach an diesem und den folgenden Tagen von nichts anderem als von diesem Ereignis.

Der alte Herr blieb aber dabei nicht stehen; er schien seine Denk- und Lebensart gänzlich geändert zu haben. Nachmittags ging er mit dem Neffen hinaus in den Felsenkeller am Berg, wo die vornehmeren Herren von Grünwiesel Bier tranken und sich am Kegelschieben ergötzten. Der Neffe zeigte sich dort als ein flinker Meister im Spiel, denn er warf nie unter fünf oder sechs. Hie und da schien zwar ein sonderbarer Geist über ihn zu kommen; es konnte ihm einfallen, daß er pfeilschnell mit der Kugel hinaus und unter die Kegel hineinfuhr und dort allerhand tollen Rumor anrichtete; oder wenn er den Kranz oder den König geworfen, stand er plötzlich auf seinem schön frisierten Haar und streckte die Beine in die Höhe; oder wenn ein Wagen vorbeifuhr, saß er, ehe man sich dessen versah, oben auf dem Kutschenhimmel und machte Grimassen herab, fuhr ein Stückchen weit mit und kam dann wieder zur Gesellschaft gesprungen.

Der alte Herr pflegte dann bei solchen Szenen den Bürgermeister und die anderen Männer sehr um Entschuldigung zu bitten wegen der Ungezogenheit seines Neffen; sie aber lachten, schrieben es seiner Jugend zu, behaupteten, in diesem Alter selbst so leichtfüßig gewesen zu sein, und liebten den jungen Springinsfeld, wie sie ihn nannten, ungemein.

Es gab aber auch Zeiten, wo sie sich nicht wenig über ihn ärgerten und dennoch nichts zu sagen wagten, weil der junge Engländer allgemein als ein Muster von Bildung und Verstand galt. Der alte Herr pflegte nämlich mit seinem Neffen auch abends in den Goldenen Hirsch, das Wirtshaus des Städtchens, zu kommen. Obgleich der Neffe noch ein ganz junger Mensch war, tat er doch schon ganz wie ein Alter, setzte sich hinter sein Glas, tat eine ungeheure Brille auf, zog eine gewaltige Pfeife heraus, zündete sie an und dampfte unter allen am ärgsten. Wurde nun über die Zeitungen, über Krieg und Frieden gesprochen; gab der Doktor die Meinung, der Bürgermeister jene; waren die anderen Herren ganz erstaunt über so tiefe politische Kenntnisse, so konnte es dem Neffen plötzlich einfallen, ganz anderer Meinung zu sein; er schlug dann mit der Hand, von welcher er nie die Handschuhe ablegte, auf den Tisch, und gab dem Bürgermeister und dem Doktor nicht undeutlich zu verstehen, daß sie von diesem allem nichts genau wüßten, daß er diese Sachen ganz anders gehört habe und tiefere Einsicht besitze. Er gab dann in einem sonderbar gebrochenen Deutsch seine Meinung preis, die alle, zum großen Ärgernis des Bürgermeisters, ganz trefflich fanden, denn er mußte als Engländer natürlich alles besser wissen.

Setzten sich dann der Bürgermeister und der Doktor in ihrem Zorn, den sie nicht laut werden lassen durften, zu einer Partie Schach, so rückte der Neffe hinzu, schaute dem Bürgermeister mit seiner großen Brille über die Schulter herein und tadelte diesen oder jenen Zug, sagte dem Doktor, so und so müsse er ziehen, so daß beide Männer heimlich ganz grimmig wurden. Bot ihm dann der Bürgermeister ärgerlich eine Partie an, um ihn gehörig matt zu machen – denn er hielt sich für einen zweiten Philidor –, so schnallte der alte Herr dem Neffen die Halsbinde fester zu, worauf dieser ganz artig und manierlich wurde und den Bürgermeister matt machte.

Man hatte bisher in Grünwiesel beinahe jeden Abend Karte gespielt, die Partie um einen halben Kreuzer; das fand nun der Neffe erbärmlich, setzte Kronentaler und Dukaten, behauptete, kein einziger spiele so fein wie er, söhnte aber die beleidigten Herren gewöhnlich dadurch wieder aus, daß er ungeheure Summen an sie verlor. Sie machten sich auch gar

kein Gewissen daraus, ihm recht viel Geld abzunehmen; denn »er ist ja ein Engländer, also von Hause
aus reich«, sagten sie und schoben die Dukaten in die
Tasche.

So kam der Neffe des fremden Herrn in kurzer
Zeit bei Stadt und Umgegend in ungemeines Ansehen. Man konnte sich seit Menschengedenken nicht
erinnern, einen jungen Mann dieser Art in Grünwiesel gesehen zu haben, und es war die sonderbarste
Erscheinung, die man je bemerkt. Man konnte nicht
sagen, daß der Neffe irgend etwas gelernt hätte als
etwa tanzen. Latein und Griechisch waren ihm, wie
man zu sagen pflegt, böhmische Dörfer. Bei einem
Gesellschaftsspiel in Bürgermeisters Hause sollte er
etwas schreiben, und es fand sich, daß er nicht einmal
seinen Namen schreiben konnte. In der Geographie
machte er die auffallendsten Schnitzer, denn es kam
ihm nicht darauf an, eine deutsche Stadt nach Frankreich oder eine dänische nach Polen zu versetzen; er
hatte nichts gelesen, nichts studiert, und der Oberpfarrer schüttelte oft bedenklich den Kopf über die
rohe Unwissenheit des jungen Mannes. Aber dennoch fand man alles trefflich, was er tat oder sagte;
denn er war so unverschämt, immer recht haben zu
wollen, und das Ende jeder seiner Reden war: »Ich
verstehe das besser!«

So kam der Winter heran, und jetzt erst trat der
Neffe mit noch größerer Glorie auf. Man fand jede
Gesellschaft langweilig, wo nicht er zugegen war;
man gähnte, wenn ein vernünftiger Mann etwas sagte; wenn aber der Neffe selbst das törichtste Zeug in
schlechtem Deutsch vorbrachte, war alles Ohr.

Es fand sich jetzt, daß der treffliche junge Mann
auch ein Dichter war; denn nicht leicht verging ein

Abend, an welchem er nicht einiges Papier aus der Tasche zog und der Gesellschaft einige Sonette vorlas. Es gab zwar einige Leute, die von dem einen Teil dieser Dichtungen behaupteten, sie seien schlecht und ohne Sinn, einen andern Teil wollten sie schon irgendwo gedruckt gelesen haben; aber der Neffe ließ sich nicht irremachen, er las und las, machte dann auf die Schönheiten seiner Verse aufmerksam, und jedesmal erfolgte rauschender Beifall.

Sein Triumph waren aber die Grünwieseler Bälle. Es konnte niemand anhaltender, schneller tanzen als er; keiner machte so kühne und ungemein zierliche Sprünge wie er. Dabei kleidete ihn sein Onkel immer aufs prächtigste nach dem neuesten Geschmack, und obgleich ihm die Kleider nicht recht am Leib sitzen wollten, fand man dennoch, daß ihn alles allerliebst kleide. Die Männer fanden sich zwar bei diesen Tänzen etwas beleidigt durch die neue Art, womit er auftrat. Sonst hatte immer der Bürgermeister in eigener Person den Ball eröffnet, die vornehmsten jungen Leute hatten das Recht, die übrigen Tänze anzuordnen, aber seit der fremde junge Herr erschien, war dies alles ganz anders. Ohne viel zu fragen, nahm er die nächstbeste Dame bei der Hand, stellte sich mit ihr oben an, machte alles, wie es ihm gefiel, und war Herr und Meister und Ballkönig. Weil aber die Frauen diese Manieren ganz trefflich und angenehm fanden, so durften die Männer nichts dagegen einwenden, und der Neffe blieb bei seiner selbstgewählten Würde.

Das größte Vergnügen schien ein solcher Ball dem alten Herrn zu gewähren; er verwandte kein Auge von seinem Neffen, lächelte immer in sich hinein, und wenn alle Welt herbeiströmte, um ihm über den

anständigen, wohlgezogenen Jüngling Lobsprüche
zu erteilen, so konnte er sich vor Freude gar nicht
fassen; er brach dann in ein lustiges Gelächter aus
und bezeigte sich wie närrisch. Die Grünwieseler
schrieben diese sonderbaren Ausbrüche der Freude
seiner großen Liebe zu dem Neffen zu und fanden es
ganz in der Ordnung. Doch hie und da mußte er auch
sein väterliches Ansehen gegen den Neffen anwenden, denn mitten in den zierlichsten Tänzen konnte
es dem jungen Mann einfallen, mit einem kühnen
Sprung auf die Tribüne, wo die Stadtmusikanten saßen, zu setzen, dem Organisten den Kontrabaß aus
der Hand zu reißen und schrecklich darauf umher-
zukratzen; oder er wechselte auf einmal und tanzte
auf den Händen, indem er die Beine in die Höhe
streckte. Dann pflegte ihn der Onkel auf die Seite zu
nehmen, machte ihm dort ernstliche Vorwürfe und
zog ihm die Halsbinde fester an, daß er wieder ganz
gesittet wurde.

So betrug sich nun der Neffe in Gesellschaft und
auf Bällen. Wie es aber mit den Sitten zu geschehen
pflegt – die schlechten verbreiten sich immer leichter
als die guten, und eine neue, auffallende Mode,
wenn sie auch höchst lächerlich sein sollte, hat etwas
Ansteckendes an sich für junge Leute, die noch nicht
über sich selbst und die Welt nachgedacht haben. So
war es auch in Grünwiesel mit dem Neffen und seinen sonderbaren Sitten. Als nämlich die junge Welt
sah, wie derselbe mit seinem linkischen Wesen, mit
seinem rohen Lachen und Schwatzen, mit seinen gro-
ben Antworten gegen Ältere eher geschätzt als getadelt werde, daß man dies alles sogar sehr geistreich
finde, so dachten sie bei sich: Es ist mir ein leichtes,
auch solch ein geistreicher Schlingel zu werden.

Sie waren sonst fleißige, geschickte junge Leute
gewesen; jetzt dachten sie: Zu was hilft Gelehrsamkeit, wenn man mit Unwissenheit besser fortkommt?
Sie ließen die Bücher liegen und trieben sich überall
umher auf Plätzen und Straßen. Sonst waren sie artig
gewesen und höflich gegen jedermann, hatten gewartet, bis man sie fragte, und anständig und bescheiden geantwortet; jetzt standen sie in den Reihen der
Männer, schwatzten mit, gaben ihre Meinung preis
und lachten selbst dem Bürgermeister unter die
Nase, wenn er etwas sagte, und behaupteten, alles viel
besser zu wissen.

Sonst hatten die jungen Grünwieseler Abscheu ge-
hegt gegen rohes und gemeines Wesen. Jetzt sangen
sie allerlei schlechte Lieder, rauchten aus ungeheuren Pfeifen Tabak und trieben sich in gemeinen
Kneipen umher; auch kauften sie sich, obgleich sie
ganz gut sahen, große Brillen, setzten solche auf die
Nase und glaubten nun, gemachte Leute zu sein,
denn sie sahen ja aus wie der berühmte Neffe. Zu
Hause, oder wenn sie auf Besuch waren, lagen sie mit
Stiefeln und Sporen auf dem Kanapee, schaukelten
sich auf dem Stuhl in guter Gesellschaft oder stützten
die Wangen in beide Fäuste, die Ellbogen aber auf
den Tisch, was nun überaus reizend anzusehen war.

Umsonst sagten ihnen ihre Mütter und Freunde,
wie töricht, wie unschicklich dies alles sei; sie beriefen
sich auf das glänzende Beispiel des Neffen. Umsonst
stellte man ihnen vor, daß man dem Neffen als einem
jungen Engländer eine gewisse Nationalroheit ver-
zeihen müsse; die jungen Grünwieseler behaupteten,
ebensogut als der beste Engländer das Recht zu haben, auf geistreiche Weise ungezogen zu sein – kurz,
es war ein Jammer, wie durch das böse Beispiel des

Neffen die Sitten und guten Gewohnheiten in Grünwiesel völlig untergingen.

Aber die Freude der jungen Leute an ihrem rohen, ungebundenen Leben dauerte nicht lange, denn
folgender Vorfall veränderte auf einmal die ganze
Szene. Die Wintervergnügungen sollte ein großes
Konzert beschließen, das teils von den Stadtmusikanten, teils von geschickten Musikfreunden in Grünwiesel aufgeführt werden sollte. Der Bürgermeister
spielte das Violoncello, der Doktor das Fagott ganz
vortrefflich; der Apotheker, obgleich er keinen rechten Ansatz hatte, blies die Flöte; einige Jungfrauen
aus Grünwiesel hatten Arien einstudiert, und alles
war trefflich vorbereitet. Da äußerte der alte Fremde,
daß zwar das Konzert auf diese Art trefflich werden
würde, es fehle aber offenbar an einem Duett, und
ein Duett müsse in jedem ordentlichen Konzert not-
wendigerweise vorkommen.

Man war etwas betreten über diese Äußerung; die
Tochter des Bürgermeisters sang zwar wie eine Nach-
tigall, aber wo einen Herrn herbekommen, der mit
ihr ein Duett singen könnte? Man wollte endlich auf
den alten Organisten verfallen, der einst einen treff-
lichen Baß gesungen hatte; der Fremde aber behauptete, dies sei nicht nötig, indem sein Neffe ganz aus-
gezeichnet singe. Man war nicht wenig erstaunt über
diese neue, treffliche Eigenschaft des jungen Mannes; er mußte zur Probe etwas singen, und einige sonderbare Manieren abgerechnet, die man für englisch
hielt, sang er wie ein Engel. Man studierte also in der
Eile das Duett ein, und der Abend erschien endlich,
an welchem die Ohren der Grünwieseler durch das
Konzert erquickt werden sollten.

Der alte Fremde konnte leider dem Triumph seines Neffen nicht beiwohnen, weil er krank war; er gab aber dem Bürgermeister, der ihn eine Stunde zuvor noch besuchte, einige Maßregeln über seinen Neffen auf. »Er ist eine gute Seele, mein Neffe«, sagte er, »aber hie und da verfällt er in allerlei sonderbare Gedanken und fängt dann tolles Zeug an. Es ist mir ebendeswegen leid, daß ich dem Konzert nicht beiwohnen kann, denn vor mir nimmt er sich gewaltig in acht; er weiß wohl, warum! Ich muß übrigens zu seiner Ehre sagen, daß dies nicht geistiger Mutwillen ist, sondern es ist körperlich; es liegt in seiner ganzen Natur. Wollten Sie nun, Herr Bürgermeister, wenn er etwa in solche Gedanken verfiele, daß er sich auf ein Notenpult setzte oder daß er durchaus den Kontrabaß streichen wollte oder dergleichen – wollten Sie ihm dann nur seine hohe Halsbinde etwas lockerer machen oder, wenn es auch dann nicht besser wird, ihm solche ganz auszuziehen; sie werden sehen, wie artig und manierlich er dann wird.«

Der Bürgermeister dankte dem Kranken für sein Zutrauen und versprach, im Fall der Not also zu tun, wie er ihm geraten. Der Konzertsaal war gedrängt voll; denn ganz Grünwiesel und die Umgegend hatte sich eingefunden. Alle Jäger, Pfarrer, Amtleute, Landwirte und dergleichen aus dem Umkreis von drei Stunden waren mit zahlreicher Familie herbeigeströmt, um den seltenen Genuß mit den Grünwieselern zu teilen. Die Stadtmusikanten hielten sich vortrefflich; nach ihnen trat der Bürgermeister auf, der das Violoncello spielte, begleitet vom Apotheker, der die Flöte blies; nach diesen sang der Organist eine Baßarie mit allgemeinem Beifall, und auch der Doktor wurde nicht wenig beklatscht, als er sich auf dem Fagott hören ließ.

Die erste Abteilung des Konzertes war vorbei, und jedermann war nun auf die zweite gespannt, in welcher der junge Fremde mit des Bürgermeisters Tochter ein Duett vortragen sollte. Der Neffe war in einem glänzenden Anzug erschienen und hatte schon längst die Aufmerksamkeit aller Anwesenden auf sich gezogen. Er hatte sich nämlich, ohne viel zu fragen, in den prächtigen Lehnstuhl gelegt, der für eine Gräfin aus der Nachbarschaft hergesetzt worden war; er streckte die Beine weit von sich, schaute jedermann durch ein ungeheures Perspektiv an, das er noch außer seiner großen Brille gebrauchte, und spielte mit einem großen Fleischerhund, den er, trotz des Verbotes, Hunde mitzunehmen, in die Gesellschaft eingeführt hatte.

Die Gräfin, für welche der Lehnstuhl bereitet war, erschien, aber wer keine Miene machte, aufzustehen und ihr den Platz einzuräumen, war der Neffe; er setzte sich im Gegenteil noch bequemer hinein, und niemand wagte es, dem jungen Mann etwas darüber zu sagen. Die vornehme Dame aber mußte auf dem ganz gemeinen Strohsessel mitten unter den übrigen Frauen des Städtchens sitzen und soll sich nicht wenig geärgert haben.

Während des herrlichen Spieles des Bürgermeisters, während des Organisten trefflicher Baßarie, ja sogar während der Doktor auf dem Fagott phantasierte und alles den Atem anhielt und lauschte, ließ der Neffe den Hund das Schnupftuch apportieren oder schwatzte ganz laut mit seinen Nachbarn, so daß jedermann, der ihn nicht kannte, sich über die absonderlichen Sitten des jungen Herrn wunderte.

Kein Wunder daher, daß alles sehr begierig war, wie er sein Duett vortragen würde. Die zweite Abteilung begann; die Stadtmusikanten hatten etwas weniges aufgespielt, und nun trat der Bürgermeister mit seiner Tochter zu dem jungen Mann, überreichte ihm ein Notenblatt und sprach: »Mosjöh, wäre es Ihnen jetzt gefällig, das Duetto zu singen?«

Der junge Mann lachte, fletschte mit den Zähnen, sprang auf, und die beiden anderen folgten ihm an das Notenpult, und die ganze Gesellschaft war voll Erwartung. Der Organist schlug den Takt und winkte dem Neffen, anzufangen. Dieser schaute durch seine großen Brillengläser in die Noten und stieß greuliche, jämmerliche Töne aus.

Der Organist aber schrie ihm zu: »Zwei Töne tiefer, Wertester; C müssen Sie singen, C!«

Statt aber C zu singen, zog der Neffe einen seiner Schuhe ab und warf ihn dem Organisten an den Kopf, daß der Puder weit umherflog.

Als dies der Bürgermeister sah, dachte er: Ha, jetzt hat er wieder seine körperlichen Zufälle; sprang hinzu, packte ihn am Hals und band ihm das Tuch etwas leichter. Aber dadurch wurde es nur noch schlimmer mit dem jungen Mann. Er sprach nicht mehr deutsch, sondern eine ganz sonderbare Sprache, die niemand verstand, und machte große Sprünge.

Der Bürgermeister war in Verzweiflung über diese Störung; er faßte daher den Entschluß, dem jungen Mann, dem etwas ganz besonderes zugestoßen sein mußte, das Halstuch vollends abzulösen. Aber kaum hatte er dies getan, so blieb er vor Schrecken wie erstarrt stehen. Denn statt menschlicher Haut und Farbe umgab den Hals des jungen Menschen ein dunkelbraunes Fell, und alsobald setze derselbe auch seine Sprünge noch höher und sonderbarer fort, fuhr sich mit den glacierten Handschuhen in die Haare, zog diese ab, und – o Wunder! – diese schönen Haare waren eine Perücke, die er dem Bürgermeister ins Gesicht warf, und sein Kopf erschien jetzt mit demselben braunen Fell bewachsen.

Er setzte über Tische und Bänke, warf die Notenpulte um, zertrat Geigen und Klarinetten und erschien wie ein Rasender. »Fangt ihn! Fangt ihn!« rief der Bürgermeister ganz außer sich. »Er ist von Sinnen; fangt ihn!«

Das war aber eine schwierige Sache; denn er hatte die Handschuhe abgezogen und zeigte Nägel an den Händen, mit welchen er den Leuten ins Gesicht fuhr und sie jämmerlich kratzte. Endlich gelang es einem mutigen Jäger, seiner habhaft zu werden. Er preßte ihm die langen Arme zusammen, daß er nur noch mit den Füßen zappelte und mit heiserer Stimme lachte und schrie.

Die Leute sammelten sich umher und betrachteten den sonderbaren jungen Herrn, der jetzt gar nicht mehr aussah wie ein Mensch. Aber ein gelehrter Herr aus der Nachbarschaft, der ein großes Naturalienkabinett und allerlei ausgestopfte Tiere besaß, trat näher, betrachtete ihn genau und rief dann voll Verwunderung: »Mein Gott, verehrte Herren und Damen, wie bringen sie nur dieses Tier in honette Gesellschaft? Das ist ja ein Affe, der Homo troglodytes Linnaei! Ich gebe sogleich sechs Taler für ihn, wenn Sie mir ihn ablassen, und bälge ihn aus für mein Kabinett.«

Wer beschreibt das Erstaunen der Grünwieseler, als sie dies hörten! »Was, ein Affe, ein Orang-Utan in unserer Gesellschaft? Der junge Fremde ein ganz gewöhnlicher Affe?« riefen sie und sahen einander ganz dumm vor Verwunderung an. Man wollte nicht glauben, man traute seinen Ohren nicht; die Männer untersuchten das Tier genauer, aber es war und blieb ein ganz natürlicher Affe.

»Aber wie ist dies möglich?« rief die Frau Bürgermeisterin. »Hat er mir nicht oft seine Gedichte vorgelesen? Hat er nicht wie ein anderer Mensch bei mir zu Mittag gespeist?«

»Was?« eiferte die Frau Doktorin. »Wie? Hat er nicht oft und viel den Kaffee bei mir getrunken und mit meinem Manne gelehrt gesprochen und geraucht?«

»Wie ist es möglich?« riefen die Männer. »Hat er nicht mit uns am Felsenkeller Kegel geschoben und über Politik gestritten wie unsereiner?«

»Und wie?« klagten sie alle. »Hat er nicht sogar vorgetanzt auf unseren Bällen? Ein Affe! Ein Affe? Es ist ein Wunder, es ist Zauberei!«

»Ja, es ist Zauberei und teuflischer Spuk«, sagte der Bürgermeister, indem er das Halstuch des Neffen oder Affen herbeibrachte. »Seht! In diesem Tuche steckte der ganze Zauber, der ihn in unseren Augen liebenswürdig machte. Da ist ein breiter Streifen elastischen Pergaments, mit allerlei wunderlichen Zeichen beschrieben. Ich glaube gar, es ist Lateinisch; kann es niemand lesen?«

Der Oberpfarrer, ein gelehrter Mann, der oft an den Affen eine Partie Schach verloren hatte, trat hinzu, betrachtete das Pergament und sprach: »Mitnichten! Es sind nur lateinische Buchstaben; es heißt:

DER · AFFE · SEHR · POSSIERLICH · IST
ZUMAL · WENN · ER · VOM · APFEL · FRISST.

Ja, ja, es ist höllischer Betrug, eine Art von Zauberei«,

fuhr er fort, »und es muß exemplarisch bestraft werden.«

Der Bürgermeister war derselben Meinung und machte sich gleich auf den Weg zu dem Fremden, der ein Zauberer sein mußte, und sechs Stadtsoldaten trugen den Affen, denn der Fremde sollte sogleich ins Verhör genommen werden.

Sie kamen, umgeben von einer ungeheuren Anzahl Menschen, an das öde Haus; denn jedermann wollte sehen, wie sich die Sache weiter begeben würde. Man pochte an das Haus, man zog die Glocke – aber vergeblich; es zeigte sich niemand. Da ließ der Bürgermeister in seiner Wut die Tür einschlagen und begab sich hierauf in das Zimmer des Fremden. Aber dort war nichts zu sehen als allerlei alter Hausrat; der fremde Mann war nicht zu finden. Auf seinem Arbeitstisch aber lag ein großer versiegelter Brief, »An den Bürgermeister« überschrieben, den dieser auch sogleich öffnete. Er las:

Meine lieben Grünwieseler!

Wenn ihr dies leset, bin ich nicht mehr in eurem Städtchen, und ihr werdet dann längst erfahren haben, wes Standes und Vaterlandes mein lieber Neffe ist. Nehmet den Scherz, den ich mir mit euch erlaubte, als eine gute Lehre auf, einen Fremden, der für sich leben will, nicht in eure Gesellschaft zu nötigen. Ich selbst fühle mich zu gut, um euer ewiges Klatschen, um eure schlechten Sitten und euer lächerliches Wesen zu teilen. Darum erzog ich einen jungen Orang-Utan, den ihr als meinen Stellvertreter so liebgewonnen habt. Lebet wohl und benutzet diese Lehre nach Kräften.

Die Grünwieseler schämten sich nicht wenig vor dem ganzen Land. Ihr Trost war, daß dies alles mit unnatürlichen Dingen zu gegangen sei.

Am meisten schämten sich aber die jungen Leute in Grünwiesel, weil sie die schlechten Gewohnheiten und Sitten des Affen nachgeahmt hatten. Sie stemmten von jetzt an keinen Ellbogen mehr auf, sie schaukelten nicht mit dem Sessel; sie schwiegen, bis sie gefragt wurden, sie legten die Brillen ab und waren artig und gesittet wie zuvor, und wenn je einer wieder in solche schlechte, lächerliche Sitten verfiel, so sagten die Grünwieseler: »Er ist ein Affe.«

Der Affe aber, welcher so lange die Rolle eines jungen Herrn gespielt hatte, wurde dem gelehrten Mann, der ein Naturalienkabinett besaß, überantwortet. Dieser läßt ihn in seinem Hof umher gehen, füttert ihn und zeigt ihn als Seltenheit jedem Fremden, wo er noch bis auf den heutigen Tag zu sehen ist.

✳

Es entstand ein Gelächter im Saal, als der Sklave geendet hatte, und auch die jungen Männer lachten mit. »Es muß doch sonderbare Leute geben unter diesen Franken; und wahrhaftig, da bin ich lieber beim Scheich und Mufti in Alexandria als in Gesellschaft des Oberpfarrers, des Bürgermeisters und ihrer törichten Frauen in Grünwiesel!«

»Du hast gewiß recht gesprochen«, erwiderte der junge Kaufmann. »In Frankistan möchte ich nicht tot sein. Die Franken sind ein rohes, wildes, barbarisches Volk, und für einen gebildeten Türken oder Perser müßte es schrecklich sein, dort zu leben.«

»Das werdet ihr bald hören«, versprach der Alte.

»Soviel mir der Sklavenaufseher sagte, wird der schöne junge Mann dort vieles von Frankistan erzählen,
denn er war lange dort und ist doch seiner Geburt
nach ein Muselman.«

»Wie, jener, der zuletzt sitzt in der Reihe? Wahrlich, es ist eine Sünde, daß der Herr Scheich diesen
losgibt; er ist der schönste Sklave im ganzen Land.
Schaut nur dieses mutige Gesicht, dieses kühne Auge,
diese schöne Gestalt! Er kann ihm ja leichte Geschäfte
geben. Er kann ihn zum Fliegenwedler machen oder
zum Pfeifenträger. Es ist ein Spaß, ein solches Amt zu
versehen, und wahrlich, ein solcher Sklave ist die Zier-
de von einem ganzen Haus. Und erst drei Tage hat er
ihn und gibt ihn weg? Es ist Torheit, es ist Sünde!«

»Tadelt ihn doch nicht, ihn, der weiser ist als
ganz Ägypten!« sprach der Alte mit Nachdruck.
»Sagte ich euch nicht schon, daß er ihn losläßt, weil
er glaubt, den Segen Allahs dadurch zu verdienen?
Ihr sagt, er ist schön und wohlgebildet, und ihr
sprecht die Wahrheit! Aber der Sohn des Scheichs,
den der Prophet in sein Vaterhaus zurückbringen
möge, der Sohn des Scheichs war ein schöner Knabe
und muß jetzt auch groß sein und wohlgebildet. Soll
er also das Gold sparen und einen wohlfeilen, ver-
wachsenen Sklaven hingeben in der Hoffnung, seinen Sohn dafür zu bekommen? Wer etwas tun will
in der Welt, der tue es recht oder – lieber gar nicht!«

»Und seht, des Scheichs Augen sind immer auf
diesen Sklaven geheftet; ich bemerkte es schon den
ganzen Abend. Während der Erzählungen streifte oft
sein Blick dorthin und verweilte auf den edlen Zügen
des Freigelassenen. Es muß ihn doch ein wenig
schmerzen, ihn freizugeben.«

»Denke nicht also von dem Mann! Meinst du, tau-

send Tomans schmerzen ihn, der jeden Tag das Drei-
fache einnimmt?« sagte der alte Mann. »Aber wenn
sein Blick mit Kummer auf dem Jüngling weilt, denkt
er wohl an seinen Sohn, der in der Fremde schmach-
tet; er denkt wohl, ob dort vielleicht ein barmherziger
Mann wohne, der ihn loskaufe und zurückschicke
zum Vater.«

»Ihr mögt recht haben«, erwiderte der junge Kaufmann, »und ich schäme mich, daß ich von den Leuten
nur immer das Gemeinere und Unedle denke, während Ihr lieber eine schöne Gesinnung unterlegt.
Und doch sind die Menschen in der Regel schlecht;
habt Ihr dies nicht auch gefunden, Alter?«

»Gerade weil ich dies nicht gefunden habe, denke
ich gerne gut von den Menschen«, antwortete dieser.
»Es ging mir gerade wie Euch. Ich lebte so in den Tag
hinein, hörte viel Schlimmes von den Menschen,
mußte selbst an mir viel Schlechtes erfahren und fing
an, die Menschen alle für schlechte Geschöpfe zu halten. Doch da fiel mir ein, daß Allah, der so gerecht ist
als weise, nicht dulden könnte, daß ein so verworfe-
nes Geschlecht auf dieser schönen Erde hause. Ich
dachte nach über das, was ich gesehen, was ich erlebt
hatte, und siehe – ich hatte nur das Böse gezählt und
das Gute vergessen. Ich hatte nicht achtgegeben,
wenn einer eine Handlung der Barmherzigkeit übte;
ich hatte es natürlich gefunden, wenn ganze Familien
tugendhaft lebten und gerecht waren. Sooft ich aber
Böses, Schlechtes hörte, hatte ich es wohl angemerkt
in meinem Gedächtnis.

Da fing ich an, mit ganz anderen Augen um mich
zu schauen. Es freute mich, wenn ich das Gute nicht
so sparsam keimen sah, wie ich anfangs dachte; ich
bemerkte das Böse weniger, oder es fiel mir nicht so

sehr auf, und so lernte ich die Menschen lieben, lernte Gutes von ihnen denken und habe mich in langen Jahren seltener geirrt, wenn ich von einem Gutes sprach, als wenn ich ihn für geizig oder gemein oder gottlos hielt.«

Der Alte wurde bei diesen Worten von dem Aufseher der Sklaven unterbrochen, der zu ihm trat und sprach: »Mein Herr, der Scheich von Alexandria, Ali Banu, hat Euch mit Wohlgefallen in seinem Saale bemerkt und ladet Euch ein, zu ihm zu treten und Euch neben ihn zu setzen.«

Die jungen Leute waren nicht wenig erstaunt über die Ehre, die dem Alten widerfahren sollte, den sie für einen Bettler gehalten hatten; und als dieser hingegangen war, sich zu dem Scheich zu setzen, hielten sie den Sklavenaufseher zurück, und der Schreiber fragte ihn: »Beim Bart des Propheten beschwöre ich dich, sage uns, wer ist dieser alte Mann, mit dem wir sprachen und den der Scheich also ehrt?«

»Wie?« rief der Aufseher der Sklaven und schlug vor Verwunderung die Hände zusammen. »Diesen Mann kennt ihr nicht?«

»Nein, wir wissen nicht, wer er ist.«

»Aber ich sah euch doch schon einige Male mit ihm auf der Straße sprechen, und mein Herr, der Scheich, hat dies auch bemerkt und erst letzthin gesagt: ›Das müssen wackere junge Leute sein, die dieser Mann eines Gespräches würdigt.‹«

»Aber so sage doch, wer er ist!« rief der junge Kaufmann in höchster Ungeduld.

»Geht, ihr wollt mich nur zum Narren haben«, antwortete der Sklavenaufseher. »In diesen Saal kommt sonst niemand, der nicht ausdrücklich eingeladen ist, und heute ließ der Alte dem Scheich sagen, er werde

einige junge Männer in seinen Saal mitbringen, wenn
es ihm nicht ungelegen sei, und Ali Banu ließ ihm
sagen, er habe über sein Haus zu gebieten!«

»Lasse uns nicht länger in Ungewißheit. So wahr
ich lebe, ich weiß nicht, wer dieser Mann ist; wir lernten ihn zufällig kennen und sprachen mit ihm.«

»Nun, dann dürft ihr euch glücklich preisen, denn
ihr habt mit einem gelehrten, berühmten Manne gesprochen, und alle Anwesenden ehren und bewundern euch deshalb. Es ist niemand anders als Mustafa, der gelehrte Derwisch.«

»Mustafa? Der weise Mustafa, der den Sohn des
Scheichs erzogen hat; der viele gelehrte Bücher
schrieb; der große Reisen machte in alle Weltteile? Mit
Mustafa haben wir gesprochen? Und gesprochen, als
wär er unsereiner, so ganz ohne alle Ehrerbietung?«

Noch waren die jungen Männer im Gespräch über
diese Märchen und über den Alten, den Derwisch
Mustafa. Sie fühlten sich nicht wenig geehrt, daß ein
so alter und berühmter Mann sie seiner Aufmerksamkeit gewürdigt und sogar öfter mit ihnen gesprochen und gestritten hatte. Da kam plötzlich der Aufseher der Sklaven zu ihnen und lud sie ein, ihm zum
Scheich zu folgen, der sie sprechen wolle.

Den Jünglingen pochte das Herz. Noch nie hatten
sie mit einem so vornehmen Mann gesprochen; nicht
einmal allein, viel weniger in so großer Gesellschaft.
Doch sie faßten sich, um nicht als Toren zu erscheinen, und folgten dem Aufseher der Sklaven zum
Scheich.

Ali Banu saß auf einem reichen Polster und nahm
Sorbett zu sich. Zu seiner Rechten saß der Alte; sein
dürftiges Kleid ruhte auf herrlichen Polstern, seine
ärmlichen Sandalen hatte er auf einen reichen Tep-

pich von persischer Arbeit gestellt, aber sein schöner
Kopf, seine Augen voll Würde und Weisheit zeigten
an, daß er würdig sei, neben einem Manne wie dem
Scheich zu sitzen.

Der Scheich war sehr ernst, und der Alte schien
ihm Trost und Mut zuzusprechen. Die Jünglinge
glaubten auch in ihrer Berufung vor das Angesicht
des Scheichs eine List des Alten zu entdecken, der
wahrscheinlich den trauernden Vater durch ein Gespräch mit ihnen zerstreuen wollte.

»Willkommen, ihr jungen Männer«, sprach der
Scheich; »willkommen in dem Hause Ali Banus.
Mein alter Freund hier hat sich meinen Dank verdient, daß er euch hier einführte; doch zürne ich ihm
ein wenig, daß er mich nicht früher mit euch bekannt
machte. Wer von euch ist denn der junge Schreiber?«

»Ich, o Herr, und zu Euren Diensten!« sprach der
junge Schreiber, indem er die Arme über der Brust
kreuzte und sich tief verbeugte.

»Ihr hört also sehr gerne Geschichten und leset
gerne Bücher mit schönen Versen und Denksprü-
chen?«

Der junge Mensch errötete und antwortete: »O
Herr, allerdings kenne ich für meinen Teil keine angenehmere Beschäftigung, als mit dergleichen den
Tag zuzubringen. Es bildet den Geist und vertreibt
die Zeit. Aber jeder nach seiner Weise; ich tadle darum gewiß keinen, der nicht –«

»Schon gut, schon gut«, unterbrach ihn der
Scheich lachend und winkte den zweiten herbei.
»Wer bist denn du?« fragte er ihn.

»Herr, ich bin meines Amtes der Gehilfe eines
Arztes und habe selbst schon einige Kranke geheilt.«

»Richtig«, erwiderte der Scheich; »und Ihr seid es

auch, der das Wohlleben liebt; Ihr möchtet gerne mit guten Freunden hie und da tafeln und guter Dinge sein? Nicht wahr, ich habe es erraten?« Der junge Mann war beschämt; er fühlte, daß er verraten war und daß der Alte auch von ihm gebeichtet haben mußte. Er faßte sich aber ein Herz und antwortete: »O ja, Herr, ich rechne es unter des Lebens Glückseligkeiten, hie und da mit guten Freunden fröhlich sein zu können. Mein Beutel reicht nun zwar nicht weiter hin, als meine Freunde mit Wassermelonen oder dergleichen wohlfeilen Sachen zu bewirten; doch sind wir auch dabei fröhlich, und es läßt sich denken, daß wir es noch um ein gutes Teil mehr wären, wenn ich mehr Geld hätte.«

Dem Scheich gefiel diese beherzte Antwort, und er konnte sich nicht enthalten, darüber zu lachen. »Welcher ist denn der junge Kaufmann?« fragte er weiter.

Der junge Kaufmann verbeugte sich mit freiem Anstand vor dem Scheich, denn er war ein Mensch von guter Erziehung; der Scheich aber sprach: »Und Ihr? Ihr habt Freude an Musik und Tanz? Ihr hört es gerne, wenn gute Künstler etwas spielen und singen, und seht gerne Tänzer kunstvolle Tänze ausführen?«

Der junge Kaufmann antwortete: »Ich sehe wohl, o Herr, daß jener alte Mann, um Euch zu belustigen, unsere Torheiten insgesamt verraten hat. Wenn es ihm gelang, Euch dadurch aufzuheitern, so habe ich gerne zu Eurem Scherz gedient. Was aber Musik und Tanz betrifft, so gestehe ich, es gibt nicht leicht etwas, was mein Herz also vergnügt. Doch glaubt nicht, daß ich deswegen euch tadle, o Herr, wenn Ihr nicht ebenfalls –«

»Genug; nicht weiter!« rief der Scheich, lächelnd mit der Hand abwehrend. »Jeder nach seiner Weise, wollt Ihr sagen. Aber dort steht ja noch einer; das ist wohl der, welcher so gerne reisen möchte? Wer seid denn Ihr, junger Herr?«

»Ich bin ein Maler, o Herr«, antwortete der junge Mann; »ich male Landschaften teils an die Wände der Säle, teils auf Leinwand. Fremde Länder zu sehen ist allerdings mein Wunsch, denn man sieht dort allerlei schöne Gegenden, die man wieder anbringen kann; und was man sieht und abzeichnet, ist doch in der Regel immer schöner, als was man nur so selbst erfindet.«

Der Scheich betrachtete jetzt die schönen jungen Leute, und sein Blick wurde ernst und düster. »Ich hatte einst auch einen lieben Sohn«, sagte er, »und er müßte nun auch so herangewachsen sein wie ihr. Da solltet ihr seine Genossen und Begleiter sein, und jeder eurer Wünsche würde von selbst befriedigt werden. Mit jenem würde er lesen, mit diesem Musik hören, mit dem andern würde er gute Freunde einladen und fröhlich und guter Dinge sein, und mit dem Maler ließe ich ihn ausziehen in schöne Gegenden und wäre dann gewiß, daß er immer wieder zu mir zurückkehrte. So hat es aber Allah nicht gewollt, und ich füge mich in seinen Willen ohne Murren. Doch es steht in meiner Macht, eure Wünsche dennoch zu erfüllen, und ihr sollt freudigen Herzens von Ali Banu gehen.

Ihr, mein gelehrter Freund«, fuhr er fort, indem er sich zu dem Schreiber wandte, »wohnt von jetzt an in meinem Hause und seid über meine Bücher gesetzt. Ihr könnt noch dazu anschaffen, was ihr wollt und für gut haltet, und Euer einziges Geschäft sei, mir, wenn Ihr etwas recht Schönes gelesen habt, zu erzählen.

Ihr, der Ihr eine gute Tafel unter Freunden liebt, Ihr sollt der Aufseher meiner Vergnügungen sein. Ich selbst zwar lebe einsam und ohne Freude, aber es ist meine Pflicht, und mein Amt bringt es mit sich, hie und da viele Gäste einzuladen. Dort sollt Ihr an meiner Stelle alles besorgen und könnt von Euren Freunden dazu einladen, wen Ihr nur wollt; versteht sich, auf etwas Besseres als Wassermelonen.

Den jungen Kaufmann da darf ich freilich seinem Geschäft nicht entziehen, das ihm Geld und Ehre bringt; aber alle Abende stehen Euch, mein junger Freund, Tänzer, Sänger und Musikanten zu Dienste, soviel Ihr wollt. Laßt Euch aufspielen und tanzen nach Herzenslust.

Und Ihr«, sprach er zu dem Maler, »Ihr sollt fremde Länder sehen und das Auge durch Erfahrung schärfen. Mein Schatzmeister wird Euch zu der ersten Reise, die Ihr morgen antreten könnt, tausend Goldstücke reichen nebst zwei Pferden und einem Sklaven. Reist, wohin Euch das Herz treibt, und wenn Ihr etwas Schönes seht, so malt es für mich.«

Die jungen Leute waren außer sich vor Erstaunen, sprachlos vor Freude und Dank. Sie wollten den Boden vor den Füßen des gütigen Mannes küssen, aber er ließ es nicht zu. »Wenn ihr einem zu danken habt«, sprach er, »so ist es diesem weisen Mann hier, der mir von euch erzählte. Auch mir hat er dadurch Vergnügen gemacht, vier so muntere junge Leute von eurer Art kennenzulernen.«

Der Derwisch Mustafa aber wehrte den Dank der Jünglinge ab. »Seht«, sprach er, »wie man nie voreilig urteilen muß; habe ich euch zuviel von diesem edlen Mann gesagt?«

»Laßt uns nun noch einen der Sklaven, die heute

frei sind, erzählen hören«, unterbrach ihn Ali Banu, und die Jünglinge begaben sich an ihre Plätze.

Jener junge Sklave, der die Aufmerksamkeit aller durch seinen Wuchs, durch seine Schönheit und seinen mutigen Blick in so hohem Grade auf sich gezogen hatte, stand jetzt auf, verbeugte sich vor dem Scheich und fing mit wohltönender Stimme zu sprechen an.

DIE GESCHICHTE ALMANSORS

»O Herr, die Männer, die vor mir gesprochen haben, erzählten mancherlei wunderbare Geschichten, die sie gehört hatten in fremden Ländern; ich muß mit Beschämung gestehen, daß ich keine einzige Erzählung weiß, die Eurer Aufmerksamkeit würdig wäre. Doch wenn es Euch nicht langweilt, will ich Euch die wunderbaren Schicksale eines meiner Freunde vortragen.

Auf jenem algerischen Kaperschiff, von welchem mich Eure milde Hand befreit hat, war ein junger Mann in meinem Alter, der mir nicht für das Sklavenkleid geboren schien, das er trug. Die übrigen Unglücklichen auf dem Schiffe waren entweder rohe Menschen, mit denen ich nicht leben mochte, oder Leute, deren sprache ich nicht verstand; darum fand ich mich zu der Zeit, wo wir ein Stündchen frei hatten, gerne zu dem jungen Mann; er nannte sich Almansor und war seiner Aussprache nach ein Ägypter. Wir unterhielten uns recht angenehm miteinander und kamen eines Tages auch darauf, uns unsere Geschichte zu erzählen, da dann die meines Freundes allerdings bei weitem merkwürdiger war als die meinige.

Almansors Vater war ein vornehmer Mann in einer ägyptischen Stadt, deren Namen er mir nicht nannte. Er lebte die Tage seiner Kindheit vergnügt, froh und umgeben von allem Glanz und Bequemlichkeit der Erde. Aber er wurde dabei doch nicht weichlich erzogen, und sein Geist wurde frühzeitig ausgebildet, denn sein Vater war ein weiser Mann, der ihm Lehren der Tugend gab, und überdies hatte er zum Lehrer einen berühmten Gelehrten, der ihn in allem unterrichtete, was ein junger Mensch wissen muß. Almansor war etwa zehn Jahre alt, als die Franken über das Meer her in das Land kamen und Krieg mit seinem Volke führten.

Der Vater des Knaben mußte aber den Franken nicht sehr günstig gewesen sein, denn eines Tages, als er eben zum Morgengebet gehen wollte, kamen sie und verlangten zuerst seine Frau als Geisel seiner treuen Gesinnungen gegen das Frankenvolk, und als er sie nicht geben wollte, schleppten sie seinen Sohn mit Gewalt ins Lager.«

Als der junge Sklave also erzählte, verhüllte der Scheich sein Angesicht, und es entstand ein Murren des Unwillens im Saal. »Wie?« riefen die Freunde des Scheichs. »Wie kann der junge Mann dort so töricht Handeln und durch solche Geschichten die Wunden Ali Banus aufreißen, statt sie zu mildern? Wie kann er ihm seinen Schmerz erneuern, statt ihn zu zerstreuen?«

Der Sklavenaufseher selbst war voll Zorn über den unverschämten Jüngling und gebot ihm zu schweigen. Der junge Sklave aber war sehr erstaunt über dies alles und fragte den Scheich, ob denn in seiner Erzählung etwas liege, das sein Mißfallen erregt habe. Der Scheich richtete sich bei diesen Worten auf und sprach: »Seid doch ruhig, ihr Freunde; wie kann denn dieser Jüngling etwas von meinem betrübten Schicksal wissen, da er nur kaum drei Tage unter diesem Dache ist? Kann es denn bei den Greueln, die diese Franken verübten, nicht ein ähnliches Geschick wie das meine geben? Kann nicht vielleicht selbst jener Almansor – doch erzähle immer weiter, mein junger Freund!«

Der junge Sklave verbeugte sich und fuhr fort:

*

Der junge Almansor wurde also in das fränkische Lager geführt. Es ging ihm dort im ganzen gut, denn einer der Feldherren ließ ihn in sein Zelt kommen und hatte seine Freude an den Antworten des Knaben, die ihm ein Dragoman übersetzen mußte; er sorgte für ihn, daß ihm an Speise und Kleidung nichts abginge; aber die Sehnsucht nach Vater und Mutter machte dennoch den Knaben höchst unglücklich. Er weinte viele Tage lang, aber seine Tränen rührten diese Männer nicht.

Das Lager wurde abgebrochen, und Almansor glaubte jetzt wieder zurückkehren zu dürfen; aber es war nicht so. Das Heer zog hin und her, führte Krieg mit den Mamelucken, und den jungen Almansor schleppten sie immer mit sich. Wenn er dann die Hauptleute und Feldherren anflehte, ihn doch wieder heimkehren zu lassen, so verweigerten sie es und sagten, er müsse ein Unterpfand von seines Vaters Treue sein. So war er viele Tage lang auf dem Marsch.

Auf einmal aber entstand eine Bewegung im Heer, die dem Knaben nicht entging; man sprach von

Einpacken, von Zurückziehen, vom Einschiffen, und Almansor war außer sich vor Freude; denn jetzt, wenn die Franken in ihr Land zurückkehrten, jetzt mußte er ja frei werden. Man zog mit Roß und Wagen rückwärts gegen die Küste, und endlich war man so weit, daß man die Schiffe vor Anker liegen sah. Die Soldaten schifften sich ein; aber es wurde Nacht, bis nur ein kleiner Teil eingeschifft war.

So gerne Almansor gewacht hätte, weil er jede Stunde glaubte, freigelassen zu werden, so verfiel er doch endlich in einen tiefen Schlaf, und er glaubte, die Franken hätten ihm etwas unter das Wasser gemischt, um ihn einzuschläfern, denn als er aufwachte, schien der helle Tag in eine kleine Kammer, worin er nicht gewesen war, als er einschlief. Er sprang auf von seinem Lager, aber als er auf den Boden kam, fiel er um, denn der Boden schwankte hin und wider, und es schien sich alles zu bewegen und im Kreis um ihn her zu tanzen. Er raffte sich wieder auf, hielt sich an den Wänden fest, um aus dem Gemach zu kommen, worin er sich befand.

Ein sonderbares Brausen und Zischen war um ihn her; er wußte nicht, ob er träume oder wache, denn er hatte nie Ähnliches gesehen oder gehört. Endlich erreichte er eine kleine Treppe; mit Mühe stieg er hinauf – und welcher Schrecken befiel ihn! Ringsumher war nichts als Himmel und Meer; er befand sich auf einem Schiffe! Da fing er kläglich an zu weinen. Er wollte zurückgebracht werden, er wollte sich ins Meer stürzen und hinüberschwimmen nach seiner Heimat; aber die Franken hielten ihn fest, und einer der Befehlshaber ließ ihn zu sich kommen, versprach ihm, wenn er gehorsam sei, dürfe er bald wieder in seine Heimat zurück, und stellte ihm vor, daß es nicht mehr möglich gewesen wäre, ihn vom Lande aus nach Hause zu bringen; dort aber hätte er, wenn man ihn zurückgelassen, elendiglich umkommen müssen.

Wer aber nicht Wort hielt, waren die Franken; denn das Schiff segelte viele Tage lang weiter, und als es endlich landete, war man nicht an Ägyptens Küste, sondern in Frankistan! Almansor hatte während der langen Fahrt und schon im Lager einiges von der sprache der Franken verstehen und sprechen gelernt, was ihm in diesem Lande, wo niemand seine Sprache kannte, sehr gut zustatten kam.

Er wurde viele Tage lang durch das Land in das Innere geführt, und überall strömte das Volk zusammen, um ihn zu sehen, denn seine Begleiter sagten aus, er wäre der Sohn des Königs von Ägypten, der ihn zu seiner Ausbildung nach Frankistan schicke. So sagten aber diese Soldaten nur, um das Volk glauben zu machen, sie hätten Ägypten besiegt und ständen in tiefem Frieden mit diesem Land.

Nachdem die Reise zu Land mehrere Tage gedauert hatte, kamen sie in eine große Stadt, dem Ziel ihrer Reise. Dort wurde er einem Arzt übergeben, der ihn in sein Haus nahm und in allen Sitten und Gebräuchen unterwies.

Er mußte vor allem fränkische Kleider anlegen, die sehr eng und knapp waren und bei weitem nicht so schön wie seine ägyptischen. Dann durfte er nicht mehr seine Verbeugung mit gekreuzten Armen machen, sondern, wollte er jemand seine Ehrerbietung bezeigen, so mußte er mit der einen Hand die ungeheure Mütze von schwarzem Filz, die alle Männer trugen und die man auch ihm aufgesetzt hatte, vom Kopfe reißen, und mit der andern Hand mußte er auf die Seite fahren und mit dem rechten Fuße auskrat-

zen. Er durfte auch nicht mehr mit übergeschlagenen
Beinen sitzen, wie es angenehme Sitte ist im Morgenland, sondern auf hochbeinige Stühle mußte er sich
setzen und die Füße herabhängen lassen auf den Boden. Das Essen machte ihm auch nicht geringe
Schwierigkeit, denn alles, was er zum Mund bringen
wollte, mußte er zuvor auf eine Gabel von Eisen stek-
ken.

Der Doktor aber war ein strenger, böser Mann, der
den Knaben plagte; denn wenn er sich jemals vergaß
und zu einem Besuch sagte »Salem aleikum«, so
schlug er ihn mit dem Stock; denn er sollte sagen
»Votre serviteur«. Er durfte auch nicht mehr in seiner Sprache denken und sprechen oder schreiben –
höchstens durfte er darin träumen –, und er hätte
vielleicht seine Sprache gänzlich verlernt, wenn nicht
ein Mann in jener Stadt gelebt hätte, der ihm von
großem Nutzen war.

Es war dies ein alter, aber sehr gelehrter Mann,
der viele morgenländische Sprachen verstand: Arabisch, Persisch, Koptisch, sogar Chinesisch, von jedem etwas; er galt in jenem Land für ein Wunder
von Gelehrsamkeit, und man gab ihm viel Geld, daß
er diese Sprachen andere Leute lehrte. Dieser Mann
ließ nun den jungen Almansor alle Wochen einige
Male zu sich kommen, bewirtete ihn mit seltenen
Früchten und dergleichen, und dem Jüngling war es
dann, als wäre er zu Hause, denn der alte Herr war
ein gar sonderbarer Mann. Er hatte Almansor Kleider machen lassen, wie sie vornehme Leute in Ägypten tragen; diese Kleider bewahrte er in seinem
Hause in einem besonderen Zimmer auf. Kam nun
Almansor, so schickte er ihn mit einem Bedienten in
jenes Zimmer und ließ ihn ganz nach seiner Landes-

sitte ankleiden. Von da an ging es dann nach »Klein-
arabien«; so nannte man einen Saal im Hause des
Gelehrten.

Dieser Saal war mit allerlei kunstvoll aufgezoge-
nen Bäumen – als Palmen, Bambus, jungen Zedern
und dergleichen – und mit Blumen ausgeschmückt,
die nur im Morgenland wachsen. Persische Teppiche
lagen auf dem Fußboden, und an den Wänden waren
Polster, nirgends aber ein fränkischer Stuhl oder
Tisch. Auf einem dieser Polster saß der alte Professor; er sah aber ganz anders aus als gewöhnlich: um
den Kopf hatte er einen feinen türkischen Schal als
Turban gewunden; er hatte einen grauen Bart umge-
knüpft, der ihm bis zum Gürtel reichte und aussah
wie ein natürlicher, ehrwürdiger Bart eines gewichti-
gen Mannes. Dazu trug er einen Talar, den er aus
einem brokatenen Schlafrock hatte machen lassen,
weite türkische Beinkleider, gelbe Pantoffeln, und so
friedlich er sonst war, an diesen Tagen hatte er einen
türkischen Säbel umgeschnallt, und im Gürtel steckte
ein Dolch, mit falschen Steinen besetzt. Dazu rauchte
er aus einer zwei Ellen langen Pfeife und ließ sich von
seinen Leuten bedienen, die ebenfalls persisch gekleidet waren und wovon die Hälfte Gesicht und
Hände schwarz gefärbt hatte.

Am Anfang wollte dies alles dem jungen Almansor gar wunderlich bedünken, aber bald sah er ein,
daß solche Stunden, wenn er in die Gedanken des
Alten sich fügte, sehr nützlich für ihn seien. Durfte er
beim Doktor kein ägyptisches Wort sprechen, so war
hier die fränkische Sprache sehr verboten; Almansor
mußte beim eintreten den Friedensgruß sprechen,
den der alte Perser sehr feierlich erwiderte; dann
winkte er dem Jüngling, sich neben ihn zu setzen,

und begann Persisch, Arabisch, Koptisch und alle Sprachen untereinander zu sprechen und nannte dies eine gelehrte morgenländische Unterhaltung.

Neben ihm stand ein Bedienter oder, was sie an diesem Tage vorstellten, ein Sklave, der ein großes Buch hielt; das Buch war aber ein Wörterbuch, und wenn dem Alten die Worte ausgingen, winkte er dem Sklaven, schlug flugs auf, was er sagen wollte, und fuhr dann zu sprechen fort.

Die Sklaven aber brachten in türkischem Geschirr Sorbett und dergleichen, und wollte Almansor dem Alten ein großes Vergnügen machen, so mußte er sagen, es sei alles bei ihm angeordnet wie im Morgenland. Almansor las sehr schön Persisch, und das war der Hauptvorteil für den Alten. Er hatte viele persische Manuskripte; aus diesen ließ er sich von dem Jüngling vorlesen, las aufmerksam nach und merkte sich auf diese Art die richtige Aussprache.

Das waren die Freudentage des armen Almansor, denn nie entließ ihn der alte Professor unbeschenkt, und oft trug er sogar kostbare Gaben an Geld oder Leinenzeug oder anderen notwendigen Dingen davon, die ihm der Doktor nicht geben wollte.

So lebte Almansor einige Jahre in der Hauptstadt des Frankenlandes, und nie wurde seine Sehnsucht nach der Heimat geringer. Als er aber etwa fünfzehn Jahre alt war, begab sich ein Vorfall, der auf sein Schicksal großen Einfluß hatte.

Die Franken nämlich wählten ihren ersten Feldherrn – denselben, mit welchem Almansor so oft in Ägypten gesprochen hatte – zu ihrem König und Beherrscher. Almansor wußte zwar und erkannte es an den großen Festlichkeiten, daß etwas dergleichen in dieser großen Stadt geschehe, doch konnte er sich

nicht denken, daß der König derselbe sei, den er in
Ägypten gesehen; denn jener Feldherr war noch ein
sehr junger Mann. Eines Tages aber ging Almansor
über eine jener Brücken, die über den breiten Fluß
führen, der die Stadt durchströmt; da gewahrte er in
dem einfachen Kleid eines Soldaten einen Mann, der
am Brückengeländer lehnte und in die Wellen sah.
Die Züge des Mannes fielen ihm auf, und er erinnerte sich, ihn schon gesehen zu haben. Er ging also
schnell die Kammern seiner Erinnerung durch, und
als er an die Pforte der Kammer von Ägypten kam, da
eröffnete sich ihm plötzlich das Verständnis, daß dieser Mann jener Feldherr der Franken sei, mit welchem er oft im Lager gesprochen und der immer
gütig für ihn gesorgt hatte. Er wußte seinen rechten
Namen nicht genau; er faßte sich daher ein Herz, trat
zu ihm, nannte ihn, wie ihn die Soldaten unter sich
nannten, und sprach, indem er nach seiner Landes-
sitte die Arme über der Brust kreuzte: »Salem aleikum, Petit-Caporal!«

Der Mann sah sich erstaunt um, blickte den jungen Menschen mit scharfen Augen an, dachte über
ihn nach und sagte dann: »Himmel, ist es möglich?
Du hier, Almansor? Was macht dein Vater? Wie geht
es in Ägypten? Was führt dich zu uns hierher?«

Da konnte sich Almansor nicht länger halten; er
fing an, bitterlich zu weinen, und sagte zu dem Mann:
»So weißt du also nicht, was die Hunde, deine Landsleute, mit mir gemacht haben, Petit-Caporal? Du
weißt nicht, daß ich das Land meiner Väter nicht
mehr gesehen habe seit vielen Jahren?«

»Ich will nicht hoffen«, sagte der Mann, und seine
Stirn wurde finster, »ich will nicht hoffen, daß man
dich mit hinwegschleppte.«

»Ach, freilich«, antwortete Almansor. »An jenem Tage, wo eure Soldaten sich einschifften, sah ich mein Vaterland zum letztenmal; sie nahmen mich mit sich hinweg, und ein Hauptmann, den mein Elend rührte, zahlt ein Kostgeld für mich bei einem verwünschten Doktor, der mich schlägt und halb Hungers sterben läßt. Aber höre, Petit-Caporal«, fuhr er ganz treuherzig fort, »es ist gut, daß ich dich hier traf; du mußt mir helfen!«

Der Mann, zu welchem er dies sprach, lächelte und fragte, auf welche Weise er denn helfen sollte.

»Siehe«, sagte Almansor, »es wäre unbillig, wollte ich von dir etwas verlangen. Du warst von jeher so gütig gegen mich; aber ich weiß, du bist auch ein armer Mensch; und wenn du auch Feldherr warst, gingst du nie so schön gekleidet wie die andern – auch jetzt mußt du, nach deinem Rock und Hut zu urteilen, nicht in den besten Umständen sein. Aber da haben ja die Franken letzthin einen Sultan gewählt, und ohne Zweifel kennst du Leute, die sich ihm nahen dürfen, etwa seinen Janitscharen-Aga oder den Reis-Effendi oder seinen Kapudan-Pascha – nicht?«

»Nun ja«, antwortete der Mann; »aber wie weiter?«

»Bei diesen könntest du ein gutes Wort für mich einlegen, Petit-Caporal, daß sie den Sultan der Franken bitten, er möge mich freilassen. Dann brauche ich auch etwas Geld zur Reise übers Meer; vor allem aber mußt du mir versprechen, weder dem Doktor noch dem arabischen Professor etwas davon zu sagen.«

»Wer ist denn der arabische Professor?« fragte jener.

»Ach, das ist ein sonderbarer Mann; doch von diesem erzähle ich dir ein andermal. Wenn es die beiden hörten, dürfte ich nicht mehr aus Frankistan weg.

Aber willst du für mich sprechen bei den Agas? Sage es mir aufrichtig!«

»Komm mit mir«, sagte der Mann; »vielleicht kann ich dir jetzt gleich nützlich sein.«

»Jetzt?« rief der Jüngling mit Schrecken. »Jetzt um keinen Preis; da würde mich der Doktor prügeln. Ich muß eilen, daß ich nach Hause komme!«

»Was trägst du denn in diesem Korb?« fragte jener, indem er ihn zurückhielt.

Almansor errötete und wollte es anfangs nicht zeigen; endlich aber sagte er: »Siehe, Petit-Caporal, ich muß hier Dienste tun wie der geringste Sklave meines Vaters. Der Doktor ist ein geiziger Mann und schickt mich alle Tage von unserem Hause eine Stunde weit auf den Gemüse- und Fischmarkt; da muß ich dann unter den schmutzigen Marktweibern einkaufen, weil es dort um einige Kupfermünzen wohlfeiler ist als in unserem Stadtteil. Siehe, wegen dieses schlechten Herings, wegen dieser Handvoll Salat, wegen dieses Stückchens Butter muß ich alle Tage zwei Stunden gehen. Ach, wenn es mein Vater wüßte!«

Der Mann, zu welchem Almansor dies sprach, war gerührt über die Not des Knaben und antwortete: »Komm nur mit mir und sei getrost; der Doktor soll dir nichts anhaben dürfen, wenn er auch heute weder Hering noch Salat verspeist. Sei getrosten Mutes!«

Er nahm bei diesen Worten Almansor bei der Hand und führte ihn mit sich; und obgleich diesem das Herz pochte, wenn er an den Doktor dachte, so lag doch so viel Zuversicht in den Worten und Mienen des Mannes, daß er sich entschloß, ihm zu folgen. Er ging also, sein Körbchen am Arm, neben dem Soldaten viele Straßen durch, und wunderbar wollte es ihm bedünken, daß alle Leute die Hüte vor ihnen abnahmen und stehenblieben und ihnen nachschauten. Er äußerte dies auch gegen seinen Begleiter; dieser aber lachte und sagte nichts darüber.

Sie gelangten endlich an ein prachtvolles Schloß, auf welches der Mann zuging. »Wohnst du hier, Petit-Caporal?« fragte Almansor.

»Hier ist meine Wohnung«, entgegnete jener, »und ich will dich zu meiner Frau führen.«

»Ei, da wohnst du schön!« fuhr Almansor fort. »Gewiß hat dir der Sultan hier freie Wohnung gegeben?«

»Diese Wohnung habe ich vom Kaiser; du hast recht«, antwortete sein Begleiter und führte ihn in das Schloß.

Dort stiegen sie eine breite Treppe hinan, und in einem schönen Saal hieß er ihn seinen Korb absetzen und trat dann mit ihm in ein prachtvolles Gemach, wo eine Frau auf einem Diwan saß. Der Mann sprach mit ihr in einer fremden Sprache, worauf sie beide nicht wenig lachten, und die Frau fragte dann Almansor in fränkischer Sprache vieles über Ägypten.

Endlich sagte Petit-Caporal zu dem Jüngling: »Weißt du, was das Beste ist? Ich will dich gleich selbst zum Kaiser führen und bei ihm für dich sprechen.«

Almansor erschrak sehr, aber er dachte an sein Elend und seine Heimat: »Dem Unglücklichen«, sprach er zu den beiden, »dem Unglücklichen verleiht Allah einen hohen Mut in der Stunde der Not; er wird auch mich armen Knaben nicht verlassen. Ich will es tun, ich will zu ihm gehen. Aber sage, Caporal, muß ich vor ihm niederfallen; muß ich die Stirn mit dem Boden berühren? Was muß ich tun?«

Die beiden lachten von neuem und versicherten, dies alles sei nicht nötig.

»Sieht er schrecklich und majestätisch aus?« fragte
er weiter. »Hat er einen langen Bart? Macht er feurige Augen? Sage, wie sieht er aus?«

Sein Begleiter lachte von neuem und sprach dann:
»Ich will dir ihn lieber gar nicht beschreiben, Almansor; du selbst sollst erraten, welcher es ist. Nur das will
ich dir als Kennzeichen angeben: Alle im Saal des
Kaisers werden, wenn er da ist, die Hüte ehrerbietig
abnehmen; der, welcher den Hut auf dem Kopf be-
hält, der ist der Kaiser.« Bei diesen Worten nahm er
ihn bei der Hand und ging mit ihm nach dem Saal
des Kaisers.

Je näher er kam, desto lauter pochte ihm das Herz,
und die Knie fingen ihm an zu zittern, als sie sich der
Tür näherten. Ein Bedienter öffnete die Tür, und da
standen in einem Halbkreis wenigstens dreißig Männer – alle prächtig gekleidet und mit Gold und Sternen überdeckt, wie es Sitte ist im Lande der Franken
bei den vornehmsten Agas und Bassas der Könige –,
und Almansor dachte, sein Begleiter, der so un-
scheinbar gekleidet war, müsse der Geringsten einer
sein unter diesen. Sie hatten alle das Haupt entblößt,
und Almansor fing nun an, nach dem zu suchen, der
den Hut auf dem Kopfe hätte; denn dieser mußte der
Kaiser sein. Aber vergebens war sein Suchen; alle hatten den Hut in der Hand, und der Kaiser mußte also
nicht unter ihnen sein. Da fiel sein Blick zufällig auf
seinen Begleiter, und siehe – dieser hatte den Hut auf
dem Kopfe sitzen!

Der Jüngling war erstaunt, betroffen. Er sah seinen Begleiter lange an und sagte dann, indem er
selbst seinen Hut abnahm: »Salem aleikum, Petit-
Caporal! Soviel ich weiß, bin ich selbst nicht der Sultan der Franken, also kommt es mir nicht zu, mein

Haupt zu bedecken; doch du bist der, der den Hut trägt – Petit-Caporal, bist denn du der Kaiser?«

»Du hast's erraten«, antwortete jener, »und überdies bin ich dein Freund. Schreibe dein Unglück nicht mir, sondern einer unglücklichen Verwirrung der Umstände zu, und sei versichert, daß du mit dem ersten Schiff in dein Vaterland zurücksegelst. Gehe jetzt wieder hinein zu meiner Frau, erzähle ihr vom arabischen Professor und was du weißt. Die Heringe und den Salat will ich dem Doktor schicken; du aber bleibst für deinen Aufenthalt in meinem Palast.«

So sprach der Mann, der Kaiser war; Almansor aber fiel vor ihm nieder, küßte seine Hand und bat ihn um Verzeihung, daß er ihn nicht erkannt habe; er habe es ihm gewiß nicht angesehen, daß er Kaiser sei.

»Du hast recht«, erwiderte jener lachend; »wenn man nur wenige Tage Kaiser ist, kann man es nicht an der Stirn geschrieben haben.« So sprach er und winkte ihm, sich zu entfernen.

Seit diesem Tage lebte Almansor glücklich und in Freuden. Den arabischen Professor, von welchem er dem Kaiser erzählte, durfte er noch einige Male besuchen, den Doktor aber sah er nicht mehr. Nach einigen Wochen ließ ihn der Kaiser zu sich rufen und kündigte ihm an, daß ein Schiff vor Anker liege, mit dem er ihn nach Ägypten senden wolle.

Almansor war außer sich vor Freude; wenige Tage reichten hin, um ihn auszurüsten, und mit einem Herzen voll Dankes und mit Schätzen und Geschenken reich beladen, reiste er vom Kaiser ab ans Meer und schiffte sich ein.

Aber Allah wollte ihn noch länger prüfen, wollte seinen Mut im Unglück noch länger stählen und ließ ihn die Küste seiner Heimat noch nicht sehen. Ein anderes fränkisches Volk – die Engländer – führte damals Krieg mit dem Kaiser auf See. Sie nahmen ihm alle Schiffe weg, die sie besiegen konnten, und so kam es, daß am sechsten Tage der Reise das Schiff, auf welchem sich Almansor befand, von englischen Schiffen umgeben und beschossen wurde; es mußte sich ergeben, und die ganze Mannschaft wurde auf ein kleineres Schiff gebracht, das mit den anderen weitersegelte.

Doch auf der See ist es nicht weniger unsicher als in der Wüste, wo unversehens die Räuber auf die Karawanen fallen und sie totschlagen und plündern. Ein Kaper von Tunis überfiel das kleine Schiff, das der Sturm von den größeren Schiffen getrennt hatte, und es wurde genommen und alle Mannschaft nach Algier geführt und verkauft.

Almansor kam zwar nicht in so harte Sklaverei wie die Christen, weil er ein rechtgläubiger Muselman war, aber dennoch war jetzt wieder alle Hoffnung verschwunden, die Heimat und den Vater wiederzusehen. Dort lebte er bei einem reichen Mann fünf Jahre und mußte die Blumen begießen und den Garten bauen.

Da starb der reiche Mann ohne nahe Erben; seine Besitzungen wurden zerrissen, seine Sklaven geteilt, und Almansor fiel in die Hände eines Sklavenmaklers. Dieser rüstete um diese Zeit ein Schiff aus, um seine Sklaven anderwärts teurer zu verkaufen. Der Zufall wollte, daß ich selbst ein Sklave dieses Händlers war und auf dasselbe Schiff kam, wo auch Almansor sich befand. Dort lernten wir uns kennen, und dort erzählte er mir seine wunderbaren Schicksale.

Doch – als wir landeten, war ich Zeuge der wunderbarsten Fügung Allahs: Es war die Küste seines

Vaterlandes, an welche wir aus dem Boot stiegen; es war der Markt seiner Vaterstadt, wo wir öffentlich ausgeboten wurden, und – o Herr, daß ich es kurz sage – es war sein eigener, sein teurer Vater, der ihn kaufte!

*

Der Scheich Ali Banu war in tiefes Nachdenken versunken über diese Erzählung; sie hatte ihn unwillkürlich mit sich fortgerissen. Seine Brust hob sich, seine Augen glühten, und er war oft nahe daran, seinen jungen Sklaven zu unterbrechen; aber das Ende der Erzählung schien ihn nicht zu befriedigen. »Er könnte jetzt einundzwanzig Jahre haben, sagst du?« fing er an zu fragen.

»Ja, Herr, er ist in meinem Alter, ein- bis zweiundzwanzig Jahre.«

»Und welche Stadt nannte er seine Geburtsstadt? Das hast du uns noch nicht gesagt.«

»Wenn ich nicht irre«, antwortete jener, »so war es Alexandria!«

»Alexandria!« rief der Scheich. »Es ist mein Sohn! Wo ist er geblieben? Sagtest du nicht, daß er Kairam hieß? Hat er dunkle Augen und braunes Haar?«

»Er hat es, und in traulichen Stunden nannte er sich Kairam und nicht Almansor.«

»Aber Allah; Allah, sage mir doch: Sein Vater hätte ihn vor deinen Augen gekauft, sagst du? Versicherte er, es sei sein Vater? also ist er doch nicht mein Sohn!«

Der Sklave antwortete: »Er sprach zu mir: ›Allah sei gepriesen nach so langem Unglück; das ist der Marktplatz meiner Vaterstadt.‹ Nach einer Weile aber kam ein vornehmer Mann um die Ecke; da rief er: ›Oh, was für ein teures Geschenk des Himmels sind die Augen! Ich sehe noch einmal meinen ehrwürdigen Vater!‹ Der Mann aber trat zu uns, betrachtete diesen und jenen und kaufte endlich den, dem dies alles begegnet ist.

Da rief er Allah an, sprach ein heißes Dankgebet und flüsterte mir zu: ›Jetzt gehe ich wieder ein in die Hallen meines Glücks; es ist mein eigener Vater, der mich gekauft hat.‹«

»Es ist also doch nicht mein Sohn, mein Kairam!« sagte der Scheich, von Schmerz bewegt.

Da konnte sich der Jüngling nicht mehr zurückhalten; Tränen der Freude entstürzten seinen Augen, er warf sich nieder vor dem Scheich und rief: »Und dennoch ist es Euer Sohn, Kairam Almansor; denn Ihr seid es, der ihn gekauft hat!«

»Allah, Allah! Ein Wunder, ein großes Wunder!« riefen die Anwesenden und drängten sich herbei.

Der Scheich aber stand sprachlos und staunte den Jüngling an, der sein schönes Antlitz zu ihm aufhob. »Mein Freund Mustafa«, sprach er zu dem alten Derwisch, »vor meinen Augen hängt ein Schleier von Tränen, daß ich nicht sehen kann, ob die Züge seiner Mutter, die mein Kairam trug, auf seinem Gesicht eingegraben sind. Trete du her und schaue ihn an.«

Der Alte trat herzu, sah ihn lange an, legte seine Hand auf die Stirn des jungen Mannes und sprach: »Kairam, wie hieß der Spruch, den ich dir am Tage des Unglücks mitgab ins Lager der Franken?«

»Mein teurer Lehrer«, antwortete der Jüngling, indem er die Hand des Alten an seine Lippen zog, »er hieß: ›So einer Allah liebt und ein gutes Gewissen hat, ist er auch in der Wüste des Elend nicht allein; denn er hat zwei Gefährten, die ihm tröstend zur Seite gehen.«

Da hob der Alte seine Augen dankend auf zum Himmel, zog den Jüngling hinauf an seine Brust und gab ihn dem Scheich und sprach: »Nimm ihn hin; so gewiß du zehn Jahre um ihn trauertest, so gewiß ist es dein Sohn Kairam.«

Der Scheich war außer sich vor Freude und Entzücken; er betrachtete immer von neuem wieder die Züge des Wiedergefundenen, und unleugbar fand er das Bild seines Sohnes wieder, wie er ihn verloren hatte.

Und alle Anwesenden teilten seine Freude; denn sie liebten den Scheich, und jedem unter ihnen war es, als wäre ihm heute ein Sohn geschenkt worden.

Jetzt füllten wieder Gesang und Jubel diese Halle wie in den Tagen des Glückes und der Freude. Noch einmal mußte der Jüngling – und noch ausführlicher – seine Geschichte erzählen, und alle priesen den arabischen Professor und den Kaiser und jeden, der sich Kairams angenommen hatte. Man war beisammen bis in die Nacht, und als man aufbrach, beschenkte der Scheich jeden seiner Freunde so reichlich, auf daß er immer dieses Freudentages gedenke.

Die vier jungen Männer aber stellte er seinem Sohne vor und lud sie ein, ihn immer zu besuchen, und es war ausgemachte Sache, daß er mit dem Schreiber lesen, mit dem Maler kleine Reisen machen sollte, daß der Kaufmann Gesang und Tanz mit ihm teile und der andere alle Vergnügungen für sie bereiten solle. Auch sie wurden reich beschenkt und traten freudig aus dem Hause des Scheichs.

»Wem haben wir dies alles zu verdanken?« sprachen sie untereinander. »Wem anders als dem Alten?

Wer hätte dies damals gedacht, als wir vor diesem Hause standen und über den Scheich loszogen?«

»Und wie leicht hätte es uns einfallen können, die Lehren des alten Mannes zu überhören«, sagte ein anderer, »oder ihn ganz zu verspotten; denn er sah doch recht zerrissen und ärmlich aus, und wer konnte denken, daß dies der weise Mustafa sei?«

»Und – wunderbar – war es nicht hier, wo wir unsere Wünsche laut werden ließen?« sprach der Schreiber. »Da wollte der eine reisen, der andere singen und tanzen, der dritte gute Gesellschaft haben, und ich – Geschichten lesen und hören. Und sind nicht alle unsere Wünsche in Erfüllung gegangen? Darf ich nicht alle Bücher des Scheichs lesen und kaufen, was ich will?«

»Und darf ich nicht seine Tafel zurichten und seine schönsten Vergnügungen anordnen und selbst dabeisein?« sagte der andere.

»Und ich? Sooft mich mein Herz gelüstet, Gesang und Saitenspiel zu hören oder einen Tanz zu sehen, darf ich nicht hingehen und mir seine Sklaven ausbitten?«

»Und ich?« rief der Maler. »Vor diesem Tage war ich arm und konnte keinen Fuß aus dieser Stadt setzen; und jetzt kann ich reisen, wohin ich will!«

»Ja«, sprachen sie alle, »es war doch gut, daß wir dem Alten folgten; wer weiß, was aus uns geworden wäre!«

So sprachen sie und gingen freudig und glücklich nach Hause.

INHALTSVERZEICHNIS

Weiterführende Literatur

Beckmann, Sabine: Wilhelm Hauff. Seine Märchenalmanache als zyklische Kompositionen, Bonn 1976

Hinz, Ottmar: Wilhelm Hauff mit Selbstzeugnissen und Bilddokumenten, Reinbek 1989

Klotz, Volker: Wilhelm Hauff, in: Klotz, Das Kunstmärchen. 25 Kapitel seiner Geschichte von der Renaissance bis zur Moderne, Stuttgart 1985

Martini, Fritz: Wilhelm Hauff, in: Deutsche Dichter der Romantik, Hg. Benno von Wiese, 2. überarb. und verm. Auflage, Berlin 1983

Schwarz, Egon: Wilhelm Hauff, »Der Zwerg Nase«, »Das kalte Herz« und andere Erzählungen, in: Romane und Erzählungen zwischen Romantik und Realismus, Hg. Paul Michael Lützeler, Stuttgart 1983

DIE DEUTSCHEN KLASSIKER

In der gleichen Reihe erscheinen:

Weitere Titel folgen.